自分で作る調査マニュアル
書き込み式卒論質問紙調査解説

北折充隆 著 Mitsutaka Kitaori

Questionnaire
Guidebook

ナカニシヤ出版

はじめに

　この本は統計の基礎を理解することと，主に心理学領域ですが，質問紙調査のノウハウと必要な統計データ解析の基礎知識を習得することを目的としています。私は心理学科の教員として，教壇に立っています。研究者としても，これまで統計学の本を（大した数ではありませんが）購入し，勉強を重ねてきました。そうしたなかでいろいろなことを自分なりに考え，「こういう風に教えた方が良いのではないだろうか」「統計解析とは関係ないかもしれないけど，調査の質問紙の作り方からデータの入力まで説明した方が親切だろう」「こういうコツは教えておいた方が良いだろう」など…と考えてきたことをまとめました。本書は，私が授業で実際に使う教科書として執筆し，これまでにない新たな試みを考えました。基本コンセプトは，<u>授業で作っていく教科書・授業が終わっても使う解説書</u>です。これは私が学生時代から感じていたことなのですが，授業で高価な専門書を買わせる割に，まったく使わない授業というのがチラホラありました。そして授業が終わった後，その本は読まれることもなく，本棚に飾られるのです。本書はそういうことがないよう，本当に教科書として使う本，これがないと授業に来る意味がない本，卒業論文の分析まで捨てないで持っている本として執筆することを目指しました。そこで，<u>授業が終わった後も，卒論などで質問紙調査を行うときに，最低限必要なことが書いてある手引きとして使える</u>よう，以下のような形式を採用しました。

1. 購入の時点では未完成品です。

　この本はめくっていただけると判るように，ところどころ虫食い空欄になっています。私は普段の授業でプリントを配布し，語句を解説しながら答えを黒板に書いていく方法を採っています。本書はそもそも，データ解析法という授業の教科書として執筆したので，普段の授業と同じやり方を踏襲しています。単に書いてある内容を読むだけよりも，自分で書きながら読み進めていく方が，ずっと理解が進むものです。この手法は授業評価でも好評なので，本書でも採用しました。毎週持参して，書き込んでいく形で授業を進めていくので，この本がないと授業自体が成立しません。<u>答えはめくったところの下に書いてあるので，自習用マニュアルとしても活用できます。すべてを記入すると，内容の理解とともに，調査法のマニュアルとして完成します。</u>

2. 単なる統計ソフトの解説書ではありません，調査のマニュアルでもありません。

　この本は，あえて言うのなら，両方の"孫の手"的な本を目指しています。代表的な統計解析パッケージであるSPSSの統計マニュアルは，非常に素晴らしいものが多く出版されています。また，心理学調査のマニュアルも優れたものが多く存在します。しかしその両方を買って読んでみても，どちらにも書いていない内容がいくつか見受けられます。例えば調査のマニュアルでは，データの入力や質問紙の効率的な作り方などは省略されてい

はじめに

ます。SPSSのマニュアルは，当たり前ですがSPSSの使い方しか書いてありません。実際に卒業論文を書く時には，調査用紙を見栄えよく作ることも必要ですし，効率的に作る方法もあります。また，統計学の知識も必要ですが，その数式だけが書いてあって統計ソフトの使い方がまったく書いていない本や，統計ソフトといってもSPSS以外の便利な統計ソフトもあります（もちろんSPSSが必要な分析がほとんどですが）。そして，そういう間をつなぐ部分に関する質問を学生から非常に多く受けています。本書はそれぞれの分野で必要な内容を取り込み，この本に従えば最低限の質問紙の作成と分析ができるよう執筆しました。「かゆいところに手が届く」本として使えればと考えています。

3. 十分すぎる説明も，逆に不十分な記述もあります。

上記のような目的で書いた本なので，調査の意義ややり方などを，懇切丁寧に解説しているわけではありませんし，高度で専門的なSPSSの使い方を解説した本でもありません。この本を見ながらであれば，なんとか卒論に必要な最低限の統計知識を身につけ，面倒な質問紙作成が少し楽に，かつきれいに作る方法を知ることができます。加えて，適切な統計手法の選択，統計ソフトの出力の読み取りや文例までをカバーしました。これを15回の授業でしなければなりませんので，完璧に解説する余裕はありません，もっと便利な使い方，もっと詳しい解説が必要なことも多々あります。しかし，そうした重箱の隅をつつくような解説に終始した結果，何が何だかわからない授業だった…では意味がありません。**特に，心理学系の大学院に進学を考えている方には，本書の内容は不十分だと断言しておきます。この程度の知識で満足されては，専門家を目指す者として失格です。**ただし，本書の内容を読んでだいたいを把握すること，それを足がかりにしてさらに勉強を進めていくということなら，この本の使い方は適切だと思います。さらに勉強を進めていった結果，もっと便利なやり方を知るでしょう。本書は「とりあえずやれるようにする」ことに主眼をおいているので，「あの本にはそんなこと書いてなかった！」というご批判が当然出てくると思います。それは統計の知識を身につけ，調査のスキルを磨いている証拠です。そういう批判がたくさん出ることを期待したいと思います。

4. 本書で扱われているデータについて

本書では仮想データを用いて分析実例を提示しています。また，質問紙の作り方などを解説したステップでは，質問項目入力例などがあればより効率的に学習を進められると思います。こうした実際に入力されたデータや質問項目例は，著者の個人ＨＰトップよりダウンロードできる形になっております。検索サイトなどで"北折充隆"と入力していただき，適宜ダウンロードしてご活用いただければ幸いです。ダウンロードしたデータの著作権等は著者に帰属し，二次配布は禁止とさせていただきますが，適宜個人学習にご活用ください。

※なお，本書は以下のソフトを使って卒論質問紙等を作成・分析することを前提としています。多くのソフトはバージョンアップしても，基本的な機能は変わらないと思いますが，バージョン間の使用機能の違いなどが生じた場合は適宜変更してください。**秀丸はあまり馴染みがないかもしれませんが，慣れれば非常に便利なソフトなので，ぜひ購入（シェアウェアで￥4000）をお勧めします。SPSS は高価なため，学校の PC に入っているものを使用するケースがほとんどだと思います。**いずれにせよ，本書を読んで自発的に学習するときは，下記ソフトウェアが手元にある状態で学習を進めるとより効果的です。

・Microsoft Windows7
・Microsoft Word 2010
・JSTAR（HTML ファイル）　これは無料でＨＰから使用します。
・秀丸
・IBM SPSS 19.0J Base, Advanced Models

目　次

はじめに　*i*

第1部　統計の基礎に関する解説
1　データとは？ ……………………………………………………………… 2
　1-1　平均と分散と中央値（代表値について）　*2*
　1-2　標準化とは　*5*
2　有意差とは？ ……………………………………………………………… 8

第2部　データ解析の前に必要な事項の解説
3　質問紙の作り方：ちょっとしたコツ ………………………………… 18
　3-1　フォントを選べ！　フォントの特性を覚えておいてください　*18*
　3-2　ブロック選択を使え！　*19*
　3-3　置換を効率的に　*20*
　3-4　切り取り，コピー，貼り付けはキーボードで　*21*
　3-5　縦書きはテキストボックスで！　*22*
　3-6　実践編　*27*
4　SPSSのデータハンドリングについて ……………………………… 34
　4-1　データの入力について　*34*
　4-2　下位尺度得点の算出（スコアの合成）　*43*
　4-3　群分け・条件分けの方法　*46*

第3部　具体的なデータ解析について
5　t検定：2群間の平均の差を確認する ……………………………… 52
　5-1　対応のないt検定：2群間の平均の差を確認する　*52*
　5-2　対応のあるt検定：繰り返しデータにおける平均の差を確認する　*61*
6　分散分析：3群間以上または2要因以上の平均差の検討 ………… 66
　6-1　1要因の分散分析　*66*
　6-2　2要因の分散分析　*73*
　6-3　対応のある1要因分散分析　*79*
　6-4　2要因以上の対応がある分散分析　*85*
7　χ^2検定(カイ自乗検定)について ……………………………………… 93
　7-1　行が1行だけの場合のχ^2検定　*93*
　7-2　行が2行以上にわたる場合のχ^2検定　*100*
8　相関について …………………………………………………………… 104
9　単回帰・重回帰分析について ………………………………………… 109
10　因子分析とa係数について …………………………………………… 121

10-1　因子分析について　　*121*
　10-2　信頼性係数（α 係数）について　　*133*

第4部　実践的データ解析例
　11　実践的解説（データ加工上の注意など） ……………………………………… *142*
　12　まとめ ……………………………………………………………………………… *170*

付録　試験予想問題とその解答　　*171*
あとがき　　*179*
索　　引　　*183*

第1部　統計の基礎に関する解説

第1部 統計の基礎に関する解説

1 データとは？

1-1 平均と分散と中央値（代表値について）

テストでよく使われる"平均点"は正式には"①_____"と言います。我々にはなじみ深い数値ですし，多くの得点をまとめて把握する値（＝代表する値）としての地位は確固たるものがありますが，**平均＝データの代表では必ずしもありません**。

※平均を算出する公式は以下のとおりです。　　　※老婆心ながら，行と列がわからなくなったら，これを連想すると間違えないと思います。

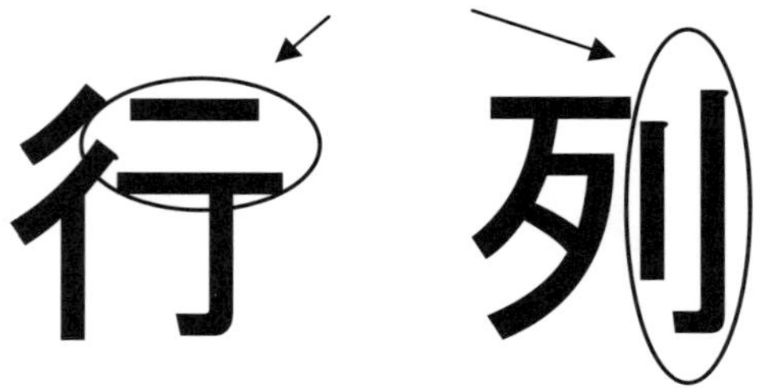

$$\bar{x} = \frac{\sum_{i=1}^{n} X_i}{N}$$

ちょっと一言

- $\bar{x}$ というのは②_____**を指す統計の用語**です。
- N は基本的に③_____を表すと考えてください（これも業界用語です）。
- $\sum$ は④_____の意味です，⑤_____ということです。
- X_i とかいうのが非常にうっとおしいのですが，個々人の回答を指します。"i"には番号が入り，X_1 は一人目の項目 X の回答，X_2 は二人目の…という感じになります。これを理解しておかないと先々絶対につまずきます。もうちょっと高度な統計では X_{ij} などというのも登場します（この本ではそういうレベルの統計を解説するつもりはありませんが），X_{23} は2行目3列目の人の回答ということになります。

※公式を見ると意味不明かもしれませんが，以下のようなことをしています。

平均の定義

「一人一人の得点を全部足して，人数で割る」　　　…まぁ日本語にすれば理解できますよね？

しかし何度も言いますが，**「平均はデータの代表ではない」**のです。厳密には**「平均はデータの⑥_____」**というのが正しい表現になります。

1 データとは？

※例えば，下の三つのケースについて考えてみてください。

Case 1：10人があるテストを受けた。得点は5人が0点で，5人が100点だった。
Case 2：10人があるテストを受けた。それぞれ得点は，0点，10点，20点，30点，40点，60点，70点，80点，90点，100点であった。
Case 3：10人があるテストを受けた。得点はそれぞれ8人が40点，2人が90点だった。

Case 1の平均点　　　　　　点

Case 2の平均点　　　　　　点　　…各々のCaseの平均点を算出してみてください

Case 3の平均点　　　　　　点

　計算すればわかりますが，上の三つのCaseでは①＿＿＿＿＿＿＿＿＿＿＿＿になっています（そう作ったので当然です）。しかし，ちょっと注意して見ていただければわかると思いますが，どのCaseでも②＿＿＿＿＿＿＿＿＿＿＿＿のです。それぞれのCaseを見ると，例えばCase 1は小学1年生と中学3年生5人ずつに，小学6年生くらいの問題を出したような場合はこうなるでしょうし，Case 3はクラスに必ず一人二人はいるような，でたらめに賢い奴が平均を引き上げたような場合が想定されます。そして各々のCaseを見ればわかりますが，同じ平均点でも，三つのテストの中身はまったく異なるモノであるコトがわかると思います。そう考えると，平均（算術平均）ってのが何を意味しているのかよくわかりません。平均だけで色々なデータの③＿＿＿＿＿＿＿＿することはできないのです。

　そこでもう一つ指標として，④＿＿＿＿＿という概念をもってくることになります。これは平たく言えば「⑤＿＿＿＿＿＿＿＿＿＿」を意味します。この数値が大きければ，得点の個人差が激しいということになります。

※公式は以下のとおりです。

$$\text{分散} = \frac{\sum_{i=1}^{n}(x_i - \bar{x})^2}{N} \qquad \text{標準偏差} = \sqrt{\frac{\sum_{i=1}^{n}(x_i - \bar{x})^2}{N}}$$

☆公式を見てうんざりする人がいるかもしれませんが，日本語は以下のとおりです。

分散の定義

「一人一人の得点から平均を引いて，
2乗したモノを合計して人数で割る」

第1部　統計の基礎に関する解説

※この公式で2乗するのは①＿＿＿＿＿＿＿＿＿＿を吸収するためです。そして，このままでは値が非常に大きくなってしまうため，分散に②＿＿＿＿＿＿をかけてやります。こうして出てきたものを③＿＿＿＿＿＿＿と言います。

◎この平均と分散，標準偏差は，すべての統計の基礎をなす概念になります。前項で批判しましたが，たくさんのデータをとるケースでは，平均が代表指標になることが多いです。例えば Figure 1-1 のようなセンター試験の平均点の分布などは，平均点がだいたい最も多い得点者数の得点と一致し，英語や国語の分散が，ものすごく大きくなるということはまずありません（ただし，受験生が極端に少ないドイツ語なんかでは話は別ですが）。まぁとにかく，**平均が絶対的な基準かというとそうでないことは覚えておいてください。**

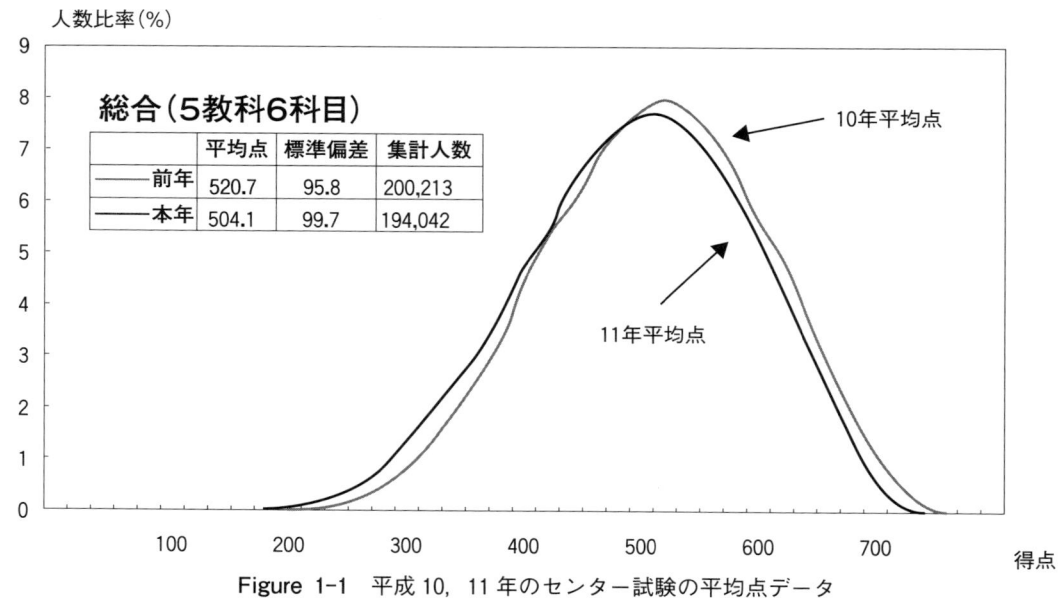

Figure 1-1　平成10, 11年のセンター試験の平均点データ

　ここで言いたいのは，多くのデータでは，センター試験のようにものすごい数の人を分析対象としているわけではないので（せいぜい質問紙調査でも2〜300人程度です），あまり平均値だけに呪縛されてしまっては危険だということです。では，サンプル（調査回答者や実験参加者）さえ多ければいいのかといえば，それもノーです。データを扱ううえで留意する必要があるのですが，サンプルが大きくても，偏りが極端なデータというのはあります。そこでもう一つ，平均値の他に④＿＿＿＿＿＿という指標を使うこともあります。これは，昇順（降順）で並べた時の⑤＿＿＿＿＿＿＿＿を使うというものです。例えば9人がテストを受けた場合，中央値は5番目の人の点数になります（10人など偶数なら5人目と6人目を足して2で割ります）。貯蓄広報中央委員会の「貯蓄と消費に関する世論調査」によれば，"平成18年の一般家庭における貯蓄現在高の⑥＿＿＿＿＿＿＿＿＿＿＿"だそうです。でも，**これより貯蓄が多い家庭は絶対に半分はありません。**以前新聞を読んだ時の記憶ですが，日本の遺産総額の過去最高額は確か，2,500億円くらいでした。当然

相続税も目がくらむような金額になったと思いますが，別にさもしい話をしたくてこの話題を出したわけではありません。日本の世帯数は4900万世帯くらいなので，もしもその人が生きていたら，貯蓄保有額が①＿＿＿＿＿＿＿＿＿＿＿＿＿＿＿＿＿＿＿ことを指摘したいのです。このように，家庭の貯蓄額が平均値を上回る人が少なくなるのは，少数の高額貯蓄家庭が，全体の平均値を引き上げるがゆえの現象です。上の世帯数に基づけば，仮に1億円貯蓄している家庭が一軒あれば，それだけで平均貯蓄額は2円程度上がってしまうことになります。ちなみに，平均貯蓄額の②＿＿＿＿＿＿＿＿＿＿＿＿＿＿＿＿であり，平均と中央値では700万円近く違っています。他にも，"平成18年度のサラリーマンの50～54歳の平均年収は503万円"という統計もあります。いくら不景気といえど，皆さんのお父さんでこれより稼いでいらっしゃる方は割とおられるでしょうし，パートのお母さんでこれだけ稼がれる方は皆無に近いでしょう。実際，この年齢帯の男性平均年収は③＿＿＿＿＿＿＿，女性は④＿＿＿＿＿＿＿であり，この2つをまとめて平均を出しても，そこに大きな意味があるとは言えないのです。くり返しますが，平均を指標とすることは，必ずしも適切とは言えないことは覚えておいてください。なお，こうしたバラツキが大きいデータの場合，⑤＿＿＿＿＿＿＿＿＿＿＿＿＿＿＿＿＿なるという特徴があります（p.3の説明を読んで意味を考えれば当然ですよね）。

※上のトピックの出典
  http://www.stat.go.jp/data/kakei/family/4-5.htm
  http://www.nta.go.jp/kohyo/tokei/kokuzeicho/minkan2006/menu/pdf/001.pdf

1-2　標準化とは

Table 1-1　ある入学試験40人の得点（100点満点）

受験番号	1	2	3	4	5	6	7	8	9	10	11	12	13	14	15	16	17	18	19	20
英語	85	97	75	82	78	69	89	77	64	95	87	92	80	60	84	84	96	76	85	90
受験番号	21	22	23	24	25	26	27	28	29	30	31	32	33	34	35	36	37	38	39	40
国語	45	56	58	52	28	36	44	53	60	58	39	45	47	51	41	58	42	37	22	50

　上のテストの得点分布を見てください。英語と国語の得点がまとめられています。この大学は1教科のみを入試の合格判定に使っており，受験番号が1～20の人が英語，21～40の人が国語を受験しています。**この点数がそのまま使われるとしたら，どっちの科目を受けた方が有利になる**と思いますか？　有利だと思う方の科目に○をつけてください。

---

p.2 空欄の答え
  ①算術平均，②平均値，③人数，④和，⑤全部を足せ，⑥代表とは限らない
p.3 空欄の答え
  ①ともに平均点は50点，②50点を取った人がいない，③特徴を把握，④分散，⑤ばらつきの大きさ

第1部　統計の基礎に関する解説

※それはなぜですか？　下に理由を記入してください。

[　　　　　　　　　　　　　　　　　　　　　　　　　　　　　　　　]

　この手のたぐいのモノは，理論や数式だけで説明してもわかりにくいのですが，実例を出せば理解できると思います。どう見ても英語の方が，簡単で良い点が取れる難易度であるように見えます。このように，元の集団が違っていて（＝①＿＿＿＿＿＿＿＿＿＿データという表現をします），平均点が異なるデータを混合して，同じ土俵にのせると不公平が生じます。得点をそのまま使うのなら，英語の60点と国語の60点とではまったく意味合いが違うでしょう。多くの私立大学では，一般入試が複数日にわたって行われていると思います。受験生は何日目を受験しても構わないはずですが，「3日目の英語は非常に難しくて，平均が50点ない」というのと「初日の化学は楽勝だった！　みんな80点くらいとれている」という場合，「英語選んだのは運が悪い，諦めましょう」…という話になったら不公平になりますよね？　こういう時に使うのが**標準化と呼ばれる作業**です。

◎標準化した得点は z_i と表現されますが，以下のような計算式で算出されます。

・データ $x_1, x_2, x_3, \cdots, x_n$ の平均を $\bar{x}$，標準偏差を S_x とすると，各データ x_i について標準化した得点は以下のように示されます。

$$z_i = \frac{x_i - \bar{x}}{S_x}$$ ← 各得点から②＿＿＿＿＿＿を引いて，それを③＿＿＿＿＿＿で割るという作業をします。

　この標準化した得点 z_i というのは，x_i がどんなデータであろうと必ず④＿＿＿＿＿＿になり，⑤＿＿＿＿＿＿になります。そして，標準化した得点同士ならどんなデータだろうと，同じ土俵で比較できます。実のところ，数日間にわたる入試をやる多くの大学は，そのものずばりこういった調整をするか，これに準じた調整した得点をもとに入試判定を行っています。「ものすごく試験の手応えが良かったのに不合格，なんで!?」とか，「全然できなかったのに受かった，マグレ!?」というケースは，周囲の出来具合を含めた，こうした標準化を行った結果です。標準化した得点のことを⑥＿＿＿＿＿＿と言います。基本的にこの操作をしてやりさえすれば，ベースが異なるデータを同じステージで比較することができます。Table 1-1の入試得点をZ得点に直すと次のようになります。

Table 1-2 ある入学試験40人の得点 (Z得点に変換)

受験番号	1	2	3	4	5	6	7	8	9	10
英語	0.27	1.45	−0.71	−0.02	−0.42	−1.3	0.66	−0.52	−1.8	1.26
受験番号	11	12	13	14	15	16	17	18	19	20
英語	0.47	0.96	−0.22	−2.19	0.17	0.17	1.35	−0.62	0.27	0.76
受験番号	21	22	23	24	25	26	27	28	29	30
国語	−0.11	0.96	1.15	0.57	−1.75	−0.98	−0.20	0.67	1.34	1.15
受験番号	31	32	33	34	35	36	37	38	39	40
国語	−0.69	−0.11	0.09	0.47	−0.49	1.15	−0.40	−0.88	−2.33	0.38

　この得点をもとにするならば，例えば29番や36番の人の国語は割と高得点ということになります。①＿＿＿＿＿＿＿＿＿＿で合否を決めたら不合格になるケースかもしれませんが，標準化したスコアで見たら合格圏になるかもしれません。一見高そうに見える英語の得点よりも，国語の得点の方が実は標準化したら高いことになるわけです。例えば大学入試センター試験は，よほど点差が開いて得点調整をしない限り，素点だけで判定しますが，これが不公平につながるといった議論はずいぶん前からあります。また，センター試験を年に2回実施しようという議論もありますが，そうなったら標準化した得点で処理をしないと，難易度によってどちらの試験が有利(不利)という問題が大きくなる可能性が高くなります。とにかく，データを比較・議論するときには，いろんなことを考えなければならないことさえわかっていただければ，目的は達せられたでしょう。下にこのセクションのまとめをしておきます。

※このセクションのまとめ

1　平均値は②＿＿＿＿＿＿＿＿＿＿としてよく用いられている。
2　特に③＿＿＿＿＿＿＿＿＿＿場合，平均を代表値とすることが適切でない場合もある。データが多ければ，平均値は代表値としてふさわしくなることが多いが絶対ではない。
3　中央値は④＿＿＿＿＿＿＿＿＿＿の値を代表と見なす方法だが，それ以外の数値がまったく影響しない。これはメリットでもあり，問題でもある。
4　異なる母集団のデータを単純比較すると問題が起きることがあるが，⑤＿＿＿＿＿＿をすれば異なる母集団のデータを同じ土俵で比較できる。

　　　　　　　　このレベルのことは覚えておいていただきたいと思います。

---

p. 4 空欄の答え
　①＋，−の違い，②平方根，③標準偏差，④中央値，⑤真ん中の値，⑥平均は約1,700万円，
p. 5 空欄の答え
　①それだけで5,000円くらい上がる，②中央値は約1,000万円，③662万円，④266万円，
　⑤標準偏差が非常に大きく

2 有意差とは？

　心理学の授業ではよく「…①＿＿＿＿＿＿＿＿＿＿＿が見られた」などという話が出てくるはずです。これはどういう意味かを解説したいと思います。ここでは必要最小限，論文に記述されている意味を理解できる範囲の説明にとどめます。統計のプロフェッショナルを目指すのはこの本の目的ではありません。注目するのは"5％"の部分です。いったい何が5％なのか，なぜ5％なのか？ということです。

☆例えば以下のようなことを考えてみてください。

例題 1

・1枚のコインAがある。これを床に落として裏が出るか表が出るかというゲームをしたとする。裏と表が出る確率は普通1/2で同じはずです（これは経験的にわかりますね？）。このゲームでもしも，**10回のうち6回表が出たら，コインAが1/2の確率で表が出ると言い切れる**であろうか？

例題 2

・1枚のコインBがある。これを床に落として裏が出るか表が出るかというゲームをしたとする。裏と表が出る確率は普通1/2で同じはずです。でもこのゲームで，もしも**10回のうち10回とも表が出たら，果たしてコインBが1/2の確率で表が出ると言い切れる**であろうか？

　　　　　　　　　　　　　　　　　　　　…というのが，確率統計の根本的な考え方になります。
　例題1，例題2のそれぞれについて，1/2で表が出るコインと言い切れるかどうかについて下にまとめてみてください。なぜコインAは1/2で表が出るコインだと思うのか思わないのか。なぜコインBは1/2で表がでるコインだと思ったのか思わなかったのか。直感でいいので思ったことを下にまとめてください。

　心理学を学ぼうとする多くの人たちがこの辺でわからなくなり，挫折する人もいます。一見難しそうなのですが，**これは私たちが頭の中で日常的に考えていることと，少し逆のことを厳密にやっている**からだと思います。解説すると，コインは裏が出るか表が出るかというだけの話ですから，基本的に裏（表）が出るという確率は1/2です。つまり2枚のコインは，どちらも1/2で表が出るという意味で同じ質のモノ（＝コインの母集団は同じ）という前提をしています。この"2枚のコインは同じ種類のもの"という前提を，統計用語で②＿＿＿＿＿＿＿＿＿と言います（後述しますが覚える必要がある重要語の一つです）。

2 有意差とは？

そこで，その "2枚とも 1/2 で表が出る" という条件下で

● 10回落としたうち 6 回 (10回) 表が出たのは，たまたま偶然起きたことだったのか，それともいかさまがあって，表と裏が同じ確率で出ないように細工されているのか？

※基本的にこのように確率的に判断しているわけです。1/2 の確率で表か裏が出るのなら，10回コインを落とせばだいたい 5 回ずつ位ずつ裏か表が出る…などと感覚的に考える人が多いはずです。そして，多くの人は「10回とも表なんて普通はあり得ない，コインがおかしい！」と直感的に感じたのではないでしょうか。この "あり得ない！" が，**統計・検定の考え方の基本**です。難しいことではありません，ただ，これを適当でなく厳密にやるので戸惑うのです。検定と日常的思考の決定的な違いは二つあります。その**「滅多に起きない」かどうかを厳密に①＿＿＿＿＿＿＿＿＿＿結論を出すということ**と，実際に確率的に低いことが起きたら②＿＿＿＿＿＿＿＿＿＿＿＿ことです。具体的に手順を追って説明します。

※まず，それぞれの確率を計算すると以下のようになります。
・10回のうち 0 回表が出る確率　　　（1/1024 ＝約 0.1％）
・10回のうち 1 回表が出る確率　　　（10/1024 ＝約 1％）
・10回のうち 2 回表が出る確率　　　（45/1024 ＝約 5％）
・10回のうち 3 回表が出る確率　　　（120/1024 ＝約 11％）
・10回のうち 4 回表が出る確率　　　（210/1024 ＝約 21％）　　※ 1024 は 2^{10} です
・10回のうち 5 回表が出る確率　　　（252/1024 ＝約 25％）
・10回のうち 6 回表が出る確率　　　（210/1024 ＝約 21％）
・10回のうち 7 回表が出る確率　　　（120/1024 ＝約 11％）
・10回のうち 8 回表が出る確率　　　（45/1024 ＝約 5％）
・10回のうち 9 回表が出る確率　　　（10/1024 ＝約 1％）
・10回のうち10回表が出る確率　　　（1/1024 ＝約 0.1％）
　　　　　　　　　　　　　　　計 1024 ／ 1024　計 100％

上のような確率となります。この時の 21％（6 回表），0.1％（10回表）が 10回コイン投げをやったときに出る目の確率になります。コインが 1/2 の確率で表が出るというのなら，10回中 10回表が出るのは③＿＿＿＿＿の確率でしか起こらないようなことですから，確かに④＿＿＿＿＿＿＿＿＿ことのようです。実際の社会では，こうした "まれ" なこ

---

p. 6 空欄の答え
①母集団が異なる，②平均値，③標準偏差，④平均が 0，⑤標準偏差が 1，⑥ Z 得点
p. 7 空欄の答え
①単に得点だけ，②データの代表値，③サンプルが少ない，④序列の中央付近，⑤標準化

とが起きた場合,「珍しいことが起きたねぇ」とか「まぁ仕方ない,運が悪かった」などと,それ以上言及しなかったり,諦めたりすることが多いと思います。宝くじが当たった人がいたからといって,宝くじをいかさまだと疑ったりはしないでしょうし,事故に遭ったことを陰謀だと思う人は(よほど何か後ろめたいことがある人でなければ)いません。しかし**検定ではうやむやに済ますことをせず**,①＿＿＿＿＿＿＿＿**を行います**。すなわち,ここまで解説してきたとおり,**事象が起きる確率について厳密に**算出します。そのうえで,「低い確率でたまたまこういう偶然が起きたというよりは,元の設定がおかしいのではないか?」として,②＿＿＿＿＿＿＿＿するのです。コインの話だと以下のようになります。

※この辺が厳密じゃないですよね?

○日常的思考:10回コインを投げたら10回とも表が出た! こんなことあるのか? インチキじゃないか?…でも出ちゃった以上③＿＿＿＿＿＿＿＿＿＿＿＿＿＿と思うしかないよなぁ...。

※この辺がそのままにしていますよね,泣き寝入りというか。

○検定:10回コインを投げたら10回とも表が出た! 1/2の確率で表が出るようなコインなら,こんなことが起きる確率というのは1/1024しかないぞ。こういう場合,こんな確率でしか④＿＿＿＿＿＿＿＿＿＿＿＿＿＿＿＿と考えるよりは,このコインに細工がしてあって,1/2以上の確率で表が出るインチキコインと考えた方が,筋が通っているのではないかな。

☆この確率をグラフに表すと以下のとおりです(山形の分布なのがミソです)。

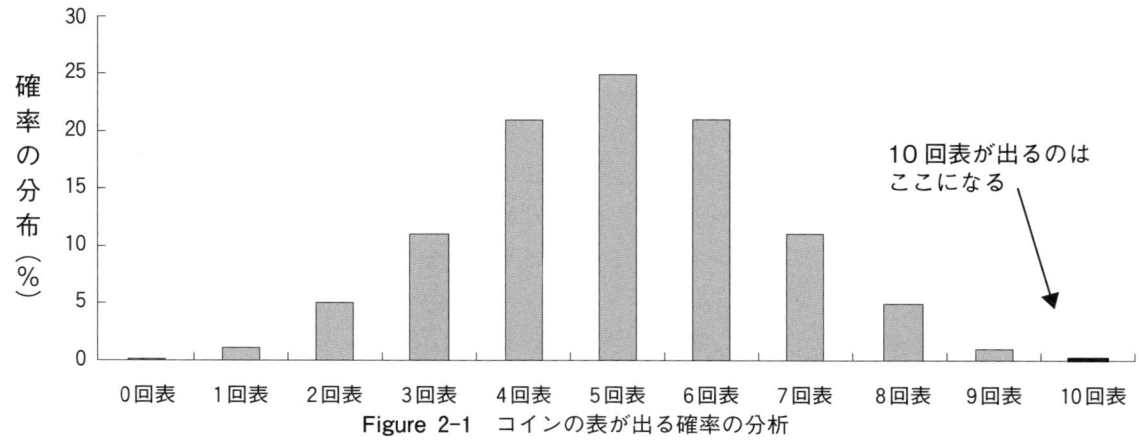

Figure 2-1　コインの表が出る確率の分析

　突き詰めていけば,統計とは我々が普段考えている確率推論を,"なんとなくこんな確率だろう"…ではなく,判断の基準として厳密に確率を計算し,根拠を示す作業です。このコインの例では,いかさまかと疑う基準は0.1%(10回中10回)で,まああり得ると判断した基準は21%(10回中6回)でした。しかし,イカサマかどうかのライン引きというのは,一体何%くらいと考えればいいのでしょうか?

心理学の領域においては，この基準は①＿＿＿＿＿＿＿＿＿＿＿＿＿＿＿＿＿＿＿で設定されています。初めに設定した条件「表が1/2の確率で出ます」のもとで，実際に起きたこと（10回中10 or 6回表とか）がどれくらいの確率で起き得るものなのかを計算し，起きる確率が10%以下だったら，**初めに設定した条件の方を疑う**ということにするのです。このうち5%・1%・0.1%の区切りを②＿＿＿＿＿＿＿＿と呼び，「有意差が見られた」と表現します（ただし10%だけは，有意差が見られたと言わず，「傾向差が見られた」と言い，意味がある差とみなさないこともあります）。覚えておいていただきたいのは，3%くらいの確率でも"③＿＿＿＿＿＿＿で有意"と言い，0.5%くらいでも"④＿＿＿＿＿＿＿で有意"と言います。**包含する確率水準を用いるのがルール**となっていることです（Figure 2-2でイメージをつかんでください）。"0.5%で有意"とか"3%で有意"とは言いません，卒論なんかで書くと多くの場合評価が下がります（私は下げます）。ちなみにちょうど5%は有意傾向，ちょうど1%は5%水準で有意となります。

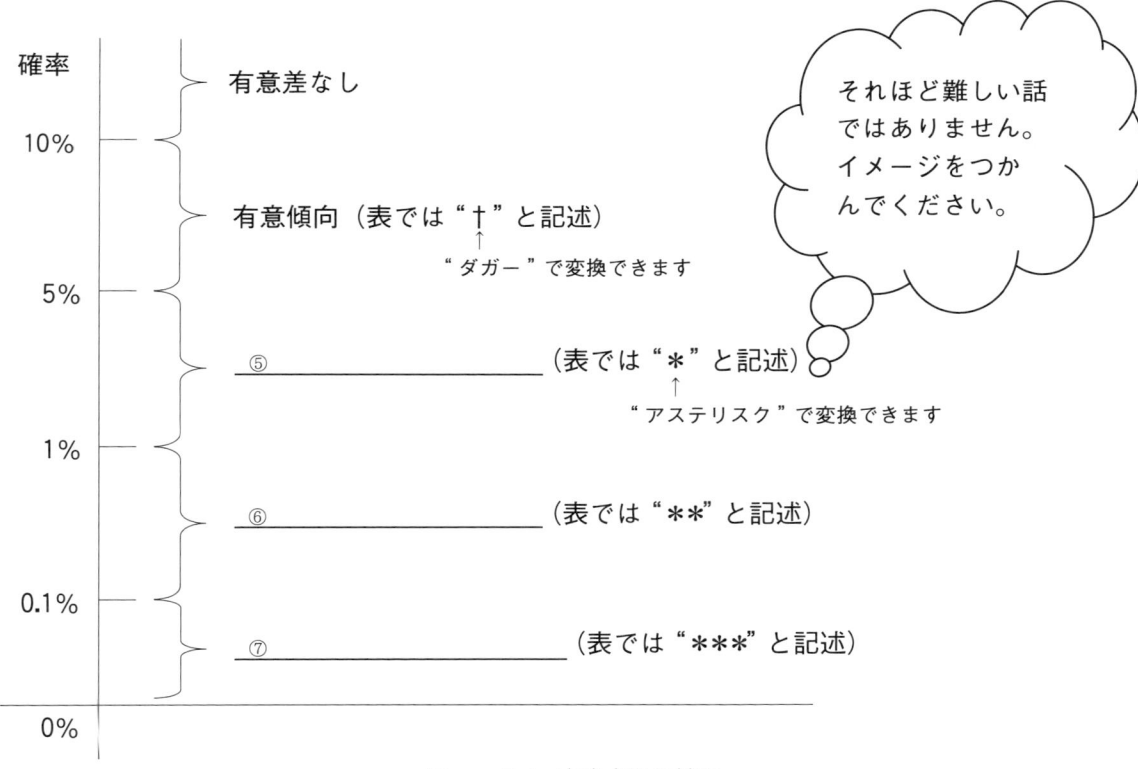

Figure 2-2　有意水準の対応

---

p. 8 空欄の答え
　①5%水準で有意差，②帰無仮説
p. 9 空欄の答え
　①数学的に計算して，②そのままにしておかない，③0.1%，④滅多に起きない

大事なことなのですが，0.1%水準で有意差が見られたということは，0.1%の確率でたまたま「10回とも表」は起こりうる，①＿＿＿＿＿＿＿＿＿＿＿＿があるということを忘れてはいけません。つまり「10回とも表」ということを完全否定できないのです。いくら確率がゼロに近いと言えど，日本中を見渡せば宝くじ3億が当たる人はいます。低い確率のことでも起きることは起きるわけであり，本当は偶然で10回表が出たのに「いかさまだ！」と判断することを②＿＿＿＿＿＿＿＿＿＿と言います。語呂合わせで**"一種のまぐれで10回とも表"**とでも覚えてください。また，本当はコインに細工がしてあり，1/2以上の確率で表が出るインチキコインなのに，6回くらいしか表が出ないので「このコインは細工なんかしてないね」…と結論してしまうことを③＿＿＿＿＿＿＿＿＿＿と言います。**"ホントは細工が二種(類)してあった"**という，やや強引な語呂合わせですが覚えておくと良いかもしれません。この二つのタイプの誤りは，覚えておいてほしい事柄です。少なくとも，100％はないということだけは理解しておいてください。有意確率の出力の読み方は大事なことなので，もう少し解説しておきたいと思います。この先は主にSPSSというソフトを使って分析をすることになりますが，さまざまな出力において"有意確率"という欄があります。統計的に有意かどうかを判断する場合，ここの有意確率の値で判断をすることになります。

※例えば t 検定（p. 52〜を参照）を行った結果，以下の出力を得たとします（北折，2006より）。

対応サンプルの統計量

		平均値	N	標準偏差	平均値の標準誤差
ペア1	6．その授業は心から楽しめる@一番うるさい授業	2.11	127	.911	.081
	6．その授業は心から楽しめる@一番静かな授業	2.94	127	1.146	.102

対応サンプルの相関係数

		N	相関係数	有意確率
ペア1	6．その授業は心から楽しめる@一番うるさい授業 6．その授業は心から楽しめる@一番静かな授業	127	−.039	.664

対応サンプルの検定

		対応サンプルの差					t値	自由度	有意確率（両側）
		平均値	標準偏差	平均値の標準誤差	差の95%信頼区間				
					下限	上限			
ペア1	6．その授業は心から楽しめる@一番うるさい授業 6．その授業は心から楽しめる@一番静かな授業	−.827	1.491	.132	−1.089	−.565	−6.248	126	.000

　これは私が昔行った調査の結果の一部です。学生が想定した一番うるさい授業と一番静かな授業との比較で，その授業を楽しんで聞いていたかについて回答を求めていました。
　中を見ていただくと有意確率は".000"となっています。後述しますが，t 検定は2群間の平均値に差があるかどうかを見る分析です。この出力では計算をした結果，確率的にこの二つの群の平均値が，同じ母集団から抽出されたものである確率が".000"ということです。この".000"というのは同じものである確率が④＿＿＿＿＿＿＿＿＿＿ということを意味します。なので，同じでない(＝何か差がある)確率が⑤＿＿＿＿＿＿＿＿＿＿というわけ

2　有意差とは？

です。厳密に書くとこのような記述になりますが，おそらくわかりにくいと思います。そこでこういう理解をとりあえずしておいても問題はないと思います。

「うるさい授業の平均値は 2.11 で静かな授業の平均値は 2.94 だ。この二つの平均値の差は①＿＿＿＿＿＿＿＿＿＿＿＿＿＿＿＿＿＿＿＿＿＿＿けど，この差がたまたま出る確率は 0.1%以下（＝誤差ではないなにか意味のある差である確率は 99.9%以上）だから，静かな授業の方がより楽しいと結論づけられるだろう」。

　この考え方は厳密には間違っています（大間違いではありませんが）。しかし，とりあえずはこういった程度の認識からスタートすればいいと思います。今後勉強を進めていくなかで理解を進めてください（この本の目的ではありません）。ここで，大事なのはSPSS の出力です。t 検定の場合，多くの統計の授業は t 値を算出させ，これが $p < .05$ の t 分布表にある t 値よりも大きければ有意と判断するという手順を踏んでいます。SPSS 等の統計ソフトはこういう手順とはまったく逆の，**この t 値だったら具体的にどれくらいの確率か**といった出力になります。なので，有意確率の出力から，p. 11 を参考に有意水準が何%なのかを逆算してやる必要があります。前ページの有意確率は ".000" でした。わかりにくいかもしれませんが，これは②＿＿＿＿＿＿＿＿＿＿＿＿などといった，小さな確率であることを意味します。p. 10 に基づけば，0.1%水準で有意，"***" となるわけです。**この出力の読み方は大事なので，以下に例をいくつか挙げておきます。難しい話ではないので必ず理解してください。**

有意確率
.009

有意確率は 0.9%になります。p. 11 の Figure 2-2 に基づけば，③＿＿＿＿＿＿＿＿＿＿＿になります。

有意確率
.033

有意確率は 3.3%になります。p. 11 の Figure 2-2 に基づけば，④＿＿＿＿＿＿＿＿＿＿＿になります。

有意確率
.097

有意確率は 9.7%になります。p. 11 の Figure 2-2 に基づけば，⑤＿＿＿＿＿＿＿＿＿＿＿です。

有意確率
.213

有意確率は 21.3%になります。p. 11 の Figure 2-2 に基づけば，⑥＿＿＿＿＿＿＿＿＿＿＿になります。

　レポートや論文を書くときは記述を誤らないように注意してください。"0.9%で有意だった" とか "21.3%で有意差は見られなかった" 等という記述はしません（書くと「素養のない奴だ」と笑われます）。また，表中には p. 11 のように "*（アステリスク）" や "†（ダガー）" 等の記号で有意であることを示します。これについては，これ以降で表例などで提示していきますので参考にしてください。とりあえずですが，<u>ここの数字が小さかったら素直に喜ぶ</u>という感覚で良いと思います。

---

p. 10 空欄の答え
　①厳密な判断，②帰無仮説を否定，③そういうこともある，④起きないようなことが起きる
p. 11 空欄の答え
　①4段階（10%・5%・1%・0.1%），②有意水準，③5%水準，④1%水準，⑤5%水準で有意，
　⑥1%水準で有意，⑦0.1%水準で有意

さて，ここまでは読み取り方を解説してきましたが，一つも計算式を出していません。理解の早い方や好奇心の旺盛な方なら，"どうやって確率を出すのか？"に関心がいくかもしれません。つまり，「コインの表や裏の確率は一応なんとか算出できる，だけど2群間の平均値の差が誤差かどうかの確率なんてどうやって算出するわけ？」…という疑問です。この疑問はもっともですが，ここで解説はしません。その理由は下のようないくつかの理由によりますが，基本的に卒業論文を完成させる程度なら，今日ではその知識はほとんど必要としないのです。「どうやって計算するんだろう？」ということに興味をもった方は，他の統計の本などを積極的に活用し，勉強を進めてください。なお，大学院進学を考えている方にとって，本書の内容で不十分なのは言うまでもありません。

※本書で計算式などを出さないようにしている理由は以下の4点です。

・私がきちんと解説できません。

→(ﾟдﾟ)ﾊｧ？と言われそうですが……。まぁ冗談抜きで，説明しようと思えばできないことはないのですが，1コマの授業の中で詳細な算出式まで解説し，分析手法や出力の読み取り方，文例まで理解をきちんとさせる形で解説できるほどの力量は私にはありません。おそらく混乱するであろう数式を出して，この本の読者のやる気をそぐことが，どうしても得策だとは思えないのです。むしろ数式を一つも出さなくても，卒論がとりあえず書けることを示した方が良いと考え，本書では解説を控えました。**専門家を目指す方にはもちろんここに書いただけでは不十分です。豊富に出ている統計の解説書を参考にしながら，統計的理論についてさらなる勉強を進めていく必要があります。**

・心理学科の学生が読むことを前提にしています。

→海外で心理学は理系の学問なのですが，なぜか日本では文系になっています。これは，日本の心理学が，東京大学の文学部哲学科が発祥地だったことに起因します。それ故，文系で数学をきちんと勉強していない人が，心理学を勉強するべく入学して来るという，日本と海外のゆがみが現在生じています。まぁそうはいっても，心理学を勉強したくて入学してきた学生が，統計で苦しんだ挙げ句に嫌いになっては身も蓋もありません。もしも，皆さんの多くが理系クラスで，Σやlogの数式を見ても平気な人ばっかりだったら，詳しく説明したいと思います。しかし，私の卒業した大学も，今教えている大学の心理学科でもそういう状況ではありませんし，おそらく他の大学でも同じ状況だと思います。こうした背景をふまえて，本書では最低限の知識を解説するにとどめたいと思います。

・昔は必要でした。

→昔はPCの性能が低く，教科書の数式を参照に手計算で分析を行っていました。その頃なら教科書の数式に関する知識(以上の知識)が必要でした。ところが現在では，これから

説明するSPSSという統計解析パッケージを使えば，一切その知識は必要ありません．これは，現在の心理学専攻学生にとってとても恵まれていることであり，浮いた時間を心理学的なモノの考え方や実験計画の立て方を学ぶ時間に割けることになります．

・統計と自動車の運転は似ている!?

→統計の知識は，自動車にたとえるならエンジンの仕組みのようなものです．その知識がなくても車を動かせるように，統計知識がなくても分析はできますが，**だからといってそれがまったく不要だというつもりはありません**．ただ，初めに統計理論ありきというのは現在の心理学教育としてどうかな…と言いたいだけです．この本の内容を理解した後，さらなる好奇心をもって統計の勉強を続けてください．

★統計は自動車と同じです．とりあえず運転するだけだったら，エンジンの仕組みに関する知識はまったく必要ありません．アクセルとブレーキの位置と意味，ハンドルの切り方とメーターの読み方さえわかればとりあえず普通に車を走らせられるはずです．さらに，夜間運転したいときはライトスイッチのつけ方，雨の日はワイパーの動かし方…こういうことを一通り身につければ，運転にまったく支障はありません．現在の高性能な車なら，整備は自動車屋さんに任せておけばほとんど問題が起きることはありません．ただ，さらに自分の車を速く走らせたい時，もっとマニアックな改造をしたい時に初めて，エンジンの仕組みを知り，知識をもとにいじることが必要になってくるわけです．詳しく知ろうとしないことを良いとは思いませんが，"車でドライブ"をする前に"エンジンの仕組みの理解"で嫌になってしまう，それはつまらないことだと思います．でも，エンジンの仕組みを知ったら，車に乗るのはもっと楽しくなります．

....

★自動車は統計と同じです．とりあえず分析するだけだったら，統計量の算出式に関する知識はまったく必要ありません．2群の差を見たいときはt検定とか，SPSSの基本的な使い方，出力の読み方さえわかればとりあえず分析して卒論は書けるはずです．さらに，3群間の差を見たいときは分散分析ということとSPSSの設定と下位検定の読み取り方，因子分析をするときは因子数を決める基準こういうことを一通り身につければ，分析にまったく支障はありません．高機能の統計パッケージなら，統計理論は統計学者に任せておけばほとんど問題が起きることはありません．ただ，さらに複雑な分析をしたい時，マニアックなゆえに既存の方法では分析できない時などに初めて，統計量の算出方法を知り，知識をもとに手計算で算出することが必要になってくるわけです．詳しく知ろうとしない

---

p. 12 空欄の答え
　①偶然起きる可能性，②第一種の誤り，③第二種の誤り，④0.1%以下，⑤99.9%以上．
p. 13 空欄の答え
　①0.83ポイント静かな授業の方が高い，②0.00000001%，③1%水準で有意，④5%水準で有意，
　⑤10%水準で有意傾向，⑥有意差なし

ことを良いとは思いませんが，"心理学の研究アイデア"を練る前に"統計手法の理解"で嫌になってしまう，それはつまらないことだと思います。でも，統計の理論的背景を知ったら，心理学の研究はもっと楽しくなります。

※以上が確率統計の概念をかみ砕いて解説したものです。少なくとも，ここまでの話は完全に理解していただかないと，この後の解説は難しいと思います。理解できなかった方は，もう一度この本をここまで読み直すなり，詳しい人に聞くなりして頑張って理解してください。この後は，具体的な実践の解説に入りたいと思います。ここまでのコインの話がこれからの話のベースであると考えてください。最後にこのセクションのまとめをしておきます。

※このセクションのまとめ

1. 有意差などの科学的推論は，①_____ こととは逆の思考である。
2. 5%水準で有意と言った場合，その差が生じた確率（＝差が②_____ 誤差にすぎない確率）が5%以下であるということを意味する（＝③_____ の確率で誤差とは言えない，偶然では片づけられないということ）。
3. 「群間に差はない」「二つの変数は同じモノだ」といった，初めに設定する否定的な前提を④_____ と言う。その条件下で低い確率でしか起きないようなことが起きてしまったら，「初めの前提がおかしい！」と考えて，帰無仮説を否定（棄却）するというのが，統計の基本的な考え方である。
4. 群間の差が誤差にすぎない確率は，⑤_____ によって算出される確率分布によって算出される。これを知らなくても卒論で困ることはまずないが，心理学の専門家を目指す場合は避けて通れない知識と言える。

…これくらいは覚えておいていただきたいと思います。

第2部　データ解析の前に必要な事項の解説

3 質問紙の作り方：ちょっとしたコツ

　本セクションでは，質問紙の効率的な作り方について解説をしておきます。おそらくこんなことを解説してある本はあまりないと思いますが，知識としてもっていると，質問紙の見栄えや作業効率が良くなります。またとても大切なことですが，**回答者に配慮した，見栄えの良い質問紙を作ることは大変重要です。質問項目が詰まっている質問紙は回答しにくく，誤答も多くなります。**見栄えが良くなると回答者が回答しやすい質問紙となり，その結果回答ミスが減り，きちんとした調査になるのです。本章はそういう質問紙を作る上での，ちょっとしたテクニックを解説したいと思います。まずは基本事項の解説です。

3-1 フォントを選べ！　フォントの特性を覚えておいてください

☆それぞれのフォント名を書いてみてください

　・１２３４５６７８９　…　_____
　・123456789　…　_____
　・**１２３４５６７８９**　…　_____
　・**123456789**　…　_____

> ヒント
> MS明朝,
> MSP明朝,
> MSゴシック,
> MSPゴシック,
> のどれかが入ります。

　ここでは同じ書体でも，下はそれぞれ①_____というのを行っています。この処理を行うフォントは必ず"P"の文字が入ります。プロポーショナル処理というのは，例えば"M"は字の幅を広く，"I"は字の幅を狭く，というように補正してくれるものです。同じ文字13個ずつでも，下を見れば随分違うのがわかると思います。

MS 明朝　　　IIIIIIIIIIIII
　　　　　　　MMMMMMMMMMMMM
MSP 明朝　　IIIIIIIIIII
　　　　　　　MMMMMMMMMMMMM

> "I"が非常に顕著ですよね，よく使われている Times New Roman などの，②_____は特に，こういうプロポーショナル処理を行うフォントが多いです。

　つまり，プロポーショナルフォントを使うと③_____ことを意味します。**質問紙を作る場合は MS 明朝か MS ゴシック**といったフォントを選ぶことが原則です。そうすることで見栄えがきれいになります。答えは上から MS 明朝，MSP 明朝，MS ゴシック，MSP ゴシックになります。

◎例を下に書いてみます，同じ文字数でもどっちがきれいですか？一目瞭然ですね。

　　１．今日は気分が良い　………　１　２　３　４　５
　　２．毎日が充実している　………　１　２　３　４　５　　※④_____
　　３．心にゆとりがある　………　１　２　３　４　５

- -

　　１．今日は気分が良い　………　１　２　３　４　５
　　２．毎日が充実している　………　１　２　３　４　５　　※⑤_____
　　３．心にゆとりがある　………　１　２　３　４　５

3-2　ブロック選択を使え！

　ブロック選択というのは，範囲を①＿＿＿＿＿＿＿＿＿＿＿＿＿ことができるというモノです。ものすごく応用範囲があります。やり方は簡単で，②＿＿＿＿＿＿＿＿＿＿＿＿＿を押しながら，③＿＿＿＿＿＿＿＿＿＿＿＿＿を押しながらマウスで範囲を選択するだけでOKです。**質問項目の前の番号をつけるのはこれを使うと楽**です（p. 28～参照）。

※普通に文字を選択すると下のようになります。当然，選択した部分は切り取ったりできます。

これはサンプルの文字列です。これはサンプルの文字列です。これはサンプルの文字列です。これはサンプルの文字列です。これはサンプルの文字列です。これはサンプルの文字列です。これはサンプルの文字列です。これはサンプルの文字列です。これはサンプルの文字列です。これはサンプルの文字列です。これはサンプルの文字列です。これはサンプルの文字列です。これはサンプルの文字列です。これはサンプルの文字列です。これはサンプルの文字列です。これはサンプルの文字列です。

※これがブロック選択を行うと以下のように選択し，切り抜いたりコピーといった加工ができます。

これはサンプルの文字列です。これはサンプルの文字列です。これはサンプルの文字列です。これはサンプルの文字列です。これはサンプルの文字列です。これはサンプルの文字列です。これはサンプルの文字列です。これはサンプルの文字列です。これはサンプルの文字列です。これはサンプルの文字列です。これはサンプルの文字列です。これはサンプルの文字列です。これはサンプルの文字列です。これはサンプルの文字列です。これはサンプルの文字列です。これはサンプルの文字列です。

列です。これはサンプルの文
ンプルの文字列です。これは　　　…貼り付けるとこんな感じです。
す。これはサンプルの文字列

◎ブロック選択を自由自在に使えると，文書の作成がかなり簡単に操作できるようになり，"かゆいところに手が届く"感じで文書作成ができます。これを知っているのと知らないのでは，質問紙を作る効率だけでなく，ワードで文書を作成する作業効率がものすごく違ってきます。ぜひ覚えておいてください。

---

p. 16 空欄の答え
　①日常的にやっている，②たまたま生じた，③95％以上，④帰無仮説，⑤統計理論

3-3　置換を効率的に

　ワードは①＿＿＿＿＿＿＿＿＿＿を選ぶと，秀丸なら②＿＿＿＿＿＿＿＿＿＿＿を選ぶと置き換えボックスが出てきます。これを使うと質問紙の"……"を作るのが非常に楽です。

ワード

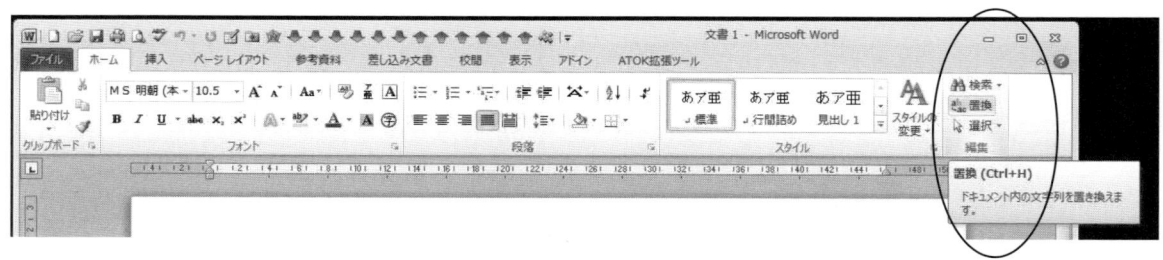

秀丸

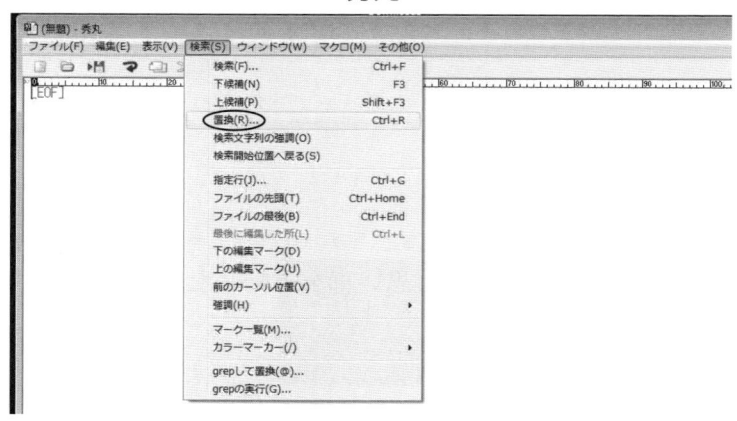

　ちなみに置換とは，③＿＿＿＿＿＿＿＿＿＿＿＿＿＿＿に変換することです。例えば「1羽の鳥が朝1で1回鳴いた」という文字列の"1"を"一"と置換すると「一羽の鳥が朝一で一回鳴いた」になります。上手に使えば大変便利な機能です。

※どういう時に使うかというと，例えば下のような質問項目があったとしましょう。
1. 制限速度は 40km だが，
   夜間で道が空いていたので 70km で走行した。
2. シートベルトを着用しないで運転した。
3. 免許を取っていないが，ばれないと思い車を運転した。

　…末尾に④＿＿＿＿がついています。通常は質問項目にはつけませんが，項目作成時はあえて入れてやり，置換を使って⑤＿＿＿＿に変換します。項目数が多いと，作業効率がまったく違ってきます。次ページが置換ボックスになります。範囲を選択したうえで，その範囲内を 全置換(A) ボタンで置換させることもできます。

3 質問紙の作り方

※前ページの3項目を置換すると以下のようになります。いくつかの"・"を消去したり加えたりして整えてやります(これも後述しますが一括処理できます)。

1. 制限速度は40kmだが,
   夜間で道が空いていたので70kmで走行した　………………
2. シートベルトを着用しないで運転した　………………
3. 免許を取っていないが,ばれないと思い車を運転した　………………

↓

1. 制限速度は40kmだが,
   夜間で道が空いていたので70kmで走行した　…………
2. シートベルトを着用しないで運転した　………………
3. 免許を取っていないが,ばれないと思い車を運転した　…

3-4 切り取り,コピー,貼り付けはキーボードで

　これら三つは,恐らく質問紙を作る時に最もよく使う操作ですし,質問紙以外にも多くの場面で使うものです。① ＿＿＿＿＿＿＿＿でボタンを押す操作よりも,② ＿＿＿＿＿＿＿＿による操作の方がずっと効率的に早く書類を作成ができます。ついでに,このキー操作は基本的にワードやエクセルだけでなく,Windowsアプリケーション共通です。覚えておいて絶対に損はありません。**これを意図的に使うようにしてください。上手に使えばあなたの作業時間が半分になります。**

・切り取り　＝　[✂]　ボタン　＝　Ctrl +③＿＿＿＿ボタン

・コピー　　＝　[📋]　ボタン　＝　Ctrl +④＿＿＿＿ボタン

・貼り付け　＝　[貼り付け]　ボタン　＝　Ctrl +⑤＿＿＿＿ボタン

---

p. 18 空欄の答え
　①プロポーショナル処理,②英語のフォント,③文字がきれいにそろわない,④MS明朝,⑤MSP明朝
p. 19 空欄の答え
　①四角く切り取る,②ワードならAltキー,③秀丸ならCtrlキー

3-5 縦書きはテキストボックスで！

きわめて悪質だと思う
かなり悪質だと思う
全く悪質だとは思わない

…きちんとそろった縦書きですね，これの作り方です。

※まず，文字を入力したら① _____ して（この場合ブロック選択はできません），挿入（I）→テキストボックス（X）→縦書きテキストボックスの描画（V）を選んでください。そうするとこういう縦書きのボックスができるはずです。

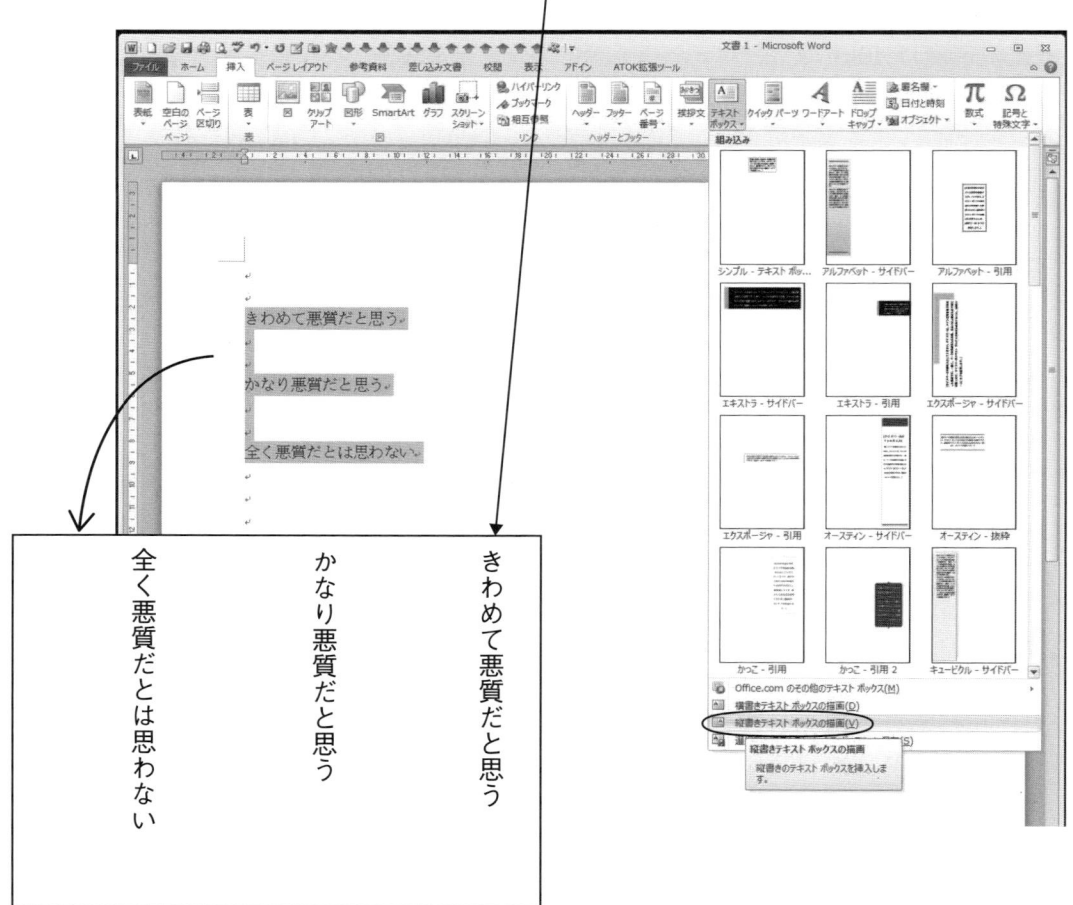

ところで，このままだと□□□で囲われていたり美しくそろっていなかったり，きちんと位置調整ができなかったりするはずです。それを修正するのが② _____ _____ して出てくる，タブのいくつかあるメニューです。次ページのように設定してください。完成度が高まります。

3　質問紙の作り方

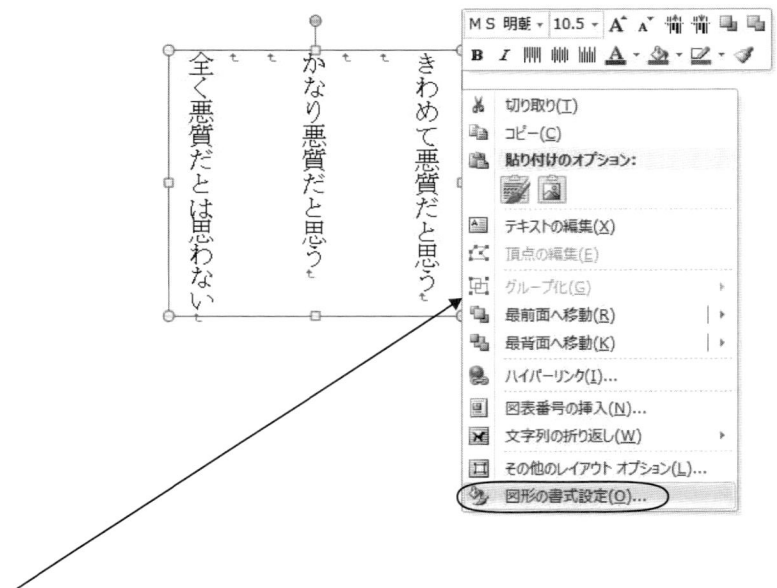

・このあたりを右クリックして，図形の書式設定(O)を選ぶと下のようなボックスが出てきます。これを次のようにいじります。

① 「塗りつぶし」と「線の色」は，①＿＿＿＿＿＿＿＿＿＿を選ぶこと

 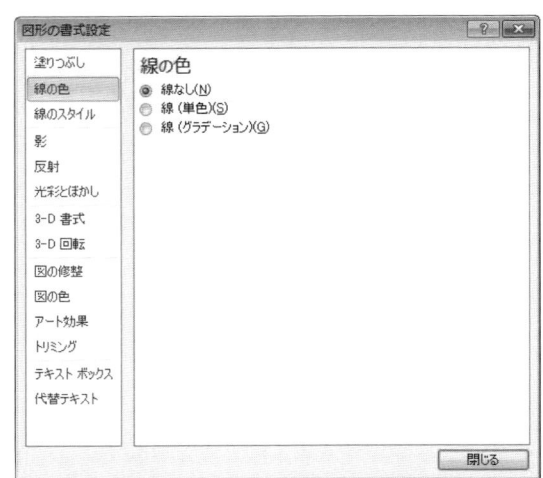

※これにより②＿＿＿＿＿＿＿ことができ，テキストボックスの下に隠れた文字も見えるようになります。

---

p. 20 空欄の答え
　①編集の中の置換，②検索(S) → 置換(R)，③特定の文字を特定の文字，④ "。"，⑤…

p. 21 空欄の答え
　①マウス，②キーボード，③X，④C，⑤V

第 2 部　データ解析の前に必要な事項の解説

②レイアウトの①_____を選ぶこと

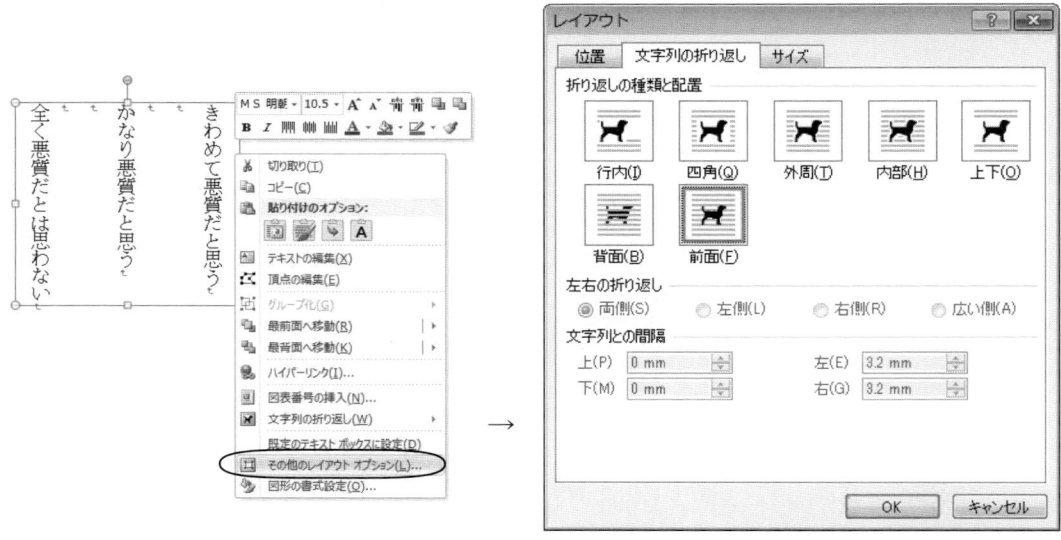

※これにより②_____せず，どこでも自由にレイアウトできるようになります。

③行間調整は，ここをクリックして出る次ページメニューの③_____をいじること。

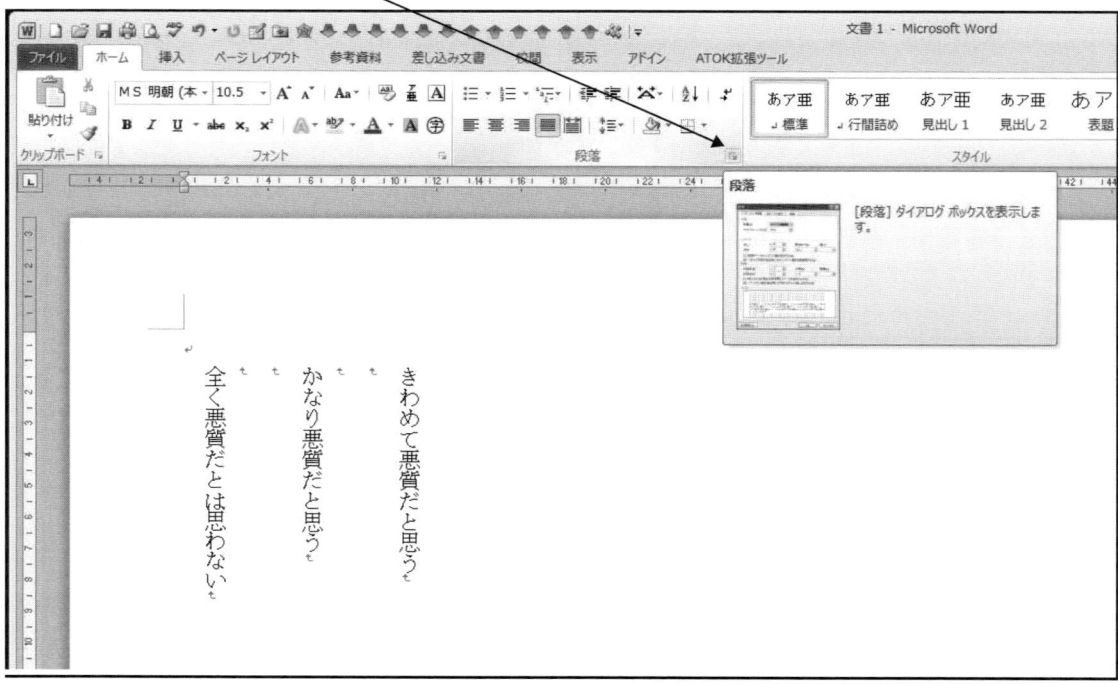

3　質問紙の作り方

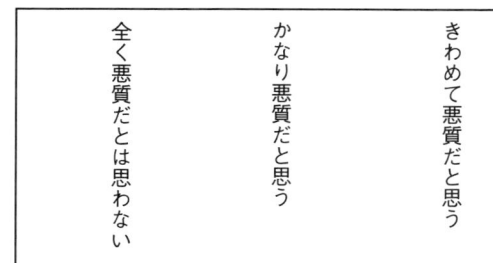

※ 行間が一行だと下のとおりです。

◎ここの設定を①＿＿＿＿＿＿にして，隣の間隔（A）の②＿＿＿＿＿＿で微調整ができます。

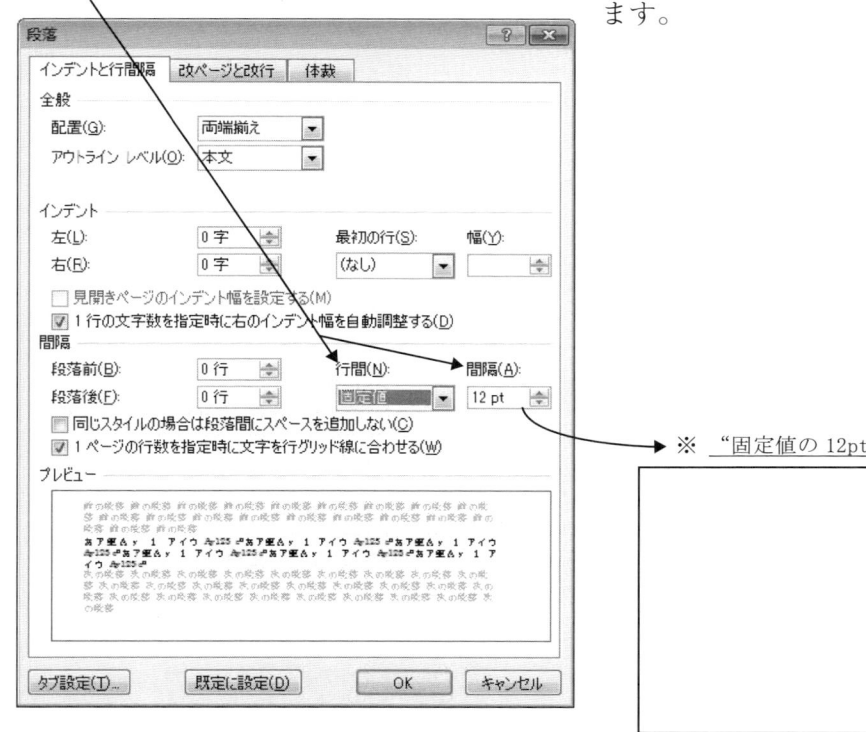

※ "固定値の12pt"にするとこうなります。

固定値の値を変えてやれば③＿＿＿＿＿＿＿＿できます。

---

p. 22 空欄の答え
　①範囲を選択，②枠の周りで右クリック
p. 23 空欄の答え
　①どちらもなし，②枠を消す

・ここまで理解すれば自分で作れると思います。

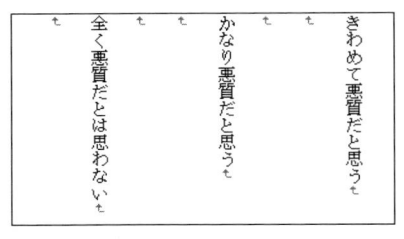

①p. 22 を参考に右のようなものを作ったら

↓

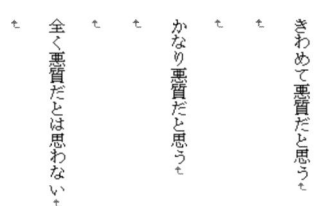

②pp. 23～24 を参考にレイアウトの
①_____して枠線を消します。

↓

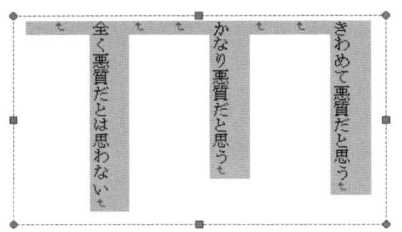

③次に中の文字を白黒反転(選択)します。

↓

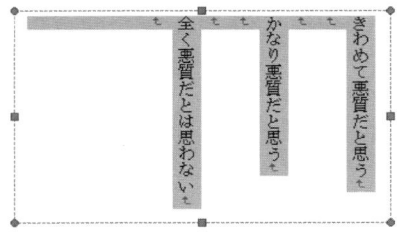

④p. 25 を参考に行間を調整したら，

↓

⑤このボタンを押して②_____して完成。

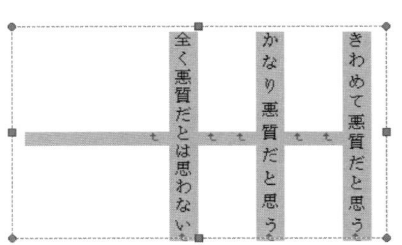

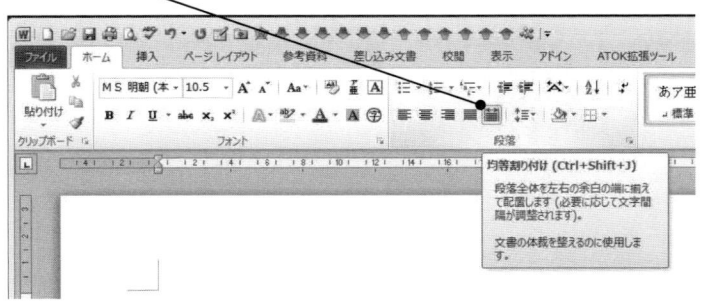

3-6 実践編

　ここから実践編です。実際にソフトを使いながら解説してみたいと思います。質問項目を下のように質問紙の体裁に整えるやり方です。こうした方法を知っておくことは何も質問紙だけではありません，ワープロの基礎的な使い方を習得していると思ってください。

◎この質問項目を
　制限速度は40kmだが，夜間で道が空いていたので70kmで走行した。
　シートベルトを着用しないで運転した。
　免許を取っていないが，ばれないと思い車を運転した。
　信号が赤ではあったが，夜間で通行車両がなかったためそのまま無視して通過した。
　コンパでウイスキーを7杯飲んだが，そのまま車を運転した。
　人の家の車庫の前だが，少しの間だと思い構わず駐車した。
　コンパで断り切れず，ビールをコップ半分くらい飲んでそのまま車を運転した。
　ヘルメットをかぶらずにバイクに乗った。
　コンパでビールを2杯飲み，車中で3時間休憩後に車を運転した。
　駐車禁止の場所だが長時間駐車した。

↓

◎こんな風に簡単に作る方法です。
　1．制限速度は40kmだが，
　　　夜間で道が空いていたので70kmで走行した……………………………　1　2　3　4　5
　2．シートベルトを着用しないで運転した……………………………………　1　2　3　4　5
　3．免許を取っていないが，
　　　ばれないと思い車を運転した…………………………………………………　1　2　3　4　5
　4．信号が赤ではあったが夜間で通行車両がなかったため，
　　　そのまま無視して通過した……………………………………………………　1　2　3　4　5
　5．コンパでウイスキーを7杯飲んだが，
　　　そのまま車を運転した…………………………………………………………　1　2　3　4　5
　6．人の家の車庫の前だが，
　　　少しの間だと思い構わず駐車した……………………………………………　1　2　3　4　5
　7．コンパで断り切れずビールをコップ半分くらい飲んで，
　　　そのまま車を運転した…………………………………………………………　1　2　3　4　5
　8．ヘルメットをかぶらずにバイクに乗った……………………………………　1　2　3　4　5
　9．コンパでビールを2杯飲み，
　　　車中で3時間休憩後に車を運転した…………………………………………　1　2　3　4　5
　10．駐車禁止の場所だが長時間駐車した…………………………………………　1　2　3　4　5

---

p. 24 空欄の答え
　①文字列の折り返しは前面，②行を排他，③行間（N）
p. 25 空欄の答え
　①固定値，②ptの数値，③行間が微調整

第2部　データ解析の前に必要な事項の解説

①まず質問項目を作成します。大事なのは質問項目の最後に①＿＿＿＿＿＿＿＿＿＿＿＿＿＿＿ことです。先ほど説明したとおり，**通常**②　　　　　　　　　　　　**ことはありません**が，あえてつけておいてください。次に，下に"1.2.3.…"をタテに作り，それを③＿＿＿＿＿＿＿＿＿で切り取って貼り付けます（p. 19 を参照）。

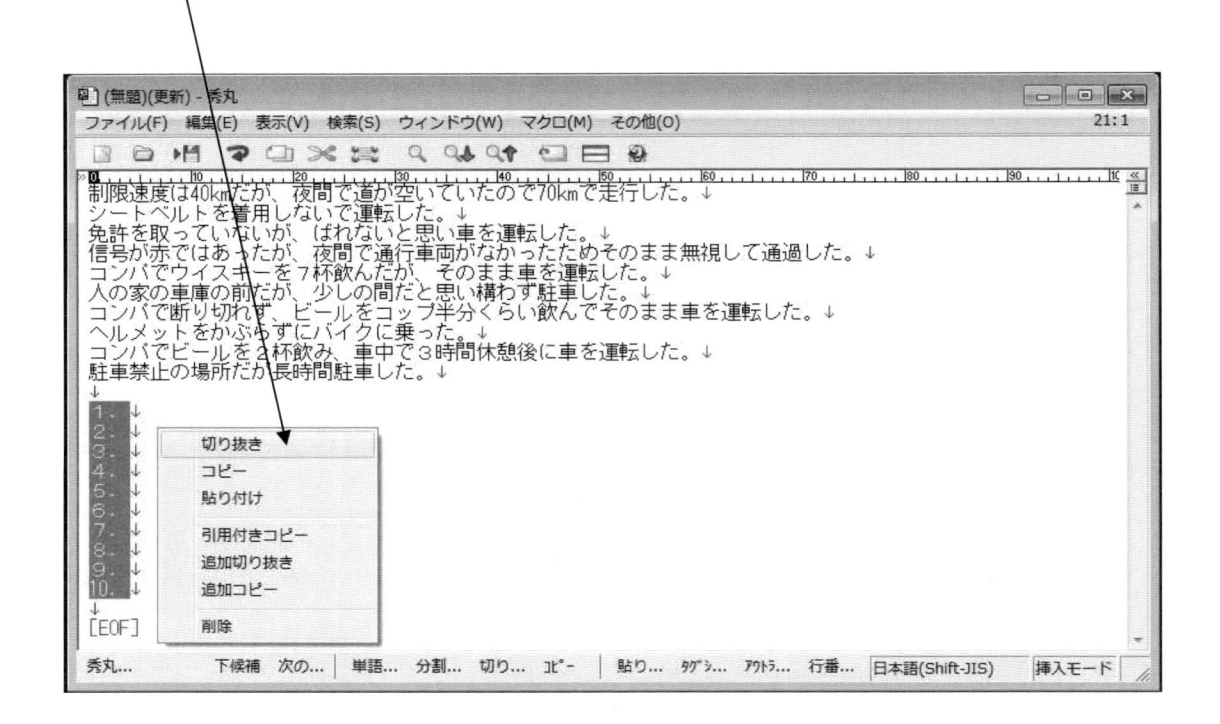

↓　そうすると下みたいに貼り付けられます。

こんな感じにきれいに貼り付けられます。

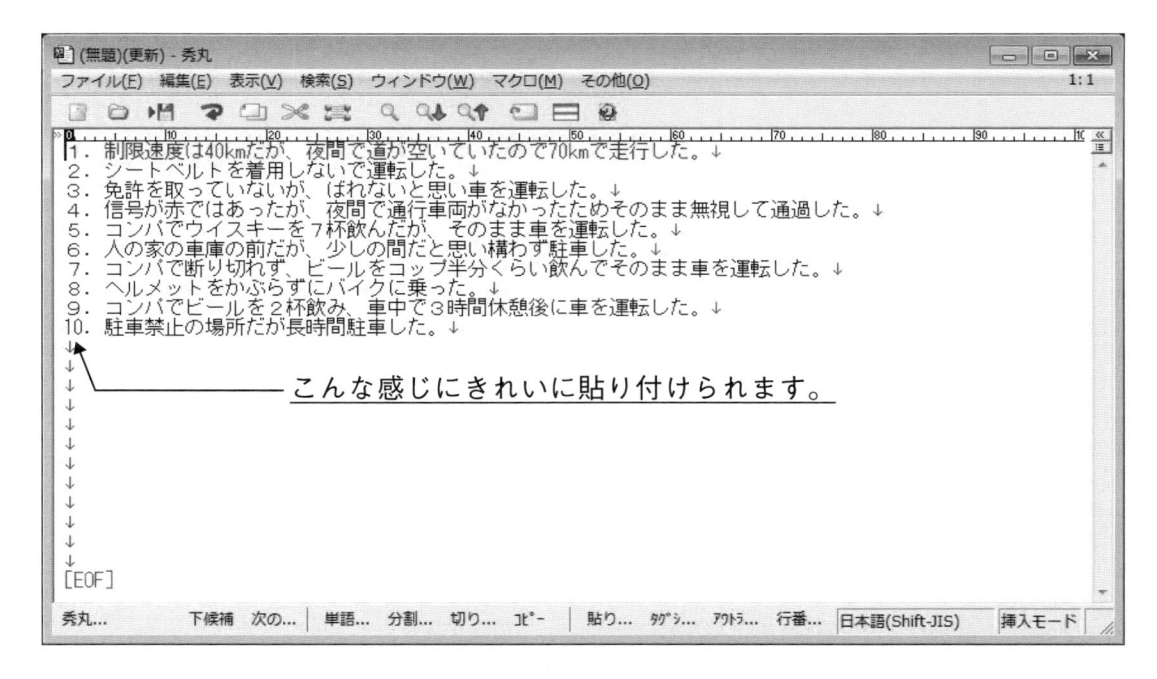

3 質問紙の作り方

②次に，明らかに一文が長い項目について，①_____にします。

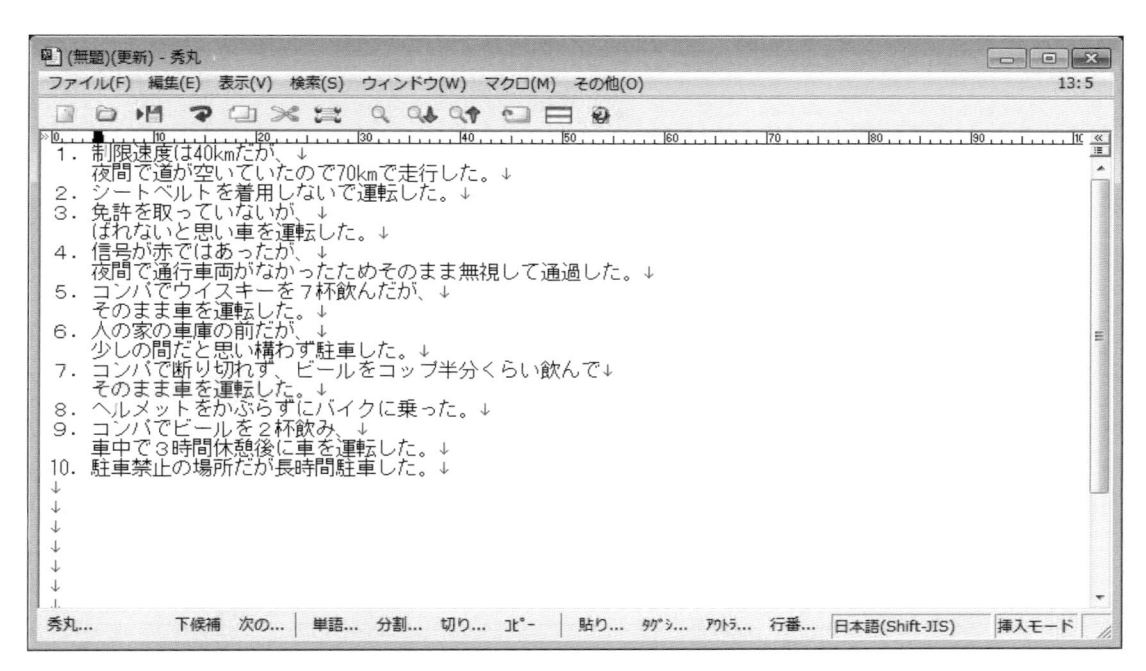

③そうしたら②_____(p. 20 参照)を使い，"。"を"③_____"に置換します。

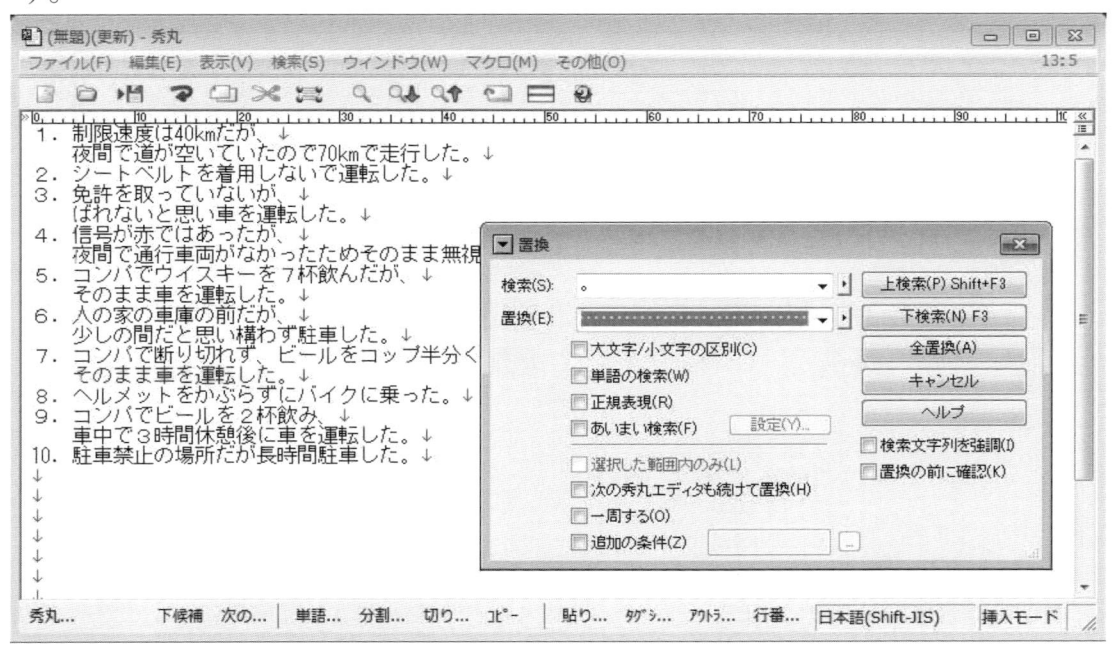

↓次ページのようになります。

---

p. 26 空欄の答え
　①排他を解除，②均等割り付け

③' こんな感じになります。

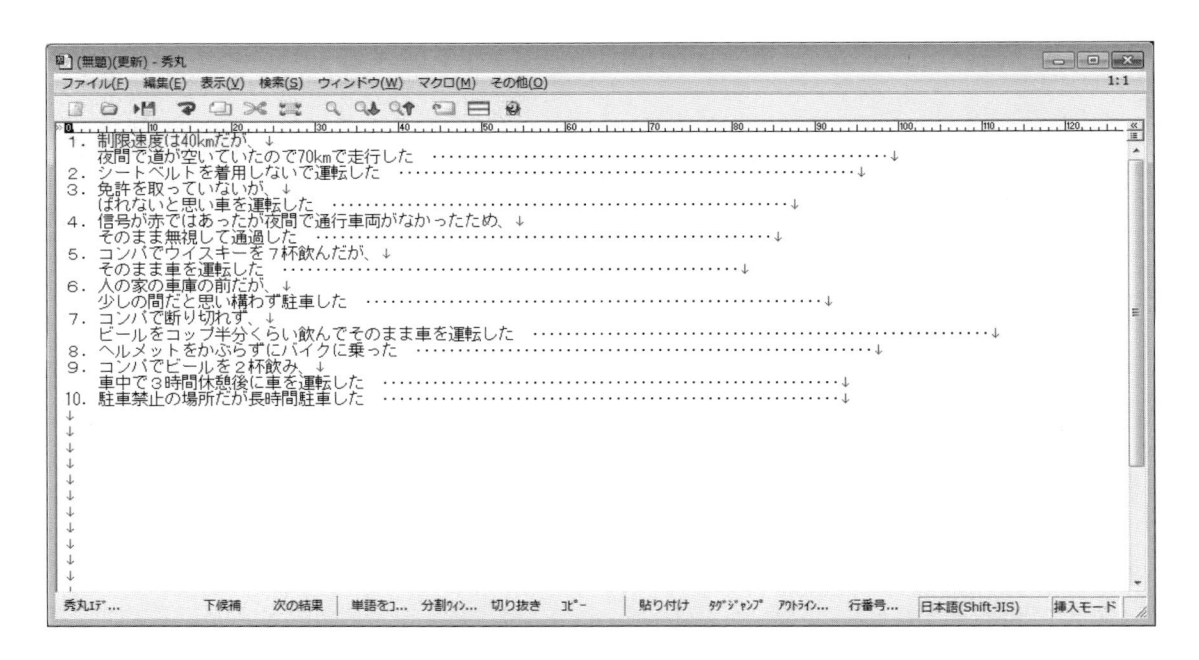

④ 適当な長さでブロック選択(p. 19を参照)をして del キーで削除します。

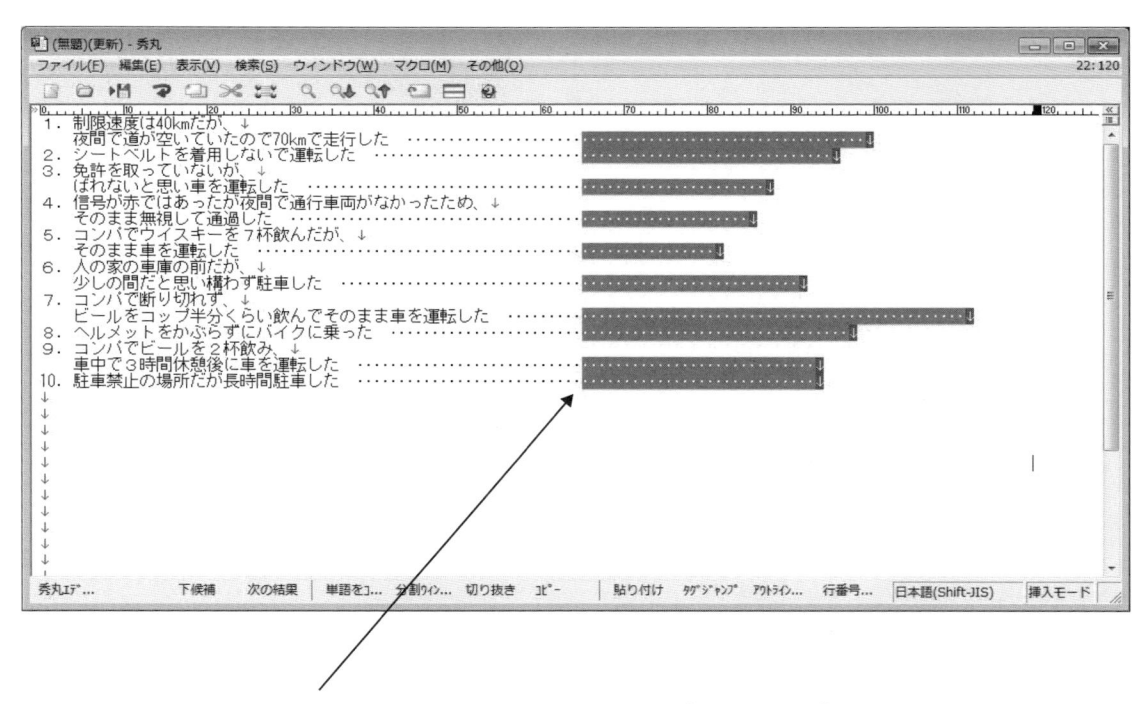

※この状態で del キーを押すと余分な"…"が消えてそろいます。

3 質問紙の作り方

⑤消去したら…の最後にもう一度"。"をつけていきます。一つ一つ番号をふったり，コピー＆ペーストするよりもこの方が早いと思います。そうしたらまた置換（p. 20参照）を行います，今度は"。"を" 1　2　3　4　5"に置換します。

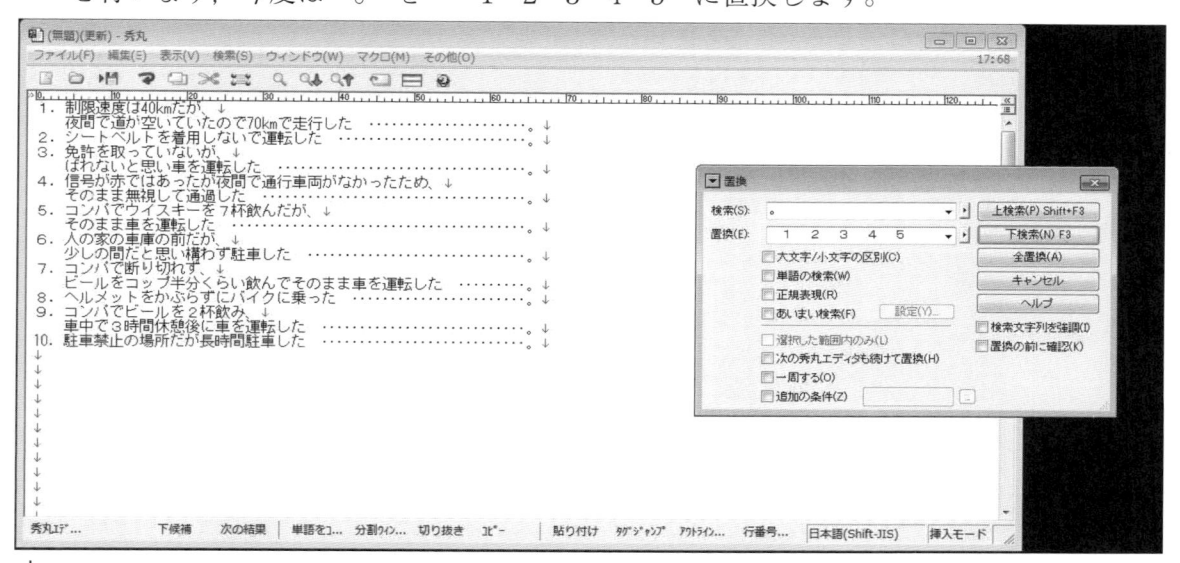

↓　これでまずは形が整いました。

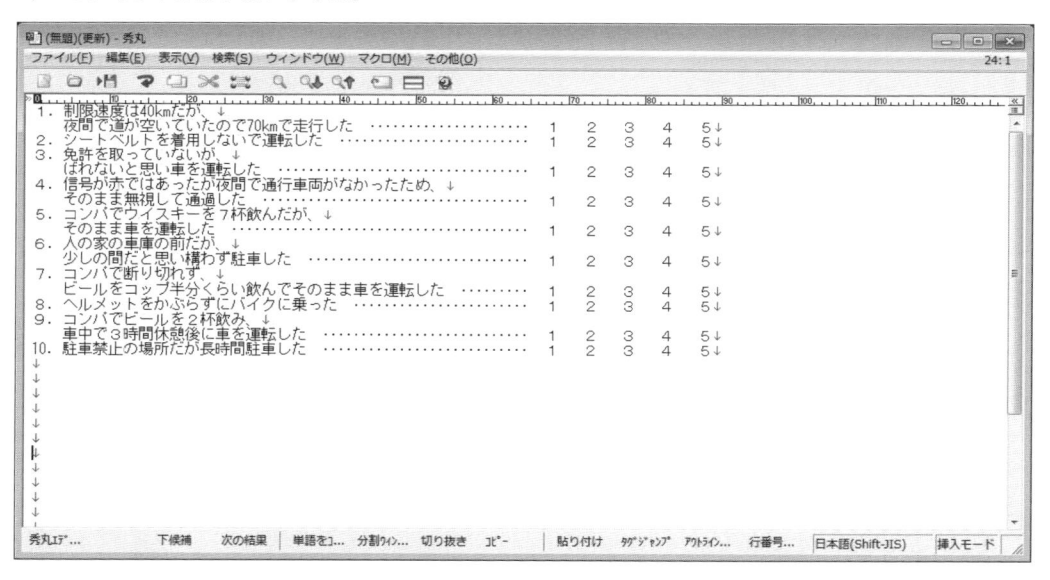

※ココまでの作業は秀丸の方がやりやすいと思います。ワードの場合，一行字数が少ないために問題が起きたり，番号づけなどで問題が起きることも多いです。秀丸はそういうことはありません，シェアウェア（¥4,000）ですが便利なソフトなので，是非購入を検討してください。

---

p. 28 空欄の答え
　①"。"をつけておく，②質問項目に。をつける，③ブロック
p. 29 空欄の答え
　①Enter キーで2行，②置換，③…（長め）

第 2 部　データ解析の前に必要な事項の解説

⑥作ったものをワードに貼り付け，pp. 22〜26 を参考に作った①＿＿＿＿＿＿＿＿を適当な位置に置いて教示文を書いて完成です！　なお，**項目間の行間は下のように 1 行とったり行間を広げたりして，回答者が**②＿＿＿＿＿＿＿＿**しましょう。**

↓　これで完成です。

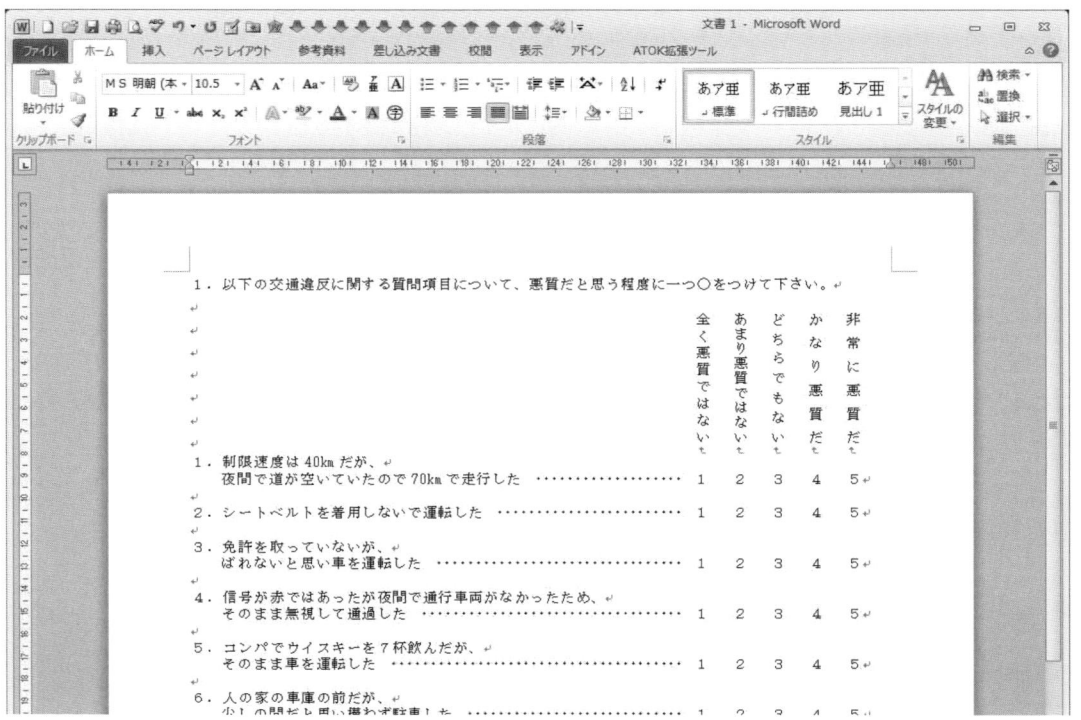

※このセクションのまとめ

　ここまでのテクニックは，ある程度経験が積まれてくると作業効率が全然違ってきます。最後に，いくつかキーボードの操作で役に立ちそうなモノを下にまとめておきます。これらは慣れてくるとマウスでボタンを押すよりもキーボード操作の方がスピードが上がります。**できるだけキーボードを使う癖をつける**ように心がけてください。最後に本章のまとめです。これだけマスターするだけでも相当使えるようになります。

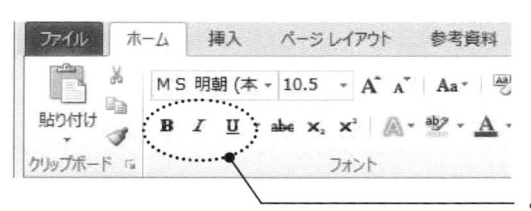

　　　　　　　　　　　　　　　　　　　　　　　　　　　　このボタンを使います。

1. 文字の種類をいじりたい
・強調したい　　　　＝　　範囲を選択して Ctrl＋Bキーを押す
・斜体にしたい　　　＝　　範囲を選択して Ctrl＋Iキーを押す
・下線を引きたい　　＝　　範囲を選択して Ctrl＋Uキーを押す
　つまり，ボタンの絵柄と同じ文字のキーを押せばいいということです。もう一度押せば解除されます。

2. フォントのサイズを変えたい
・変更したい範囲を選択して Ctrl＋Shift＋P を押す（"P"はポイントの"P"です）。フォントサイズの数字を入力して Enter を押す。

3. フォントを変えたい
・変更したい範囲を選択して Ctrl＋Shift＋F を押します（"F"はフォントの"F"です）。十字キーの↑か↓でフォントを選んで Enter を押す。

…この二つは覚えておいてください（重要）…

4. 操作をしくじった
　①＿＿＿＿＿＿＿＿＿＿＿＿＿＿＿を押せば一操作戻ります。
　　…2回押せば二操作戻ります。押せば押した回数だけ戻ります。

5. しくじった操作を直して戻し過ぎた
　②＿＿＿＿＿＿＿＿＿＿＿＿＿＿＿を押せば一操作進みます。
　　…これも2回押せば二操作進みます。きりの良いところまで戻してください。

4 SPSS のデータハンドリングについて

4-1 データの入力について

ここからは，SPSS を使う前の段階として必要な，データの加工の仕方（データハンドリングと言います）について説明しておきたいと思います。この SPSS というソフトは，一見 Excel のような印象をもつと思いますが，非常に優れたソフトです。使い方も基本的には難しくなく，

データ入力してメニューを選ぶだけ

という，統計理論の知識がなくても検定等ができてしまう素晴らしいソフトです。見た目は p. 40 みたいなソフトです，まずデータの入力・取り込みから解説を始めます。

Table 4-1 交通違反の悪質性評価に関する調査データ（仮想データ）

番号	10km/h 速度超過	50km/h 速度超過	免停中運転	無資格運転	酒気帯び運転	免許の有無	免許歴	青切符歴	赤切符歴
1	1	6	6	5	3	1	38	1	0
2	2	7	7	7	3	0	0	0	0
3	3	7	7	5	5	1	17	1	0
4	2	6	7	7	6	1	9	0	1
5	3	6	7	5	6	1	125	0	0
6	4	7	7	7	5	1	53	1	0
				…途中省略…					
395	4	7	7	6	4	0	0	0	0
396	2	4	7	4	2	1	35	1	0
397	3	7	6	5	4	1	452	1	1
398	4	7	7	6	5	0	0	0	0
399	2	7	7	5	3	0	0	0	0
400	1	6	7	6	6	1	2	0	0

※1（まったく悪質だとは思わない）～7（きわめて悪質だと思う）の7件法で評定した。

Table 4-1 は，次ページのような質問項目に対して回答を求めたものの一覧です。一人目だけ載せておきますが，こんな調子で 400 名回答を求めたと思ってください。免許の有無については（0 = なし，1 = あり），他は（0 = いいえ，1 = はい）で聞いています。

4　SPSSのデータハンドリングについて

◎一人目の回答が以下のような感じだったとします。

| | 全く悪質だとは思わない | かなり悪質だと思う | きわめて悪質だと思う |

1. 制限速度が40kmの市街地を50kmで走行した …………… ① 2 3 4 5 6 7
2. 制限速度が40kmの市街地を90kmで走行した …………… 1 2 3 4 5 ⑥ 7
3. 免停処分を受けたがばれないと思い運転した ……………… 1 2 3 4 5 ⑥ 7
4. 大型免許を取って1年だけど10tトラックを
   運転した(大型自動車等無資格運転) ……………………… 1 2 3 4 ⑤ 6 7
5. コンパでビールを3杯飲み，
   車中で3時間休憩後に車を運転した ………………………… 1 2 ③ 4 5 6 7
① 運転免許を持っている……………………………………… いいえ　　　(はい)
② 免許歴(持っている場合) ………………………………… 3年　　　2ヶ月
③ 過去3年間で青切符(軽い違反)を切られた……………… いいえ　　　(はい)
④ 過去3年間で赤切符(重い違反)を切られた……………… (いいえ)　　は　い

　こういうデータは，数が少ないときは直接入力してもそれほど手間にはなりませんが，前ページのように400人に質問したり，一人あたり100項目も聞いていた場合などは非常に負担となります。ですから卒論とかのデータ入力では，まずメモ帳(or 秀丸)を開いて次ページのように①＿＿＿＿＿＿＿＿＿してください，この方が入力が早くなります。このとき覚えておいていただきたい超重要なことが

②＿＿＿＿＿＿＿＿＿

　…ということです。例えば400人のデータを入力するにあたって，個人に割り当てるID番号を1〜400まで入力する場合，③＿＿＿＿＿…089, 090, …399, 400などと3桁でそろえて入力してください。免許歴も3年2ヶ月を月数で変換入力しました。さらに100ヶ月を超えるケースもあるので④＿＿＿＿＿という具合に入力しました。**いかなる入力でもこれだけ守ってください。後のことを考えると非常に重要です。**ちなみに，どこまで入力したかわかりやすいように⑤＿＿＿＿＿＿＿＿＿もOKです（後で調整できます）。その辺に気をつけながら，次ページのように400人分を入力したとしましょう。

---

p. 32 空欄の答え
　①縦書きボックス，②○をつけやすいように配慮
p. 33 空欄の答え
　①おちついて Ctrl + Z，②おちついて Ctrl + Y

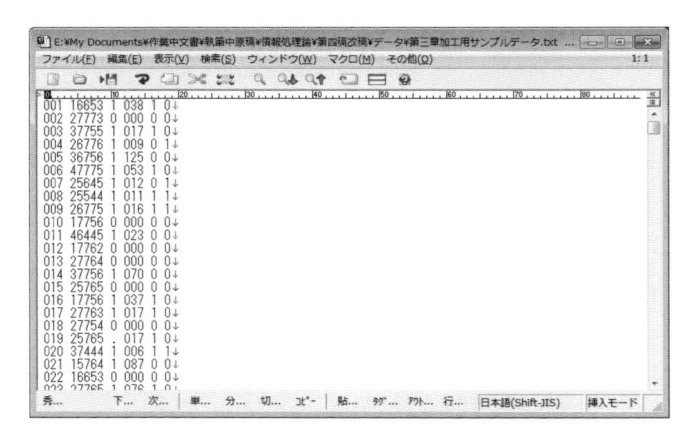

第2部　データ解析の前に必要な事項の解説

　入力したらコレを適当なファイル名で保存します。今回はファイル名を"data.txt"という名前にしてデスクトップに保存しました。そうしたら次に SPSS を起動します。起動したらはじめに開くウィザードで"既存のデータソースを開く"を選び OK ボタンを押します。

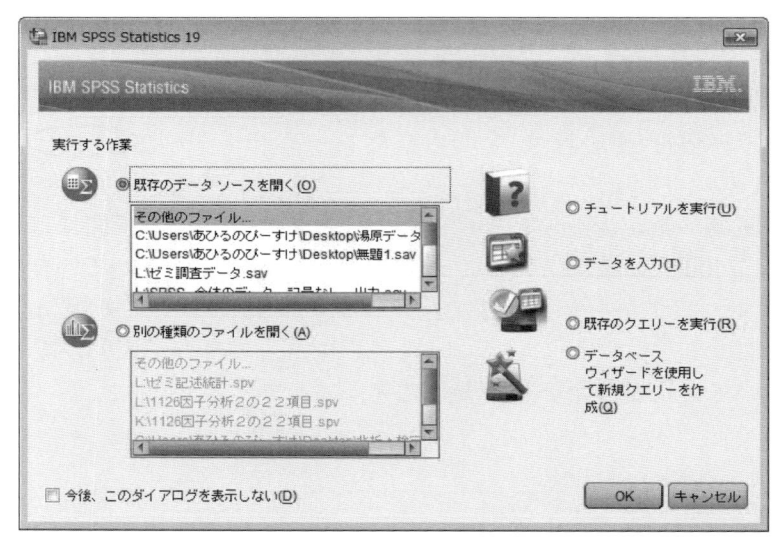

※そうすると下のようなウインドウが出るはずです。

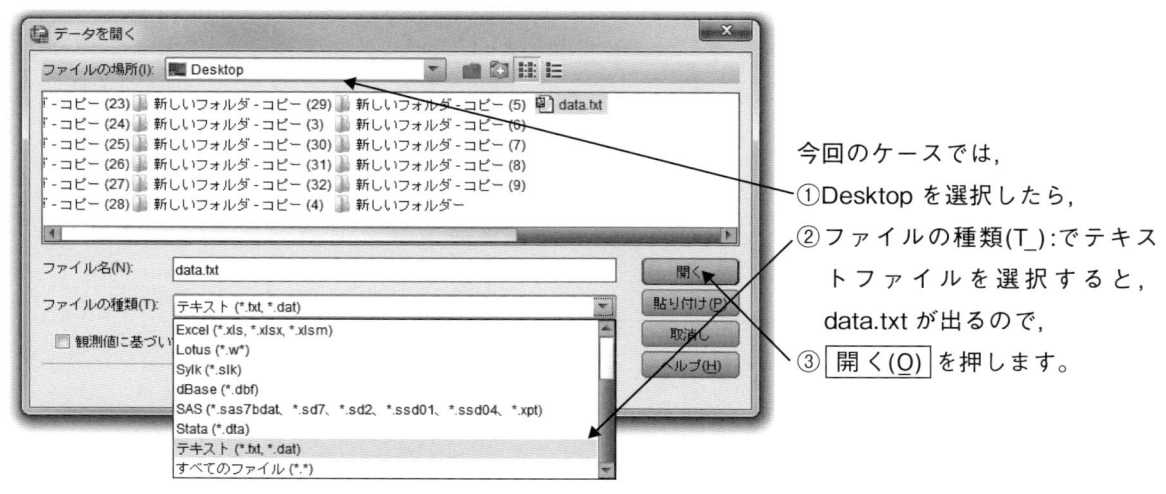

今回のケースでは,
①Desktop を選択したら,
②ファイルの種類(T_):でテキストファイルを選択すると, data.txt が出るので,
③ 開く(O) を押します。

4 SPSSのデータハンドリングについて

※下のような画面が出たら成功です。ステップ1/6は 次へ＞(N) ボタンを押します。

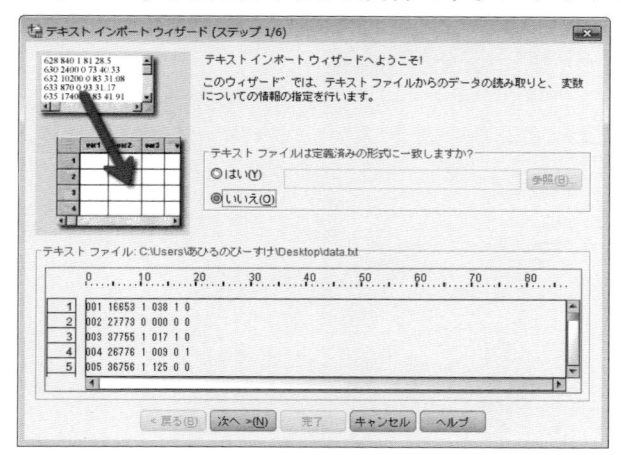

※次が重要です，ステップ2/6では**固定書式**を選んで 次へ＞(N) ボタンを押します。

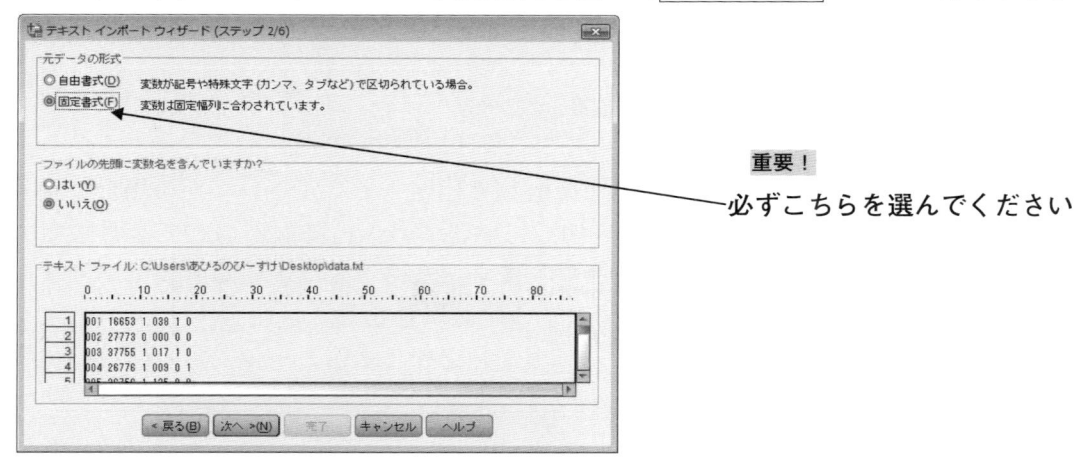

重要！
必ずこちらを選んでください

※ステップ3/6は基本的にこのまま 次へ＞(N) ボタンを押せばＯＫです。

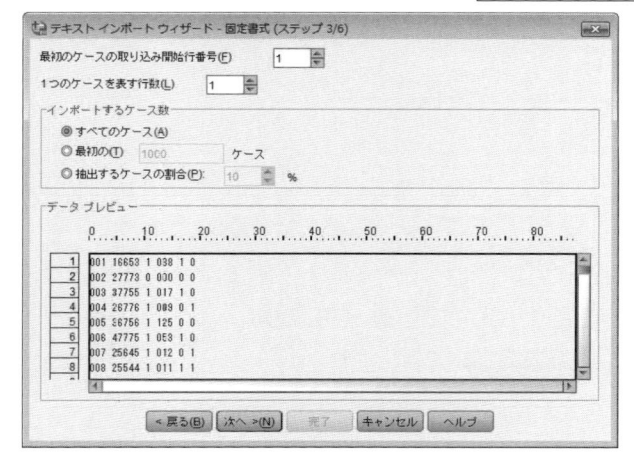

---

p. 35 空欄の答え
　①直接ベタ打ち，②桁数はそろえる，③001，002，④"038"，⑤スペースを入れて

第2部　データ解析の前に必要な事項の解説

※ 4/6 でこんな具合のウインドウが出たら成功です！

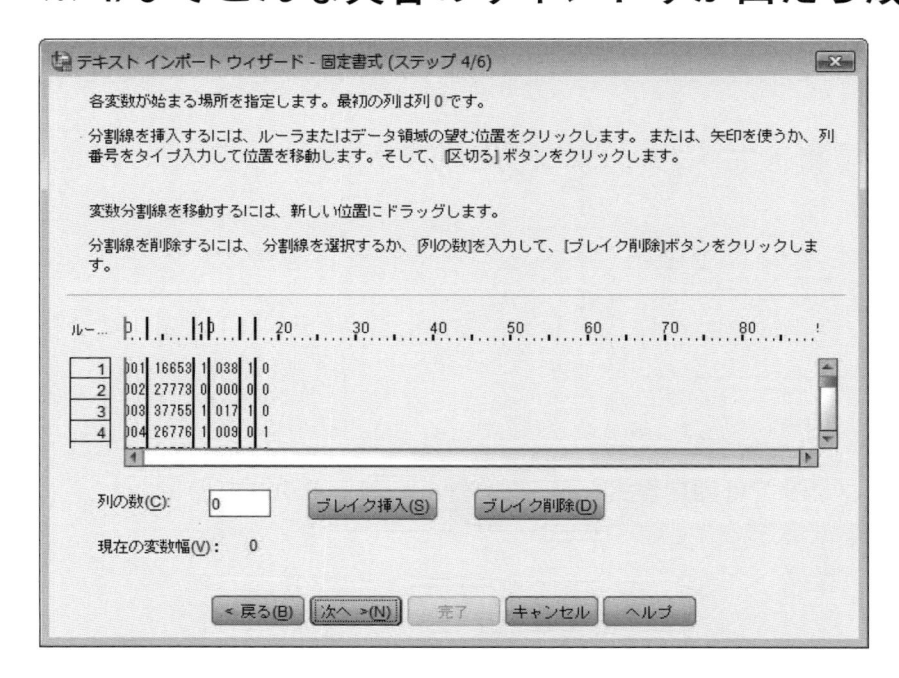

※上のように①_____で数字を適切な桁数で仕切ってください。上の場合，番号が3ケタなので②_____で区切っていますし，免許歴についても月数で入力されているので③_____となります。スペースは区切る必要はありません。自動で処理してくれます。今回は下図のように区切ります。④_____のはこのためです。区切ったら 次へ(N) > ボタンを押しましょう。

今回はここが1桁で区切られる必要がありますね？

4 SPSSのデータハンドリングについて

※5/6もこのまま 次へ(N)> ボタンを押してください，後で設定しましょう。データプレビューをみると，V2～V7が1セルずつに区切られているのがわかりますね。

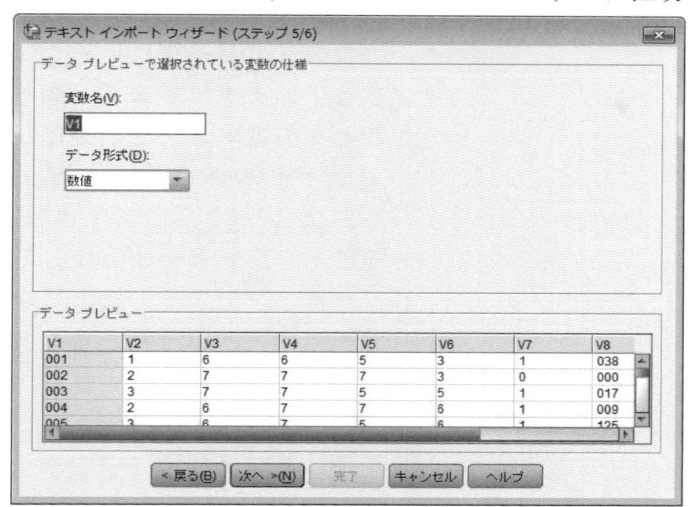

※6/6まできたら後は 完了 ボタンを押して完成です！

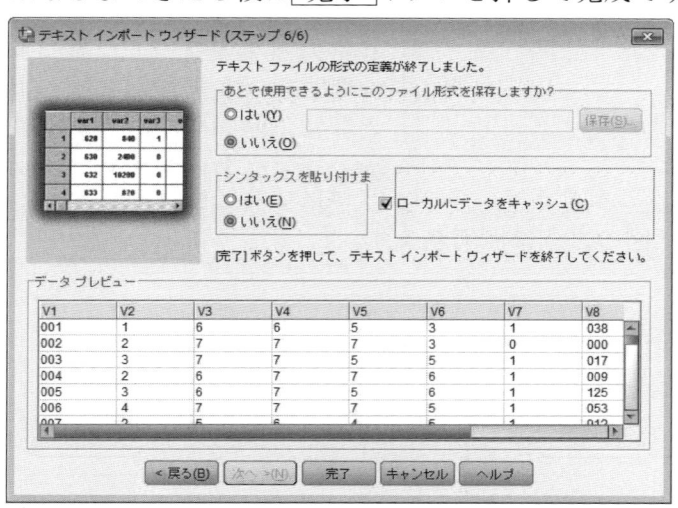

・こういう風に，ベタ打ちデータをSPSSに読み込む方法は覚えておいてください。データは"data.sav"という風に，SPSS形式で保存しておきましょう。

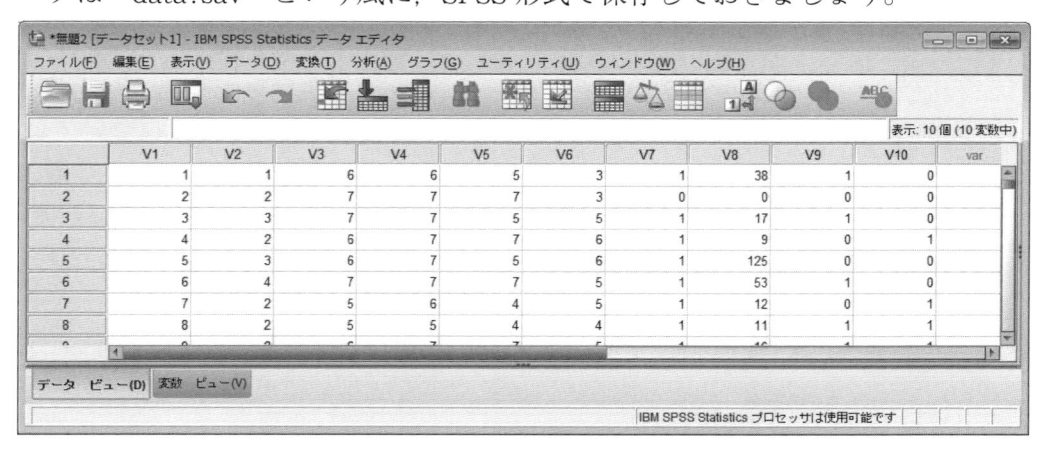

39

第2部　データ解析の前に必要な事項の解説

※次はデータフィールドに関する解説です。

ココが"データビュー"になっていますね？まず大事なことなのですが，データビューフィールドにデータが入り、①＿＿＿＿＿＿＿であることを忘れないようにしてください。で，その横の"変数ビュー"という所を見ると，下の設定になっています。SPSSは②＿＿＿＿＿＿＿を使い分けて設定・データ入力をするようになっています。これは③＿＿＿＿＿＿＿とは概念が違うので注意してください（この設計は慣れると非常に使いやすいです）。次ページに各々説明していきたいと思います。

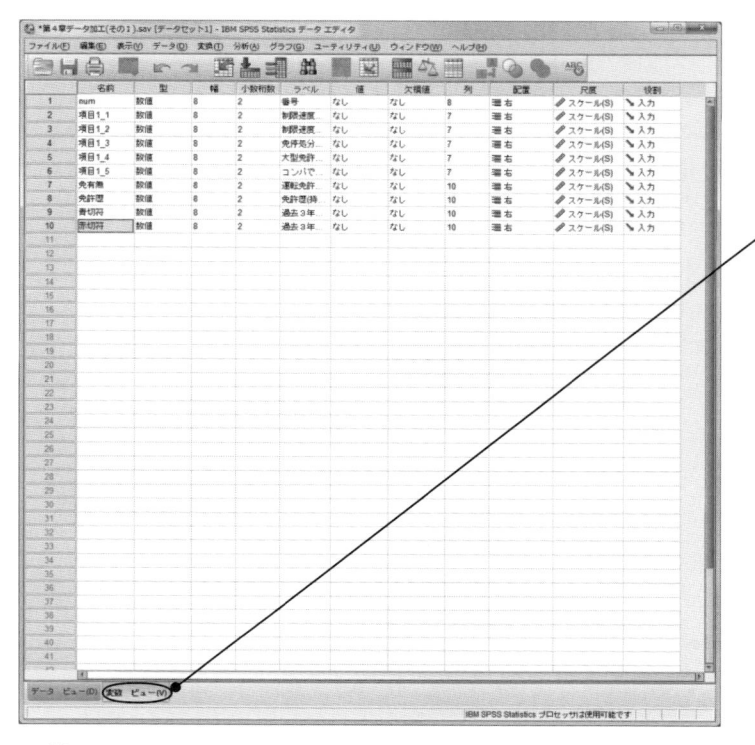

こっちの"変数ビュー"にするとこうなります。一番上に"名前""型"…などと並んでいます。それぞれの意味を次ページで説明していきたいと思います。**必要な設定についてはしっかり理解しておいてください**(初心者レベルでは特に設定する必要がないものもあります)。

40

4　SPSSのデータハンドリングについて

※ "変数ビュー"タブで出てくるメニューの意味は以下のとおりです。ここの解説は誤解のないようにしていただきたいのですが，あくまで初心者向けです。本来ならもっと細かく正確に設定しなければならない項目もありますが，あえて"これは気にしなくていいよ"としてある項目もあります。興味がわいたらぜひ色々といじってみてください。**ここでまず大切なことは，とりあえず"名前"と"型"と"尺度"さえちゃんと設定していれば，本書でカバーする範囲では分析ができます。**それぞれ解説していきますが，上記三つが大切であることは覚えておいてください。

・ 名前 について

ここがデータビューの一番上に名前となります。①_____方が便利です(後述)。制約が多く，「変数に不正な文字が含まれています（＝こういう名前の付け方はダメ！）」…などとよく言われます（例えば"1-1"と入れるとダメと言われます。私がいつもやっている方法ですが，連番なら②_____などと頭を漢字などで命名しておけば，トラブルにあまり巻き込まれずに済むようです。

・ 型 について

わりと重要です。**初心者は余り深く考えず，ここは"③_____"にしておきましょう。**もちろん慣れた後でいじるのは構いませんが，初めは原則コレにしておいた方が賢明だと思います。それ以外の設定の場合，分析してくれないこともあります。**わけのわからないメッセージが出て分析をしてくれない場合，ココを数値にして 尺度 を"スケール"にしてやると分析できることが多々あります(＝わけがわかるようになったら設定してください)。**ただし，例えば（なし＝0 ＆あり＝1）という具合にデータビューは直接"ありor なし"と入力せず，④_____おきましょう（前ページ参照）。

・ 幅 について

非常にわかりづらいのですが，桁数の指定です。例えば桁数を"4"と入れておいた場合，"1234"というデータはきちんと表示されますが，"123456"という数値が入っていた場合オーバーフローを起こします。10程度に指定しておけば困ることは絶対ないと思います。最大で40ですが，**初心者なら特にいじる必要性のない**項目だと思います。

・ 小数桁数 について

小数の桁数を指定します，例えば"15.336987"とかいうデータがあったとしてください。ここを"0"と指定すればデータビューは"15"と表示されますし，"3"と表示すれば"15.337"と表示されるという意味です(四捨五入してくれます)。原則，レポートや卒論の多くは⑤_____なので，⑥_____にしておくと良いでしょう。

---

p. 38 空欄の答え
　①分割線，②初めは3ケタ，③3ケタ区切り，④桁数を合わせる

第2部　データ解析の前に必要な事項の解説

・ ラベル について
　コレ，実はわりと大事です。ココに記述しておいたラベルは出力の時に表示されます。**ずっと後で因子分析というのが出てきますが，名前は適当に入れる代わりにラベルをきちんと入れておくことが重要になってきます**。ですから，特に①＿＿＿＿＿＿＿＿の所でこれを入れておくことがものすごく重要になってきます（後述します）。私も 名前 は"項目1-1"などと入力していますが，ラベルは"制限速度が40kmの市街地を50kmで走行した"と，かなり詳しく入力しています。

・ 値 について
　例えばなし＝0；あり＝1と設定したとき，ここを指定しておくと②＿＿＿＿＿＿＿＿で表示してくれます。**慣れていない間はかえって混乱するのでいじらない方が良いと思います**（後でちょっと見ればわかるコトなので）。出力で置き換えてくれる ラベル と違って，こっちはデータビューの時に各々のデータに対して置き換え表示してくれます。

・ 欠損値 について
　少しレベルの高い設定なのでこの本の趣旨に合いません，省略します。もっと詳しくなったらいじってみてください。

・ 列 について
セルの幅を指定します，p. 40を見てみてください。"番号"は幅が小さく，"項目1-1"から"項目1-5"までの幅(数値は"7")は同じで，"免有無"から"赤切符"までの幅(数値は"10")は同じですよね？　大きければ③＿＿＿＿＿＿＿＿表示できますが，画面上に表示される項目数は当然減ります。名前 の幅に合わせて適宜いじりましょう。私は5〜20程度にすることが多いです。

・ 配置 について
　セル中のどこに数値を配置するかです。通常は特にいじる必要はありません。

・ 尺度 について
　基本的に④＿＿＿＿＿＿＿＿＿＿＿にしておきましょう。"順序"や"名義"だったら分析できなくても，心理学の分析の大半は⑤＿＿＿＿＿＿＿＿なら問題なくやれるはずです。**本当はかなり重要な設定項目で，この説明は厳密には間違っていますが，便宜上このレベルの解説にとどめておきます。詳しく知りたいと思ったらさらに勉強を重ねてください。**

・ 役割 について
　通常は特にいじる必要はありません，基本的に"入力"にしておいてください。

※以上，ここでは最低限のことを解説しておきます。もっと使いこなす機会があったらこの本を恨んでください（その分あなたの理解が進んだということです）。今は必要最低限の知識にとどめます。

4-2　下位尺度得点の算出（スコアの合成）

　ここからは下位尺度得点の算出，データを加工する方法について解説したいと思います。これは意外と盲点で，多くの本では解説すらされておらず，一部の書籍にまとめられている程度です（あとがきを参照）。実際にはきわめて重要な，必要な知識なのできちんと解説しておきたいと思います。下のようなデータがあったと思ってください。

生徒番号	国語	数学	社会	理科	英語
1.00	89.00	61.00	88.00	64.00	85.00
2.00	47.00	41.00	89.00	83.00	80.00
3.00	39.00	92.00	88.00	50.00	97.00
4.00	82.00	82.00	94.00	72.00	78.00
5.00	90.00	71.00	70.00	94.00	39.00
6.00	47.00	34.00	62.00	58.00	94.00
7.00	65.00	66.00	34.00	67.00	55.00
8.00	79.00	35.00	93.00	32.00	76.00
9.00	39.00	91.00	88.00	76.00	92.00
10.00	46.00	41.00	95.00	44.00	77.00
11.00	34.00	39.00	92.00	90.00	95.00
12.00	81.00	31.00	97.00	50.00	87.00
13.00	41.00	83.00	69.00	56.00	60.00
14.00	56.00	47.00	62.00	70.00	60.00
15.00	57.00	65.00	38.00	60.00	77.00
16.00	80.00	86.00	65.00	36.00	42.00
17.00	48.00	96.00	64.00	67.00	96.00
18.00	42.00	60.00	95.00	35.00	40.00

　上のページのデータは 100 人のある学期の中間テストの得点です（18 人目で切れていますが，100 番まで続いていると思ってください）。高校時代は多くの皆さんが文系クラスと理系クラスに分かれていたと思います。多くの場合，①＿＿＿＿＿＿＿＿＿といえば"国語＋社会"で，②＿＿＿＿＿＿といえば"数学＋理科"という感じでしょう（英語はどちらにも必要だったと思います）。こうした「文系能力」「理系能力」を③＿＿＿＿＿＿＿と言います。多くのケースは本解説のように変数を合成するので，こうした変数の合成について解説します。まず，データ加工のためには 変換(T) → 変数の計算(C)... を選択します。

---

p. 40 空欄の答え
　①原則 1 行 1 名，②二つのタブ，③ Excel のタブ
p. 41 空欄の答え
　①あまり長い名前にしない，②項目 1-1，③数値，④数値に置き換えて，⑤小数点第三位を四捨五入，⑥ "2"

第2部　データ解析の前に必要な事項の解説

※そうすると，下のようなメニューが出てくるはずです。

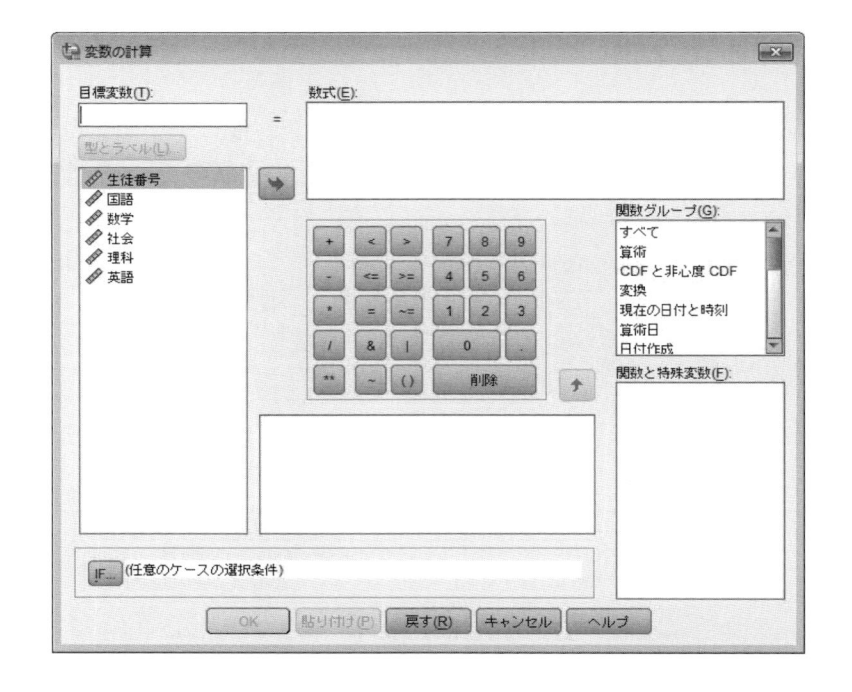

※目標変数(T):に適当な変数名を入れます。ここではまず，p. 43 にならって"文系能力"としました。で，横の"数式(E):"に式を入力します。ここでは"(国語＋社会)/2"とします。非常に大事なことですが，この①＿＿＿＿＿＿＿＿を使って式を入力してください。

半角や全角文字の制約が厳しいので，手入力だとうまくいかないこともあります。それとかなり重要なことですが，②＿＿＿＿＿＿＿＿＿＿＿＿＿＿クセをつけるようにしてください。例えば 2 項目の合計と 10 項目の合計で平均を比較したら，どっちが大きいかは明らかでしょう，気をつけてください。入力したら OK ボタンを押します。

・すると下のように，英語 の横に 文系能力 ができ，上の処理をした変数が挿入されます。このように，**100 人の成績を一度に合成してくれるのはとても便利です。今後何度もこのページを参照する指示が出てきます，重要な操作なので必ず覚えてください**。次セッションの説明のため，"理系能力＝(数学＋理科)/2"も算出しておきましょう。

---

p. 42 空欄の答え
　①因子分析，②データビュー，③広い幅で，④すべて"スケール"，⑤"スケール"
p. 43 空欄の答え
　①文系能力，②理系能力，③下位尺度得点

4-3 群分け・条件分けの方法

最後に群分けの方法についてまとめておきます。例えば文系能力と同様の手順で、"理系能力"も下のように作ってみました。これを元にして、

① 文系能力が高く理系能力も高い　＠いわゆる頭のいい人
② 文系能力が高いが理系能力は低い＠いわゆる文系の人
③ 文系能力は低いが理系能力は高い＠いわゆる理系の人
④ 文系能力は低く理系能力も低い　＠いわゆる努力が必要な人

という風に分けたいと思います。どうすればいいでしょうか？

※まず変数ビューを見てください。ココに"文系高低""理系高低""総合高低"の3変数を作ります。もちろん便宜的な名前なので、適当に命名していただいて結構です。

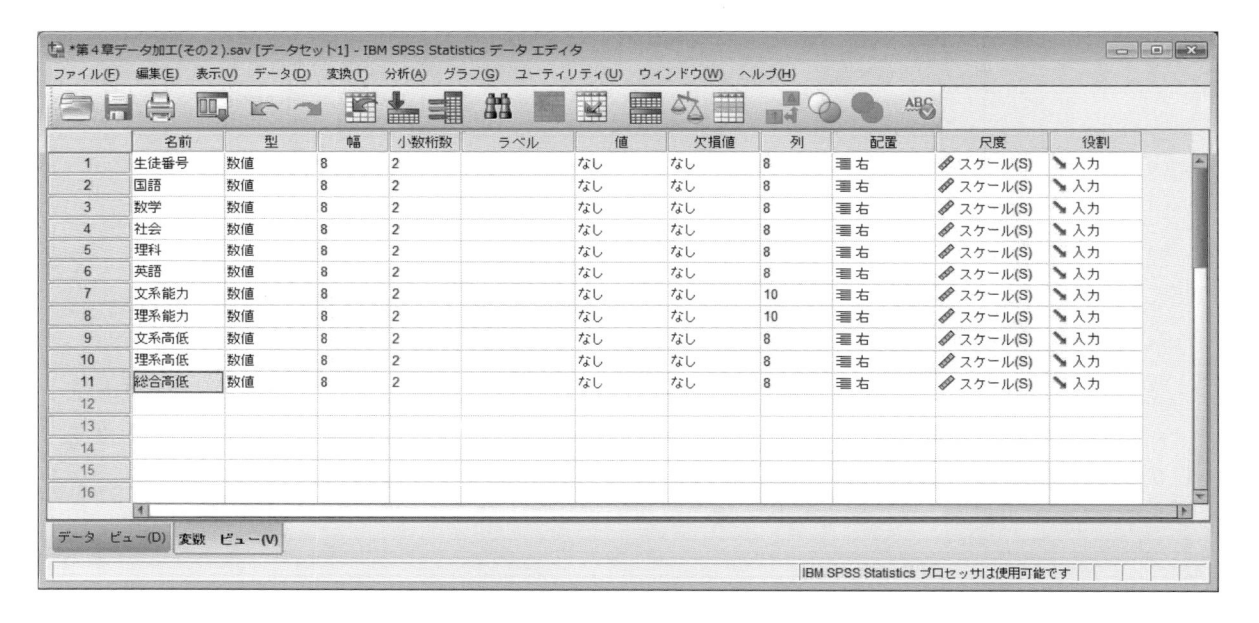

群分けは他にもやり方があるのですが、データを見ながら群分けすることが大切だと思い、あえてこの方法を採りたいと思います。慣れればそれほど苦痛にはなりませんし、非常に柔軟な群分けができるようになります。便宜的な変数を作り、その変数に群分けに対応した数値を挿入するという方法は覚えておいてください。

このあたりの手順がわからなくて質問に来る学生が多く見受けられます。このやり方をしっかり覚えておけば、おそらく大きな混乱をすることなく分析をすることができるはずです。しっかり理解しておいてください。

4 SPSSのデータハンドリングについて

・次に データ(D) → ケースの並べ替え(O)... を選択します。下のボックスが出るので，"並べ替え(S):"の中に文系能力を昇順にすると入れて OK ボタンを押してください。

・すると下のように，文系能力得点が低い人順に並び替わります。今回はちょうど半分にすることにして，①＿＿＿＿＿＿＿＿＿＿＿＿＿＿を，②＿＿＿＿＿＿＿＿＿を入れておきます。

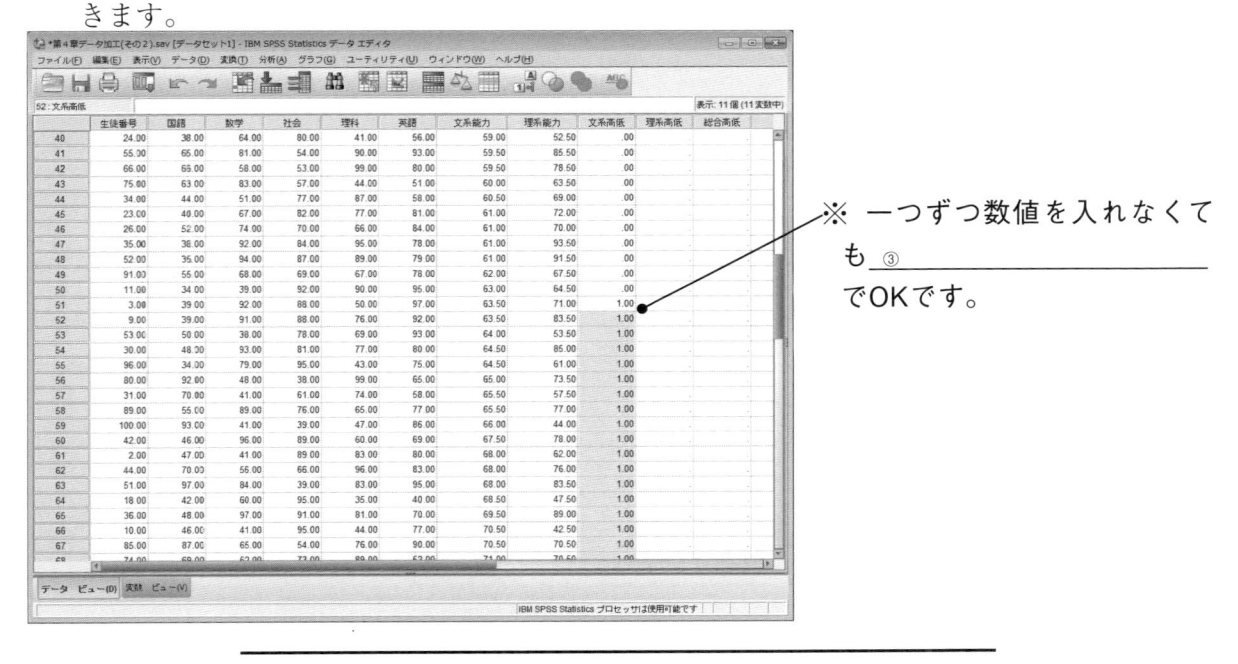

※ 一つずつ数値を入れなくても，③＿＿＿＿＿＿＿＿＿＿＿＿でOKです。

---

p. 45 空欄の答え
　①電卓ボタン，②加算したら項目数で割る

・同じやり方で理系能力も得点別に並べ，前50名の理系高低に"0"を，後ろ50名に"1"を入れます。今回は50人目が66.50点ですが，49・51人目も同じく66.50点となっています。このようにきちんと半分に分けることができないケースも多々あると思いますが，その辺の判断は個人の裁量で構いません。データを見ながらいじるのは大事なので，あえてこの方法を解説しました。もっと簡単な方法もあるけど，それは各自にお任せします。積極的にデータを触り，スキルを磨いてください。

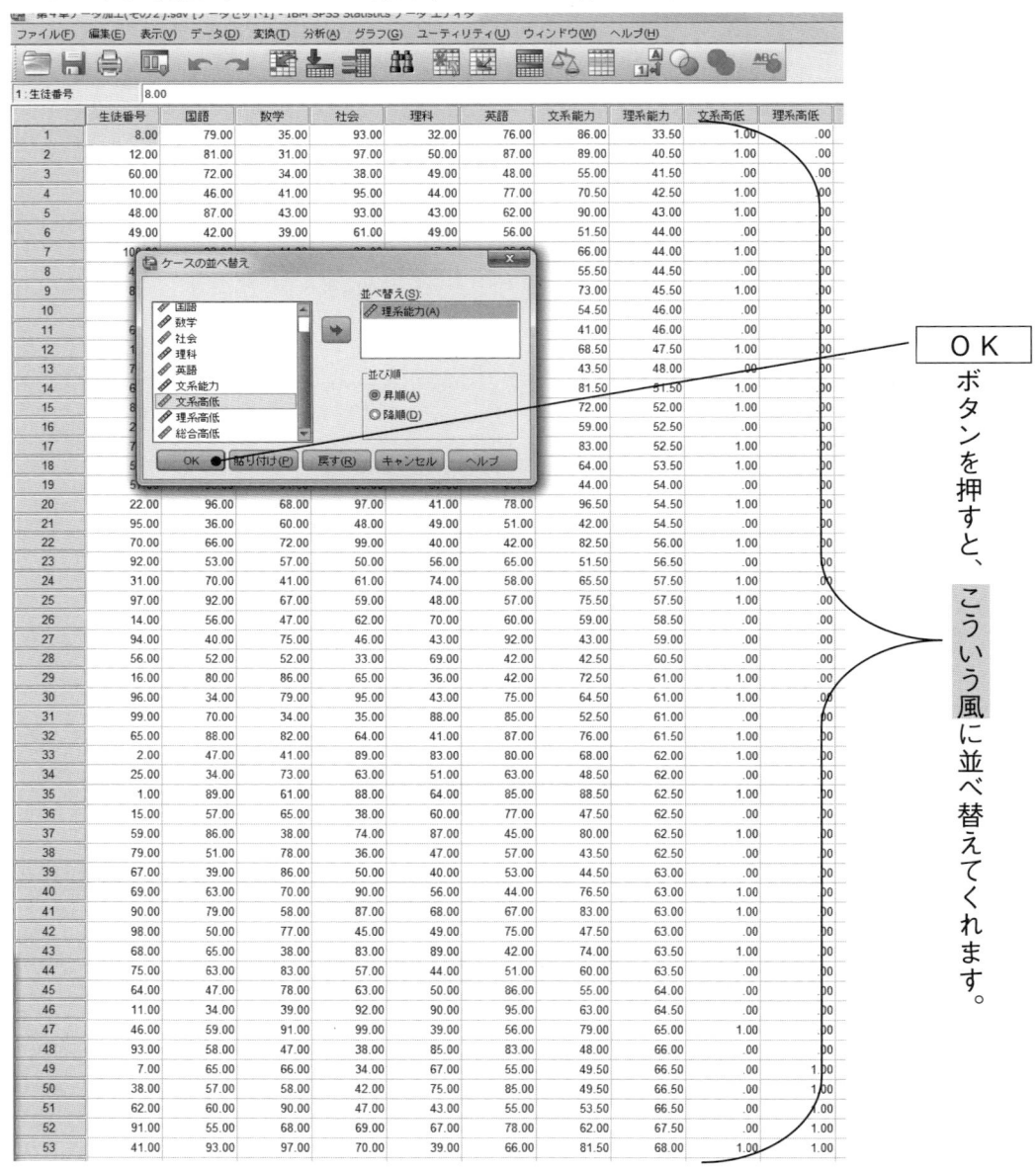

ＯＫボタンを押すと、こういう風に並べ替えてくれます。

・ここでもう一度確認しておきます。4群は以下のように分けられますね？
　①文系・理系能力ともに高い@頭のいい人　　　：文系高低=1 & 理系高低=1 (= 4)
　②文系能力だけ高い@文系の人　　　　　　　　：文系高低=1 & 理系高低=0 (= 3)
　③理系能力だけ高い@理系の人　　　　　　　　：文系高低=0 & 理系高低=1 (= 2)
　④文系・理系能力ともに低い@努力が必要な人　：文系高低=0 & 理系高低=0 (= 1)

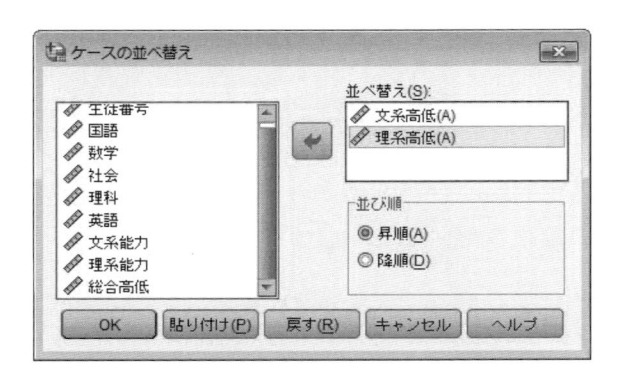

・ここまでできたら，もう一度 データ(D) → ケースの並べ替え(O)... を選択し，下のように文系高低と理系高低を入れて OK ボタンを押してください。この二つできれいに整理されて並べ替えられるはずです。

・あとは"総合高低"にそれぞれ対応するように数値を当てはめてやればおしまいです。これで調査対象者を4群に分けることができました。下図は"総合高低＝3"までしか表示されていませんが，100人目まできちんと4群に分けられています。

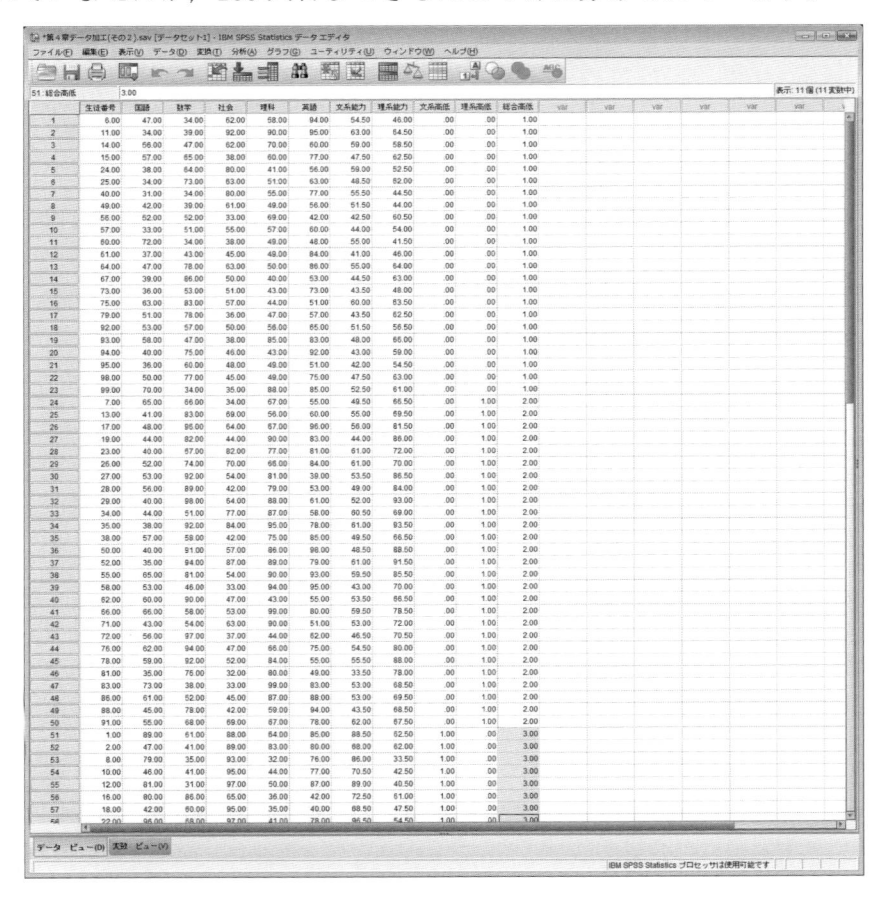

---

p. 47 空欄の答え
　①前50名の文系高低に0，②後ろ50名に1，③コピー＆ペースト

第2部　データ解析の前に必要な事項の解説

　この4群間で得点の差がみられるかについて，分散分析やχ^2検定を行っていくことになると思います。調査対象者を分けるときは データ(D) → ケースの並べ替え(O)... を有効利用してください。これも，本章の解説程度なら有効性がわからず，「一人ずつ見ていけばいいじゃん」…と思う人がいるかもしれません。しかし，実際のデータでは対象者数が200〜300人以上になることも多いですし，そうなると作業効率がまったく異なってきます。本解説ではちょうど50人を半分ずつ中央値で分けましたが，平均値で分けても構いませんし，場合によっては"成績高群・中群・低群"…などと3群に分けても構いません。別途変数を作っておいて，並べ替えた後で数値を割り振る方法はかなり有効なので，ぜひ覚えておいていただきたいと思います。

※このセクションのまとめ

1．データはエクセルなどに入れるよりも，メモ帳や秀丸にベタ打ちするのが早い。ただし入力をするときは，必ず①＿＿＿＿＿＿＿＿＿＿＿＿＿＿ようにしておくことが必要(p. 35を参照)。それさえ注意して作成したデータなら，SPSSで簡単にセルごとに分かれた形で読み込むことができる。

2．SPSSの設定はむやみにいじる必要はないが， 名前 と 型 と 尺度 については，②＿＿＿＿＿＿＿＿＿＿＿＿＿＿＿＿＿＿＿＿＿こともある。逆にうまく分析してくれないときは，まずココをチェックすること！

3．データを加工するときは 変換(T) → 変数の計算(C)... から出てくる変数の計算ウインドウを使う。ボックス中の③＿＿＿＿＿＿＿＿＿をクリックする形で計算式を入力するようにする。

4．対象者をいくつかの群に分類するときは，まず④＿＿＿＿＿＿＿を作り， データ(D) → ケースの並べ替え(O)... で並べ替えたうえで，そこに⑤＿＿＿＿＿＿＿＿＿＿＿＿分類をする。

　　　　　　　　　　　　　　　…いよいよ次から具体的な分析例の説明に入ります。

第3部　具体的なデータ解析について

第3部　具体的なデータ解析について

5　*t* 検定：2群間の平均の差を確認する

5-1　対応のない *t* 検定：2群間の平均の差を確認する

　ここから実際の色々な分析例に入ります。データの入力例から解析例，どの出力を読み取ってどう書けばいいのかまでを解説していきます。まずは2群間の平均の比較です。

Table 5-1　二つの学部の学生10人における TOEIC スコア（900点満点）

	1人目	2人目	3人目	4人目	5人目	6人目	7人目	8人目	9人目	10人目
英文学科	753	764	695	821	652	749	681	712	850	688
B学科	528	473	611	535	385	499	547	398	450	323

※数値は点数

　この時，英文学科とB学科の平均点の差に違いはある（＝英文学科はさすが英語能力が高い！と言える）のか，それとも「英文学科もB学科も同じ程度の点数」であり，どちらかが高い能力をもっていると言えないのか。同じ程度の能力ならば，TOEIC 得点の違いは誤差の範囲でしかないことになります。

　このように，①＿＿＿＿＿＿＿＿＿＿＿＿＿＿が誤差の範囲か，それとも意味のある差なのかを調べるときに用いるのが *t* 検定です。2群間の差を見るというのは，男女や高低，大小や強弱など結構あるので，わりと頻繁に利用する検定です。コインの例における「表も裏も同じ確率で出ます」というのは「英文学科もB学科も同じ能力です」という意味になります。後述しますが，このデータは②＿＿＿＿＿＿＿（個人の中で繰り返しがない）データなので，分析も "③＿＿＿＿＿＿＿＿＿＿＿" を選択することになります。この"対応の有無"は大事な概念なので絶対に覚えておいてください。それと繰り返しになりますが，このときの「〜と〜は同じです」というのを帰無仮説と言います。

ひとこと

　改めて注意しておきますが "仮説" と "帰無仮説" はまったく別物です！　仮説は自分で設定する予測される（その時点では実証されていない）結果を意味しますが，帰無仮説というのは，単なる統計用語です。"仮説" はそれが④＿＿＿＿＿＿＿＿＿ことを目指してデータを取り分析されるのですが，"帰無仮説" は⑤＿＿＿＿＿＿＿＿＿ことを宿命とするもので，分析のために便宜的に設定されるにすぎません。

・コインの例で言うなら，以下のような違いです。
　　仮　　説：10回中10回表が出るようなコインはイカサマではないか？
　　帰無仮説：10回中10回表が出たことは偶然であり，コインはイカサマではない。
・TOEIC スコアの例なら以下のような違いになります。
　　仮　　説：英文学科はB学科と比べて TOEIC 得点の平均点は高いんじゃないかな。
　　帰無仮説：英文学科もB学科も平均点に違いはないから，そんな学科に通う意味ないよね。

　　　　　　　　　　　　　この二つを混同すると，絶対に理解は進みません。

コインの場合，10回中10回表が出る確率はp. 9のように比較的簡単に計算できました。その結果「①＿＿＿＿＿＿＿＿＿＿コインだという割には，0.1％の確率でしか起こり得ない，それくらいの偶然が起きているぞ！　やっぱりコインは②＿＿＿＿＿＿＿なのでは？？」という考え方をしたわけです。これを上記の二つの学科に当てはめると，「TOEICの平均点でこれだけの違いが出ているぞ，同じ質の2群（＝二学科間に特に英語能力の違いはない）の比較だったら，こんな違いが出る確率ってこれくらいだぞ！」という話です。では，どうやってこの確率を計算するかですが，これが今までやってきた統計学の授業なのです。でも，最近はそんな知識がなくても，SPSSで簡単に確率を算出してくれます。2群間の平均に差がある確率の算出には③＿＿＿＿＿＿＿を使いますが，サンプルの平均と標準偏差（&自由度など）から算出されます。これは山形の確率分布（t分布）であり，t統計量がこれだけの数値になる確率はXX％のところである…などの形で，確率を算出してくれるのです。具体的な分析に入ります。

・まず，**データ入力は原則的に**④＿＿＿＿＿＿＿**(or 1データ1行)です。**この辺がグチャグチャになることもあるので気をつけましょう。ここでは1＝英文学科，2＝B学科として，この⑤＿＿＿＿＿＿＿＿＿＿＿＿＿＿＿に差があるかを見ます。データの入力は，下記を見ればわかるはずです。今回は 分析(A) → 平均の比較(M) → 独立したサンプルのt検定(T)… を選択します。

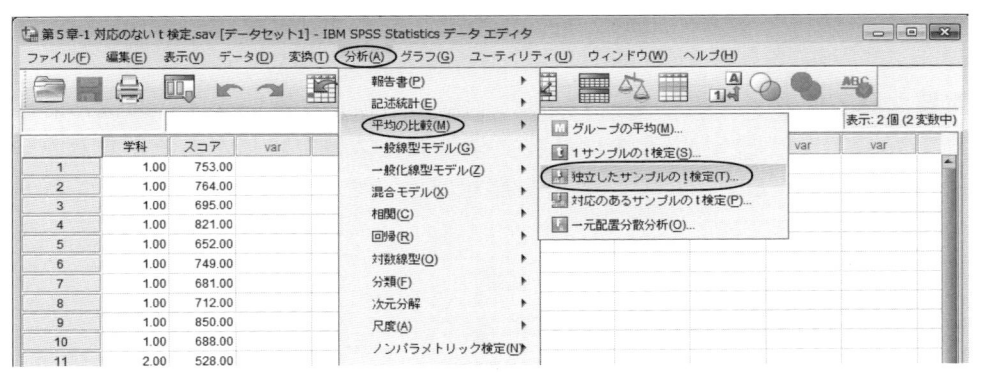

※ちなみに，変数ビューはこんな感じです(大事なので分析時には確認してください)。

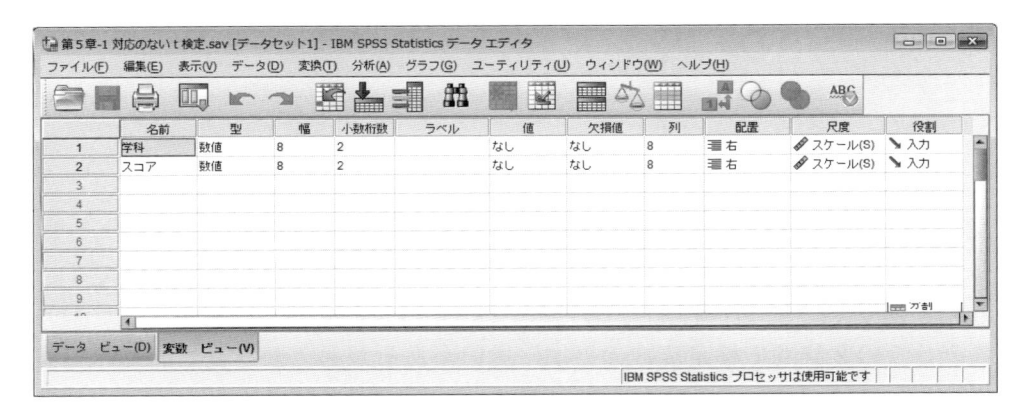

※こんな風にデータ(ここでは2学科のスコア)を入力し， 分析(A) から分析メニューを選んでいくのがSPSSの基本的な使い方です。

ですから、①_____
ということさえわかっていれば、t統計量の算出原理がわからなくても分析ができます（**しかし、これを覚えていないと手も足も出せません、絶対に覚えておいてください**）。もう一つ重要なことですが、これは対応のないデータです。二つの学科に所属している学生は普通はあり得ないので、この場合は対応のない（＝独立したサンプルの）t検定になります。なお、②_____です。"対応のある"データは③_____（1回目と2回目の比較など）を意味しますが、これは次に説明します。具体的な分析ですが、前ページのメニューを選択すると下のようなボックスが出るはずです。

※こんなメニューが出るはずです

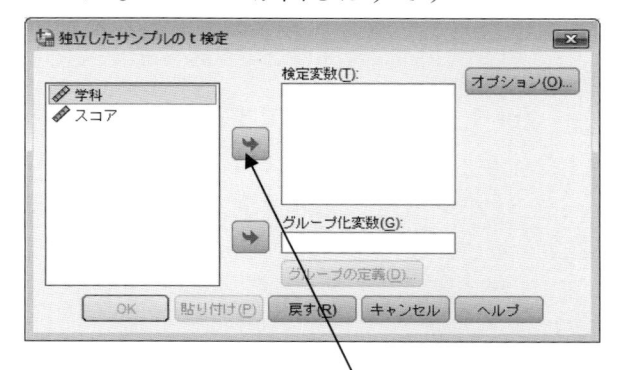

　大変重要な話ですが、この検定変数を④_____**と言います。**上なら"学科"と"スコア"が変数として設定されています。学科間でスコアに差があるかを見たいので、検定変数（T）はスコアです。このボタンを押せば検定変数に入ります（下を参照してください）。

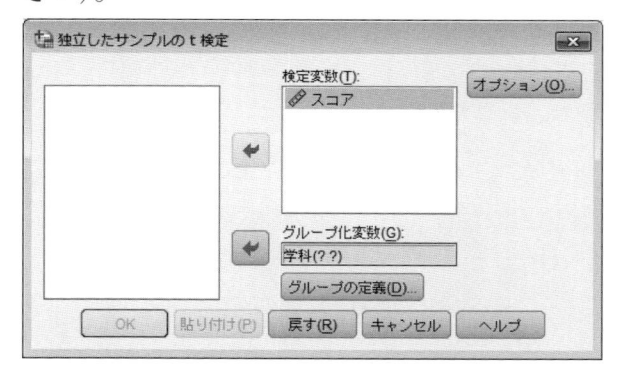

　検定変数（T）:に"スコア"が入っているのが確認できますね？　次にグループ化変数に"学科"を入れます。グループ化変数とは比較する2群を指定するところです。入力されたデータを見てください。"学科"が英文学科（＝1）とB学科（＝2）に分けて入力されていますね？　この2群間で**検定変数の平均に違いがあるかどうかを見たい**わけですから、グループ化変数には"学科"を入れるわけです。大変重要な話ですが、この二つの学科（2

---

p. 50 空欄の答え
　①桁数をそろえる，②設定が間違っていると動かない，③電卓ボタン，④別途変数，⑤数字を割り振って

5　t検定

群間)のことを①_____と言います。

　しかし今度は，入れたら入れたで　学科(？？)というわけのわからない形になってしまいました。これは，学科という変数の中の何と何の平均の差を見るかわからない！　という状態です。そこでその下の グループの定義(D)... というボタンを押すと以下のようなボックスが出るので，下のように入力します。

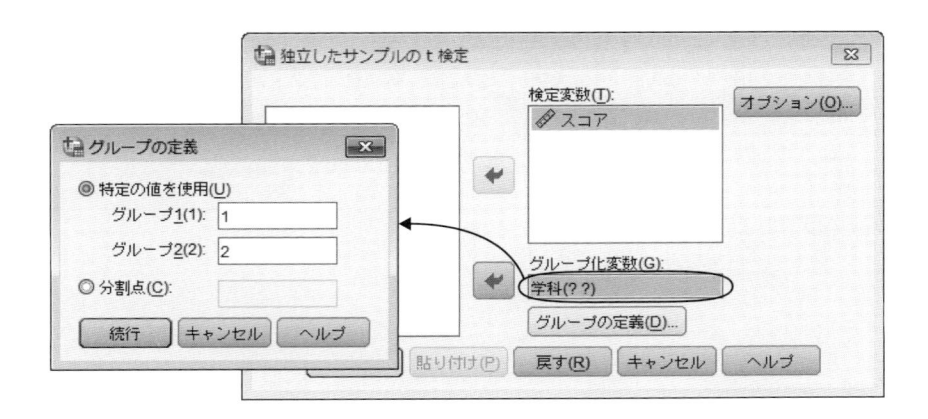

独立変数と従属変数(＆超重要!!!!)

　これがずっとついて回るのかと思われるかもしれませんが，検定変数をちゃんとした統計用語でいうと従属変数，グループ化変数を独立変数と言います。高校の数学なんて思い出したくないかもしれませんが，$y = ax + b$ という数式を考えたとき，"x" に該当するのが②_____，"y" に該当するのが③_____になります。

　独立変数とは，実験などでその効果について検討するため，人為的に操作をする側の変数・④_____側の変数です。ここでは英文学科とB学科という二つの変数を見ている(ちょっと強引かもしれないですが，いくつかの学科の中からこの二つをサンプルとした)わけなので，⑤_____となります。「操作・原因→結果」の流れの中の"操作"に該当する変数です。「この研究の独立変数って何？」って聞かれたら，「英文学科とB学科の二つの学科です」と答えることになります。

　従属変数というのは，操作・原因の⑥_____変数のことです。この場合，二つの学科群のスコアを比較した結果，平均TOEICスコアに違いが見られるかを見ているわけなので，従属変数は⑦_____ということになります。「操作→結果」の流れの中の"結果"に該当する変数です。「この研究の従属変数って何？」って聞かれたら，「英文学科とB学科のTOEICスコアです」と答えれば私は正解にします。

　★この二つは大切な概念なのでしっかり覚えておいてください。

---

p. 52 空欄の答え
　①2群間の平均値のずれ，②対応のない，③対応のない t 検定，④支持される，⑤否定される
p. 53 空欄の答え
　①イカサマじゃない，②イカサマ，③ t 統計量，④1人1行，⑤2群間の平均TOEICスコア

これは、"学科"の中の英文学科（= 1）とB学科（= 2）の2群間で平均を見たいという意味です。「…何でそんな煩わしいことするんだ？ 学科は英文学科とB学科しかないじゃないか！」と思われる方もいるかもしれません。しかし、データがもしも以下のようになっていたらどうでしょうか？ これは2群間ではないのですが、それでも2群間の差を見てみたい…などというケースもあるでしょうから、この設計は合理的なのです。

Table 5-2 三つの学科の学生10人におけるTOEICスコア（900点満点）

	1人目	2人目	3人目	4人目	5人目	6人目	7人目	8人目	9人目	10人目
英文学科	753	764	695	821	652	749	681	712	850	688
B学科	528	473	611	535	385	499	547	398	450	323
C学科	259	312	231	398	197	206	288	335	224	351

※数値は点数で以下のように入力されていたとします

この時に、「C学科ダメすぎる、一人もスコア400点以上がいないし。英語をしっかり勉強したいのでここはそもそも比較する必要はないな。」と思ったとしたら、初めから英文学科とB学科の比較しかする必要はないですよね？

というわけで、前ページのような"グループの定義"を2群設定するようになっている方が、多少面倒ですが、実は柔軟に分析ができるのです。

さて，入力を終えたので OK ボタンが押せるようになりましたね？ SPSS は分析条件が揃うまでOKボタンが押せなかったのですが，これでボタンが押せるようになりました。 オプション(O)... ボタンは便利な設定ができるので，のぞくクセをつけるようにしてください。

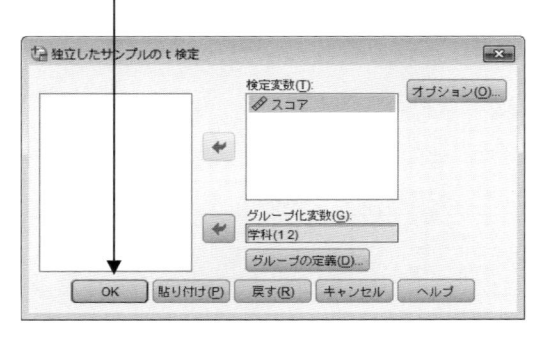

さて，ここでもう一度確認したいと思います。ここまでやればあとは分析結果を見るだけですが，

①_____

という知識は一切不要であったことに気づくと思います。

※ここで必要な知識は以下のとおりです
1．2群間の平均の差の検定は ②_____ を使う。
2．繰り返しのある(個人で2回実施した内の1回目と2回目の比較など)データではないので③_____ を使う。
3．検定変数(T)というのは平均の差を見たい変数(④_____)を指定する，今回はスコアになる。
4．グループ化変数(G)は，平均の差を見たい二つの群を指定するボタンであり，今回は英文学科とB学科の2群（⑤_____）を指定した。

ここで，"1と2"は統計に関する必要最低限の知識であるのに対して，"3と4"は SPSS を使うための知識にすぎません。つまり，SPSS さえあれば，統計の仕組み(理論)を知らなくても分析はできるのです。

さて，ここまでは SPSS の使い方を少し詳しく解説してきました。次は t 検定における，出力の見方を解説したいと思います。とにかく，これで設定が完了したので，OK ボタンを押すと自動的に統計量を算出して結果を表示してくれます。今回は次ページのように分析結果が示されました。

---

p. 54 空欄の答え
　①2群間の平均の比較は t 検定，②対応のない＝繰り返しのない＝独立したサンプル，③個人内の繰り返し，
　④従属変数
p. 55 空欄の答え
　①独立変数，②独立変数，③従属変数，④原因になる，⑤この2学科が独立変数，⑥結果として得られる，
　⑦二つの学科の TOEIC スコア

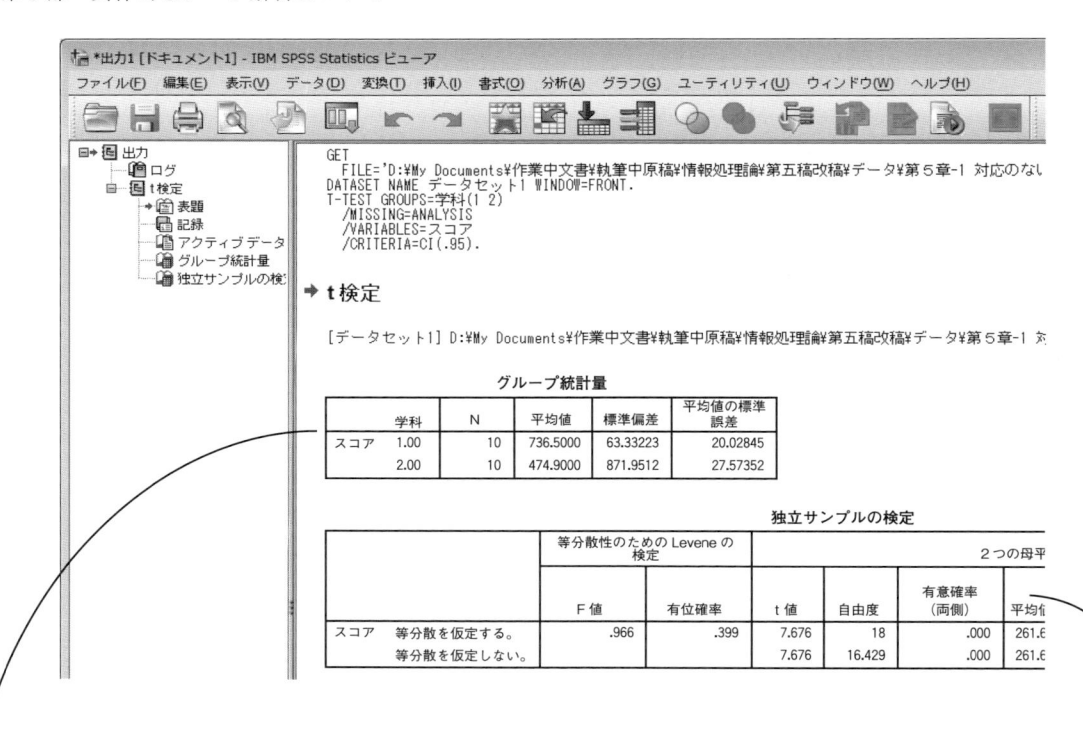

第3部 具体的なデータ解析について

[SPSS出力画面のスクリーンショット：t検定の結果表示]

```
GET
  FILE='D:¥My Documents¥作業中文書¥執筆中原稿¥情報処理論¥第五稿改稿¥データ¥第5章-1 対応のな
DATASET NAME データセット1 WINDOW=FRONT.
T-TEST GROUPS=学科(1 2)
  /MISSING=ANALYSIS
  /VARIABLES=スコア
  /CRITERIA=CI(.95).
```

→ **t検定**

[データセット1] D:¥My Documents¥作業中文書¥執筆中原稿¥情報処理論¥第五稿改稿¥データ¥第5章-1 対

グループ統計量

	学科	N	平均値	標準偏差	平均値の標準誤差
スコア	1.00	10	736.5000	63.33223	20.02845
	2.00	10	474.9000	871.9512	27.57352

独立サンプルの検定

		等分散性のための Levene の検定		2つの母平			
		F値	有位確率	t値	自由度	有意確率 (両側)	平均値
スコア	等分散を仮定する。	.966	.399	7.676	18	.000	261.6
	等分散を仮定しない。			7.676	16.429	.000	261.6

＊少しいじってあります。基本的に統計量は小数点第2位までを卒論とかでは書くようにしてください。第3位以下まで長々と書くのはルール違反であり，笑われます。以下に出力部を示し，次ページに詳しく説明します。

グループ統計量

	学科	N	平均値	標準偏差	平均値の標準誤差
スコア	1.00 英文	10	736.50000	63.33553	20.02845
	2.00 B	10	474.90000	87.19512	27.57352

＊出力が出たらすぐに横にメモをしてください。自動でやってくれる方法もありますが，本書ではあえて解説しません。

独立サンプルの検定

		等分散性のための Levene の検定		2つの母平均の差の検定					差の 95%信頼区間	
		F値	有意確率	t値	自由度	有意確率 (両側)	平均値の差	差の標準誤差	下限	上限
スコア	等分散を仮定する。	.966	.339	7.676	18	.000	261.60000	34.07987	190.00084	333.19916
	等分散を仮定しない。			7.676	16.429	.000	261.60000	34.07987	189.50689	333.69311

＊各々の出力について，読み方を解説していきたいと思います。

※これ以降は原則，◯◯◯で囲んであるところを読み取ったりレポートで使うと覚えておいてください。

※グループ統計量について

　グループ統計量は，分析結果以前の基礎データを示してくれるものです。今回の分析では，英文学科群とB学科群でTOEICスコアに差があるか？を検定しました。まず各出力の内で，①＿＿＿＿＿＿を指しています。p. 52の入力を見てください，両方とも10名ずつ入力されていることが理解していただけると思います。平均値は英文学科が10人のスコアの合計平均が736.5(点)，B学科が同474.9(点)になります。既出ですが，平均値は合計を人数で割ったものをさし，標準偏差は分散の平方根，一般にばらつきの大きさをさします。共に論文中に記述が義務づけられており，この出力を見る限り，英文学科よりもB学科の方がスコアの個人差が大きいことを意味します。

※独立サンプルの検定について

　独立サンプルの検定は，統計量を計算して確率を出力したものです。SPSSはさまざまな出力をしてくれますが，心理学の研究で見なければならない，書かなければならない出力というのはすべてではありません。

　まず，"等分散を仮定する"と"等分散を仮定しない"という二つの結果が示されています。どちらを見るかについてですが，「等分散性のためのLeveneの検定」の有意確率の数値が.050以下であれば"等分散を仮定しない"方を，.051以上であれば"等分散を仮定する"方の結果を用いるのがルールになっています。今回の結果では有意確率が.339なので②＿＿＿＿＿＿＿＿＿＿＿＿方を見ます。下の出力は無視すればOKです。

　ここで着目していただくのはt値と有意確率(両側)という二つの出力です。他は基本的には確認的に見る出力です。t値を見ると'7.676(7.68)'となっています。これはおまじないみたいなもので，論文に書くときに必要な数値なので一応ピックアップしておきましょう。**ここで重要なのは有意確率(両側)です。この出力は2群間の平均スコアの差というのが偶然起きる確率，つまり③＿＿＿＿＿＿＿＿＿＿＿＿＿＿＿＿＿を意味しています(最重要)。**'.000'となっていますが，これは誤差である確率が④＿＿＿＿＿＿であることを意味します(ちなみに'.003'なら0.3％ということで，p. 13のとおり1％水準で有意，'.03'なら3％なので5％水準で有意などと記述します)。誤差にすぎない確率が0.1％以下ということは，⑤＿＿＿＿＿＿の確率で誤差でない(= 2学科それぞれの平均TOEICスコア間の違いは**誤差ではなく，何か意味がある差と考えるべきである**)ということになり，この結果を"⑥＿＿＿＿＿＿＿＿＿＿＿＿＿＿＿"と言います。なお，自由度という出力も○で囲まれていますが，学部レベルでは，とりあえず必要なものと覚えておいてください。もちろん大学院志望の方は，本書以外の統計解析の本で，勉強を重ねてください。

　ここまで読み取ることができれば，あとはそれほど難しくはありません。卒業論文やレ

---

p. 57 空欄の答え
　①どうやってt統計量を算出するか？，②t検定，③対応のないt検定，④従属変数，⑤独立変数

ポートではこの出力の中から適切な部分を抜き出して記述すればいいわけです。今回の分析結果をレポートにまとめる場合，次ページのような記述になります，覚えておいてください。

『 文 例 』

Table 1　英文学科とB学科のTOEICスコアの平均値と標準偏差

	英文学科	B学科	t値
平均スコア	736.50(63.34)	474.90(87.20)	7.68***

※（　）内は標準偏差　　　　　　　　　　　　　　　　***p < .001

　平均スコアの比較を行うため，英文学科群とB学科群との間でt検定を行ったところ，有意差が検出され($t(18) = 7.68$, $p < .001$)，英文学科の方がB学科よりも平均スコアが有意に高かった(Table 1)。このことから，英文学科はB学科と比較して「スコアが高く，英語力がしっかりと身に付く学科である」ことが明らかとなった。

→レポートなどに書かなければいけない情報は，見ればわかると思いますが出力のすべてではありません。細かいことですが，$p < .001$ の"p"はイタリックというルールがあります（イタリックの指定の仕方はp. 33を参照）。"***$p < .001$"はt検定の有意水準です，Table中はt値の横に星の数で有意水準を表し，Tableにある水準だけ記述しておきます(具体的にはp. 13を参照)。上の例ではTable1では0.1％水準で有意のt値しかないので，Tableの下に記述するのは"***$p < .001$だけ"です。上の一つだけのTableではあまり実感がわかないかもしれませんが，たくさんの行にわたるTableの場合，*印だけを目星にすればいいので効率よく読み取れます。

···

※このセクションのまとめ…解答は巻末に，ここまでのまとめです

【統計の知識に関する部】
1．2群間の平均の差の検定は①＿＿＿＿＿＿を使う。
2．個人内における2回の比較でない独立したデータは，②＿＿＿＿＿＿＿＿＿を使う。

【SPSSの知識に関する部】
3．検定変数(T)というのは平均の差を見たい③＿＿＿＿＿＿を指定する，今回はTOEICスコアを指定する。
4．グループ化変数(G)は，平均の差を見たい二つの群(④＿＿＿＿＿＿)を指定するボタンであり，今回は英文学科とB学科の2群を指定した。

5-2 対応のあるt検定：繰り返しデータにおける平均の差を確認する

下のようなデータがあったとしましょう。これはある自動車学校で測定された，飲酒運転の危険性を理解するための講習会に参加した人のデータです。時速50km/h以上の速度で基準線を越えてから，ブレーキを踏んで停止するまでの距離(m)を測定するという手続きを10人のドライバーが行い，飲酒前と飲酒後で比較した結果が下です(仮想データ)。

Table 5-3　飲酒前と飲酒後の急制動距離(仮想データ)

	1人目	2人目	3人目	4人目	5人目	6人目	7人目	8人目	9人目	10人目
飲酒前	6.3	8.4	5.6	5.2	5.1	6.3	4.2	5.9	6.4	4.9
飲酒後	12.5	13.3	10.5	8.9	9.2	13.0	8.2	9.7	11.7	12.2

※数値は距離でメートル(m)

データを見る限り，①_____が伸びているように見えますが，この差は意味のない，誤差の範囲と言えるのでしょうか。

5-1で説明したのは二つのデータが②_____に対するデータでした。これを一般に③_____と呼び，今回のように"使用前・使用後"とか"飲酒前・飲酒後"などの個人で2回繰り返すデータを④_____と言います。この二つは分析に用いる⑤_____ので，SPSSでの分析も少し異なります。

・具体的な分析手順の解説に入ります。まず，変数ビューの設定はこうなっています。

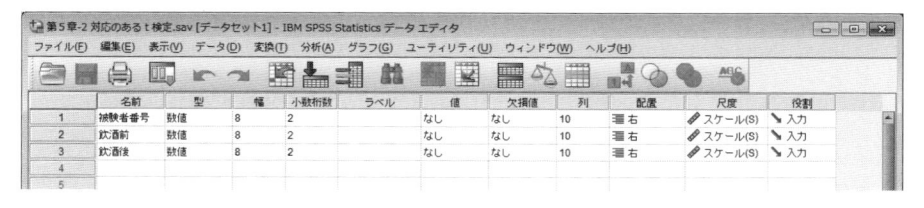

・データを入力したらメニューを選択してください。

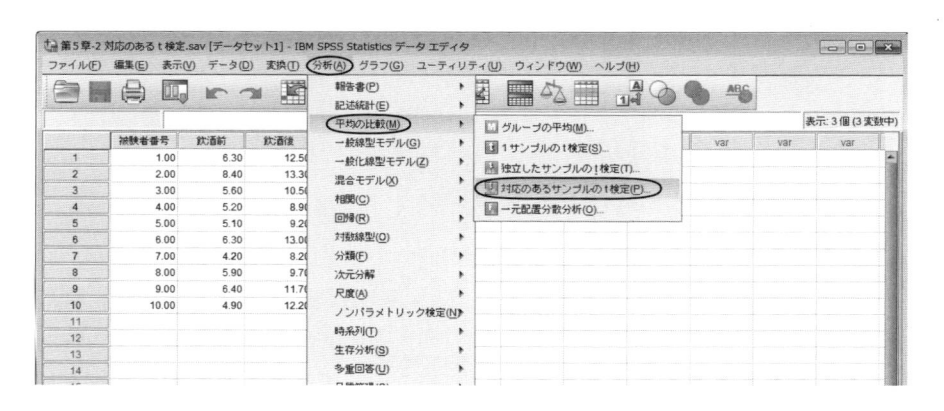

今回は 分析(A) → 平均の比較(M) → 対応のあるサンプルのt検定(P)... を選択します。**基本的にどんな分析も， 分析(A) から選んでいくことになります。**すると，次ページのようなメニューが出てくるはずです。

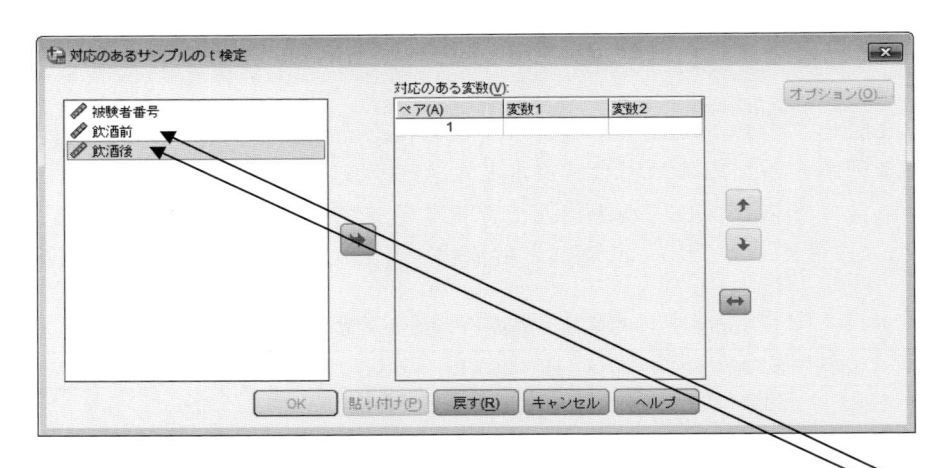

第3部　具体的なデータ解析について

　p. 52の対応のないt検定とちょっと違うボックスなのがわかりますか？　この二つがここでは①＿＿＿＿＿＿＿＿＿＿なので，これを選んで右側のちょっと大きなマスの中に移します。他にもっとt検定をやりたい変数があれば複数まとめて移せます（＝複数のt検定をいっぺんにやれるということです，今回は一つだけです）。

そこで，移すと下のようになります。

※変数を選んでこのボタンを押せば移動できます。

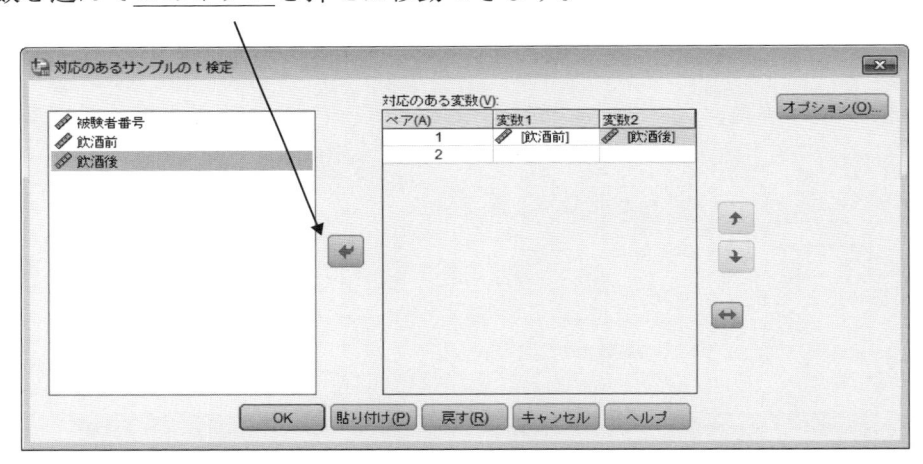

大事なこと！！

　後は OK ボタンを押せば分析をやってくれますが， オプション(O)... ボタンを押してチェックするクセをつけましょう。で，その中に②＿＿＿＿＿＿＿＿＿＿があったら必ずチェックする癖をつけておいてください。今回 オプション(O)... ボタンを押すと下のようなメニューが出てきます，対応のあるt検定で特に触る必要はありません。

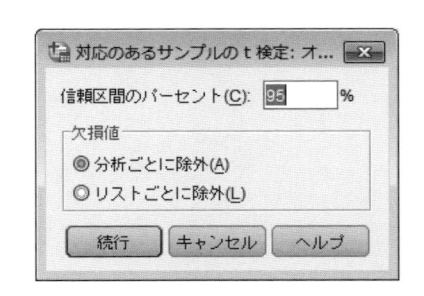

---

p. 59 空欄の答え
　①Nは人数，②等分散を仮定する，③差が誤差にすぎない確率，④0.1％以下，⑤99.9％以上，
　⑥0.1％水準で有意差が見られた

5 t検定

　t検定では記述統計量は何もやらなくても算出してくれますが，分散分析や因子分析（後述）といった，ちょっと専門的な分析になると算出してくれず，オプションボタンの中のメニューをチェックしないといけないケースは多いです。今回はこのまま OK ボタンを押すと以下のような出力が出てきます（必要なモノだけ抜き出します）。

対応サンプルの統計量

		平均値	N	標準偏差	平均値の標準誤差
ペア1	飲酒前	5.8300	10	1.14896	.36333
	飲酒後	10.9200	10	1.85101	.58534

対応サンプルの検定

		対応サンプルの差					t値	自由度	有意確率（両側）
		平均値	標準偏差	平均値の標準誤差	差の95%信頼区間				
					下限	上限			
ペア1	飲酒前・飲酒後	-5.09000	1.27318	.40262	-6.00078	-4.17922	-12.642	9	.000

　これもすべての出力を見る必要はありません。次ページの具体的な記述例を参照に，ここから何を読み取ればいいのかを見てください。まず，"対応サンプルの統計量" を見てください。平均値を見ると飲酒前は5.83 mです。それが飲酒後は10.92 mに伸びています。平均して5.09mほど①＿＿＿＿＿＿＿＿＿＿＿＿＿＿＿＿＿ようですが，この伸び方は飲酒をしたことによる影響なのか，それとも偶然の誤差の範囲になるのか（＝飲酒したことによる効果とは②＿＿＿＿＿＿＿＿＿＿＿＿＿なのか）を判定するのに，対応のあるt検定を使います。ここで使うのは③＿＿＿＿＿＿＿＿＿＿＿＿＿です。対応のないt検定と異なっているのは，④＿＿＿＿＿＿＿＿がない点です（同じ集団の前後などといった二つのデータなので，集団間で分散が違う（＝⑤＿＿＿＿＿＿＿＿）ことはそもそも想定していないわけですね）。今から30年くらい前までは，こうしたt検定も数式を理解したうえでの手計算でした。ところが今は解説のとおり，SPSSを使えば数式を理解する必要はありません（でしたよね？）。特に心理学の初学者は，こうした統計理論を理解する段階でつまずいては先に進めなくなります。これだけ統計ソフトも充実してきています。道具の解説（p. 15でいうエンジンの仕組みを理解する段階）だけでやる気をなくしてしまうのは，つまらないことです。もちろん，本書で解説した内容だけでは，大学院に進学したりさらに勉強を進めたい学生にとっては十分とは言えません。この本を足がかりにさらに学習を進めていただきたいと思います。

―――――――――――――――――――
p. 60 空欄の答え
　①t検定，②対応のないt検定，③従属変数，④独立変数
p. 61 空欄の答え
　①全員の飲酒後の距離，②それぞれ別々の二人，③対応のないデータ，④対応のあるデータ，⑤算出式が少し違う

第3部 具体的なデータ解析について

今回もレポート作成に用いる数値は，前ページ出力中の◯で囲った範囲になります。たくさん出てくる出力の中で，どこをどう記述すればいいかを覚えておいてください。卒論の時にこれを引っ張り出して出力とにらめっこしながら読み取っていけば良いと思います。有意確率を見てください，".000"となっています。つまり，条件が同じだとすれば，飲酒前と比べて飲酒後に制動距離が5.09 m増えるのが①＿＿＿＿＿＿＿＿が0.1％以下ということを意味しており，これは逆に言えば，②＿＿＿＿＿＿＿＿の確率で誤差ではない（＝条件が同じではない，飲酒による影響がある）…ということになります。このデータを見る限り，飲酒運転はやはり危険だ！と結論されることになります。
Table下の有意水準の記述が③＿＿＿＿＿＿**になるのはp. 60と同じ事情です。**以下に結果の文例を示しておきたいと思います。

『 文 例 』

Table 1 飲酒前と飲酒後別に見た平均制動距離の平均値と標準偏差

	飲酒前	飲酒後	t値
平均制動距離	5.83(1.15)	10.92(1.85)	−12.64***

※( )内は標準偏差　　　　　　　　　　　　　　　　***$p < .001$

　飲酒が運転行動に及ぼす影響を検証するため，飲酒前と飲酒後のブレーキングに関する実験を行った。10名の飲酒前と飲酒後の制動距離の平均値について対応のあるt検定により比較した。その結果有意差が見られ，飲酒をすると制動距離が伸びることが明らかとなった（$t(9) = -12.64, p < .001$）。飲酒をすると制動距離は5.09 mほど伸び，ブレーキングに強い悪影響を及ぼすことが示されたと言える…以下略…

※このセクションのまとめ

【統計の知識に関する部】
1. 2群間の平均値に差があるかどうかを見るときはt検定を行う。
2. ④＿＿＿＿＿＿データ（個人内で2回やった内の1回目と2回目の比較など）の2群間比較は，⑤＿＿＿＿＿＿＿＿を行う。

【SPSSの知識に関する部】
3. 分析(A)→平均の比較(M)→対応のあるサンプルのT検定(P)を選択すれば対応のあるt検定を実施できる。対応のある変数はこの場合，飲酒前-飲酒後である（これが⑥＿＿＿＿＿＿となる）。
4. ＯＫボタンを押せば分析をしてくれるが，オプション(O)...ボタンを押してチェックするクセをつけるようにする。その中に⑦＿＿＿＿＿＿があったら必ずチェックすること。

この四つは覚えておいてください。

※ 課題

以下の実験について，独立変数(原因・操作の変数)と従属変数(結果の変数)のどちらかが入ります．記入してください．今後これは大変大事な用語になるのでぜひ覚えておいてください．なお，実験デザインによっては独立変数・従属変数とも一つとは限りません．

1. 笑っている顔と怒っている顔の写真を見せ，その顔について良い印象をどれくらいもつかについて100点満点で評価をしてもらった．
   - 笑っている顔と怒っている顔を見せられる　　①_____変数
   - その顔についてどれくらい良い印象をもつか　　②_____変数

2. 名古屋から北海道まで行くのに，電車・高速道路・飛行機でどれくらい時間がかかるのか，費用がどれくらい違うかを比較した．
   - 電車・高速道路・飛行機　　③_____変数
   - どれくらい時間がかかるか　　④_____変数
   - どれくらい費用がかかるか　　⑤_____変数

3. A，Bの二つのワープロソフトがある．それぞれのソフトの使い勝手について，50人ずつの学生に評価をしてもらった．
   - 独立変数は何か？　　⑥_____
   - 従属変数は何か？　　⑦_____

　　　　　　　　　　　　　　　　　　　　　　しっかり理解してください．

---

p. 62 空欄の答え
　①対応のある変数，②記述統計量
p. 63 空欄の答え
　①飲酒後の距離が伸びている，②みなせない程度の伸び方，③ t 値と自由度と有意確率，④等分散の仮定，
　⑤質的に違う

6 分散分析：3群間以上または2要因以上の平均差の検討

　ここまでは，2群間の平均値を比較する検定方法(t検定)を解説してきました。男女間や高低別の比較検討，第4章のように英文学科とB学科の比較ならt検定でどうにかなるかもしれません。しかし「一応C学科も含めて比較もしたい」とか「入試の難易度とTOEICスコアの関係はどうだろう」などという場合，t検定だけではカバーしきれません。このように，①＿＿＿＿＿＿＿＿＿＿＿＿＿もしくは"入試の難易度や学科の違いがTOEICスコアにどう影響するか"などといった，②＿＿＿＿＿＿＿＿＿＿＿＿を含めた検討をする場合は**分散分析**という手法を用います。というよりは，単純な2群間の比較以外の平均値の比較は分散分析と覚えておきましょう。

6-1　1要因の分散分析

　以下に三つの学習塾(A，B，C)があったとしましょう。これら3塾は独自の教育カリキュラムが売りで，生徒獲得のためシノギを削っています。どの塾も開講は毎週水曜日の19:00〜21:00です(＝二つ以上の塾に通っている生徒はいません＝③＿＿＿＿＿＿＿＿＿＿データということになります)。さて，この塾に今年はそれぞれ9〜11名の生徒が入塾しました。で，この生徒たちの中間テストの英語の点数がそれぞれ以下のとおりでした。このデータを見て，どの塾の生徒たちが最も平均点が高いと結論できるでしょうか？

Table 6-1　三つの塾別に見た生徒の中間テストにおける英語の点数

中学3年	1人目	2人目	3人目	4人目	5人目	6人目	7人目	8人目	9人目	10人目	11人目
A塾	52	65	31	87	37	52	41	56	46	64	45
B塾	78	95	68	75	85	91	73	88	78		
C塾	89	96	91	86	93	95	88	94	99	81	

　上のデータにおいて，A，B，C三つの塾間の英語平均得点に違いはあるのでしょうか(＝例えば，C塾は④＿＿＿＿＿＿＿＿＿＿＿と言えるのか)？　それとも，これら三つの塾間の平均値の差は誤差であり，どの塾でも効果に差はないのでしょうか？
　繰り返しますが⑤＿＿＿＿＿＿＿＿＿＿＿の差を見たい，または⑥＿＿＿＿＿＿＿を含めた平均値の差を見たい場合は分散分析を用います(**最重要**)。この場合大事なこと！！

**AとB，BとC，CとAという具合に
3回t検定をするのは×です**

---

6 分散分析

「分散分析をやらなくても，t検定を3回やればいいじゃないか」と思う人もいるかもしれませんが，これは誤った分析だと判断されます。つまり，仮に5％水準で有意だと判断する場合でも，3回t検定をやるとすれば，$0.95 \times 0.95 \times 0.95 \fallingdotseq 0.857\cdots$という具合に，①_____で誤差となる（=5％の確率で有意になる）のが，3回やると86％位の確率で誤差（=14％の確率で最低1回は有意）になるという具合に，有意差が出やすくなってしまうのです。それともう一つ，分散分析は全体のどこかに違いがあるのかを検定し，有意であった場合，下位検定によりどこに違いがあるのかを明らかにする必要があります。つまり，**分散分析は**②_____**を検定するだけで，どこに差があるかは**③_____と呼ばれる下位検定を行う必要があります。ここでの**3群間に効果があるかどうかを**④_____と言います。

※解説です，まずデータを以下のように入力します。基本的にはt検定と同じで，塾は数字で置き換えて入力します。このデータのように，**3条件とも人数が揃う必要はありません**（非常識なレベルで揃わないのは問題です）。変数ビューもあわせて示しておきます。

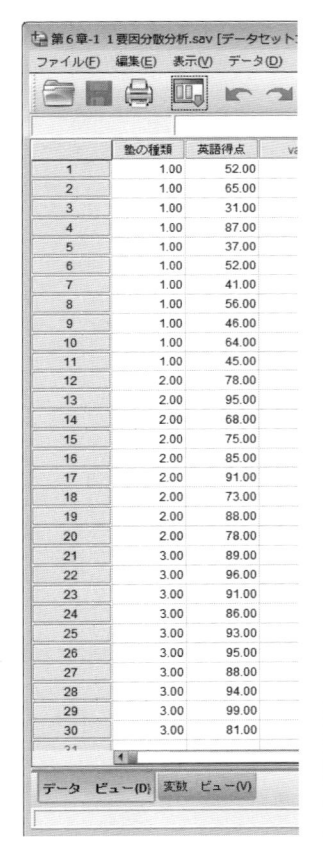

※この入力でも，文字を数字に置き換えて入力しています。左のように入力してください。具体的に今回は，以下のように置き換えて入力しています。

・3つの塾について
A塾 → 1
B塾 → 2
C塾 → 3 …と置き換えられています。

…p.53でもお話ししてありますが，データの入力は原則 ⑤_____ の形にしてください，誤ると混乱の元になります。基本的に行には**一人一人の回答**，列には ⑥_____（ここでは通っている塾や英語の得点）になります。これは**分散分析**だけでなく，**SPSSの共通ルール**だと思ってください。

※ちなみに変数ビューは下のようになっています。

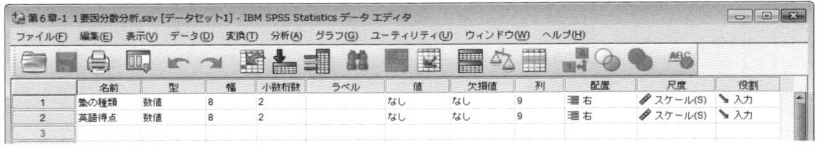

---

p. 64 空欄の答え
　①偶然である確率，②99.9％以上，③$***p < .001$，④繰り返し，⑤対応のあるt検定，⑥独立変数，
　⑦記述統計量
p. 65 空欄の答え
　①独立，②従属，③独立，④従属，⑤従属，⑥A,B二つのワープロソフト，⑦A,B二つのソフトの使い勝手

第3部　具体的なデータ解析について

※今回は三つの群間の平均を見るので①_____を選択します。
　分析(A) → 平均の比較(M) → 一元配置分散分析(O)... を選択しましょう，t検定のちょっと下にあります。

※そうすると下のようなメニューが出るので，それぞれチェックしていきます。

※この実験の従属変数・独立変数は何ですか？　独立(従属)変数がわからなければ手も足も出ませんが以下のようにまとめられます。
　・独立変数　…　②_____
　・従属変数　…　③_____

ですよね？　なので**従属変数リスト(E)**には④_____を，**因子(F)**は，これは要するに独立変数なので，⑤_____を入力します。独立変数が因子という名前になっているのを不思議に思われるかもしれませんが，これは SPSS の仕様なので使い方として覚えておいてください。ここまで入力したら残りの設定をチェックします。

6 分散分析

※以下を参考にチェックを入れていただきたいのが，これら三つのボタンです。

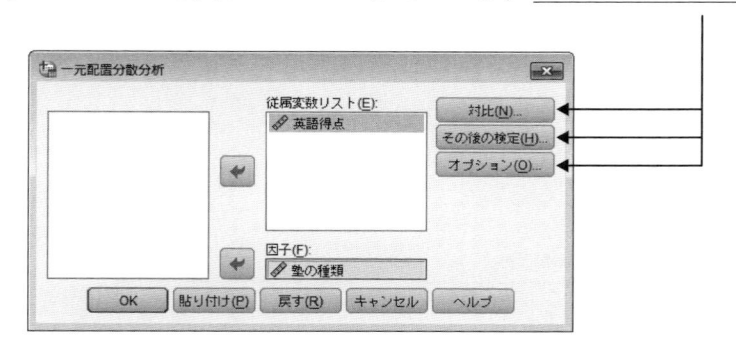

1. 対比(N)... ボタンのメニューは，基本的には何もしなくてかまいません。
2. その後の検定(H)... ボタンを押して出てくるメニューは① ＿＿＿＿＿＿ にチェックを入れてください。これが p. 67 で説明した ② ＿＿＿＿＿＿ を行うという設定になります。多重比較の一番メジャーな方法がこれになります。他に Bonferroni 法や Duncan 法も用いますが，"とりあえず Tukey 法"と覚えておいてください。

重要！

3. オプション(O)... ボタンを押して出てきたメニューについて，③ ＿＿＿＿＿＿ はチェックを入れてください（必ず入れてください）。それ以外はそのままで OK です。

さて，前のページでは OK ボタンは押せませんでしたが，ここまでやれば押すことができるようになるはずです。あとは分析や計算は勝手にＣＰＵがやってくれます。何度もいいますが数式は一切必要ないものの，大学院志望者はきちんと理解しておく必要があります。繰り返しますが，出力で出る自由度というのは概念としてはわりと大事なものです。しかし，詳細な説明は本書では割愛します。

※出力は以下のようなモノが出てくるはずです（必要なモノのみ抜粋）。

記述統計

	度数	平均値	標準偏差	標準誤差	平均値の95%信頼区間		最小値	最大値
					下限	上限		
1.00	11	52.3636	15.57095	4.69482	41.9029	62.8243	31.00	87.00
2.00	9	81.2222	8.99691	2.99897	74.3066	88.1379	68.00	95.00
3.00	10	91.2000	5.32917	1.68523	87.3877	95.0123	81.00	99.00
合計	30	73.9667	20.26120	3.69917	66.4010	81.5323	31.00	99.00

分散分析

	平方和	自由度	平均平方	F値	有意確率
グループ間	8577.266	2	4288.633	34.797	.000
グループ内	3327.701	27	123.248		
合計	11904.967	29			

多重比較

(I)塾の種類	(J)塾の種類	平均値の差 (I-J)	標準偏差	有意確率	95%信頼区間	
					下限	上限
1.00	2.00	-28.858559*	4.98985	.000	-41.2305	-16.4867
	3.00	-38.83636*	4.85069	.000	50.8633	-26.8095
2.00	1.00	28.85859*	4.98985	.000	16.4867	41.2305
	3.00	-9.97778	5.10089	.143	-22.6250	2.6695
3.00	1.00	38.83636*	4.85069	.000	26.8095	50.8633
	2.00	9.97778	5.10089	.143	-2.6695	22.6250

＊ 平均値の差は0.05水準で有意です。

わかると思いますが，統計の教科書に書いてある数式にデータを当てはめて手計算をしなくても，メニューから変数を割り当てて OK ボタンで押せば F 値が出ます(ここでは34.80ですね)，難しいこともないはずです。統計の理論や知識が不要というつもりはありませんが，これだけコンピュータも発達してきています。最低限の分析を統計解析パッケージでできるようになってから，その理論的背景を勉強する方が近道だと思います。まずは運転の楽しさを知ってから，「自動車ってどうして動くんだろう」という興味を広げていった方が，車の運転も上達すると思います。

---

p. 66 空欄の答え
　①３群以上の平均の比較，②二つ以上の要因，
　③対応がない，④生徒の質が高い，⑤３群以上の平均値，⑥複数の要因．
p. 67 空欄の答え
　①一度だけなら95％の確率，②全体に差があるか，③多重比較，④主効果，⑤１行１名，⑥個人の入力項目

この出力の中で、レポートのために読み取るのは◯で囲った部分だけです。多重比較は数値を記述したりせず、出力から読み取って記号でまとめるだけで結構です。

記述統計と分散分析という出力を見てください。有意確率が".000"となっています。これも t 検定で説明したとおり、3群の平均値が①＿＿＿＿＿＿＿＿＿＿を示しています。A塾の平均は52.36（点）、B塾は81.22（点）、C塾は91.20（点）となっています。パッと見ると、A塾は他と比べて②＿＿＿＿＿＿＿＿、C塾はB塾と比べて10点程度の差がついています。これをふまえ、有意確率とは**3群間全体でこうした差がつく確率が".000"である、つまり、こういう点差が偶然生じる確率が0.1％以下**であることを意味します。誤差ではない確率が③＿＿＿＿＿＿＿＿というわけです。

次に多重比較を見ます。全体のどこかに差があることはわかったのですが、多重比較を見ることで'1群と2群（④＿＿＿＿＿＿＿）''1群と3群（⑤＿＿＿＿＿＿＿）'に差があることがわかるわけです。"2群と3群"は有意確率が.143なので差があるとは言えません（p.11およびp.13を参照）。つまり、A塾はB、C塾と比べて⑥＿＿＿＿＿＿＿＿＿＿ものの、B塾とC塾では顕著な差は見られませんでした。**難しいのが多重比較a、bの記述です。**アルファベットは、a群・b群という意味で、A塾は有意に他の2塾と比べて平均点が低く、B塾とC塾は平均点に差があるとは言えない、⑦＿＿＿＿＿＿＿＿という意味です。たくさん出てくる出力の中で、どこをどう記述すればいいか、特に多重比較の書き方は覚えておいてください。以下文例です。

『 文 例 』

Table 1　三つの塾別に見た英語得点の平均と標準偏差

	A塾	B塾	C塾	F
平均英語得点	52.36(15.57)a	81.22(9.00)b	91.20(5.33)b	34.80***

※（　）内は標準偏差，表中のa, bは多重比較（Tukey法, $p < .05$）の結果を示す
　***$p < .001$

　三つの塾の英語得点に差があるかを見るため、対応のない1要因分散分析を実施した。その結果、0.1％水準で塾の群間による主効果が見られた（$F(2,27) = 34.80, p < .001$）。そこで、どの群とどの群で平均点に差があるのかに関する多重比較を実施したところ（Tukey法, $p < .05$）、A塾＜B塾とA塾＜C塾の有意差が見出された。この分析結果から、B、C塾はA塾と比べて生徒の平均得点が高く、これら二つの塾におけるパフォーマンスの高さが明らかとなった。BとCどちらの塾でも大きな差はないものの、A塾の生徒は他の2塾と比べて30点程度の得点の開きが生じる結果となった。…以下略…

…レポートなどにまとめる時は上の記述を参考にしてください。

第3部　具体的なデータ解析について

※このセクションのまとめ

【統計の知識に関する部】
1. ①＿＿＿＿＿＿の平均値の差を見たい場合，②＿＿＿＿＿＿をふまえた平均値の差を見たい場合は分散分析を行う。
2. 1要因の分散分析は群間で差があるか(＝ ③＿＿＿＿＿＿)を検定するだけであり，さらに細かく，どこに差があるかを見る分析は④＿＿＿＿＿＿＿＿を行う。

【SPSSの知識に関する部】
3. A塾などの文字は⑤＿＿＿＿＿＿＿＿入力する。後で"塾の種類の1はA塾という文字列と見なしなさい"などという具合に読み替える。
4. その後の検定(H)... ボタンを押して出てくるメニューは⑥＿＿＿＿にチェックを入れておく。Bonferroni法かDuncan法も使わないことはない。
5. オプション(O)... ボタンを押して出てきたメニューについて，⑦＿＿＿＿＿＿にチェックを入れておくこと。

これは覚えておいてください。

---

p. 68 空欄の答え
　①1要因分散分析(＝1元配置分散分析)，②塾の種類，③英語得点，④英語得点，⑤塾の種類
p. 69 空欄の答え
　①Tukey(T)，②下位検定，③記述統計量

6-2　2要因の分散分析

次は2要因の分散分析です。基本的には変わらないはずなのですが，実は（なぜか知らないけど）SPSSの選択メニューが大幅に変わります。**要因も水準も分散分析に関する用語ですが，要因とは**①_____であり，基本的に②_____になります。水準とは③_____のことです。この二つを混乱するとわけがわからなくなるので気をつけてください。例えば下のようなデータがあるとしましょう（半分は6-1と同じデータです）。

Table 6-2　三つの塾の学年別に見た生徒の中間テストにおける英語の点数

中学3年	1人目	2人目	3人目	4人目	5人目	6人目	7人目	8人目	9人目	10人目	11人目
A塾	52	65	31	87	37	52	41	56	46	64	45
B塾	78	95	68	75	85	91	73	88	78		
C塾	89	96	91	86	93	95	88	94	99	81	
高校3年	1人目	2人目	3人目	4人目	5人目	6人目	7人目	8人目	9人目	10人目	11人目
A塾	65	69	62	65	64	68	60	67	67	66	71
B塾	28	31	30	49	33	22	19	45	29	37	17
C塾	48	62	55	65	69	53	58	58	68	49	

実は，6-1で提示したデータは中学3年生のものでした。この三つの塾は受験対策に力を入れており，いずれも中学3年と高校3年の2学年の生徒を対象に受験指導を行っています。上はそれぞれの学年の中間テストの英語の得点をまとめたものです。どの塾に通う生徒の成績が良いと言えるでしょうか。このデータは，すべて異なる人のデータになります（＝④_____データになります。もちろん1要因分散分析のデータも同様でした）。こういうデータがあった場合，**A，B，Cの三つの塾で成績が違うかどうかだけでなく，中学3年と高校3年によっても違うのではないか**という話になってきます。さらに，「中学3年なら○塾が良いけど，高校3年なら×塾の方が良い」などと，なんだかゴチャゴチャしそうな結果も出てくるかもしれません。

　この話の流れに，分散分析のエッセンスが詰まっています。「**A，B，Cの三つの塾の英語の成績が，中学3年と高校3年で異なっているか**」…といった場合，要因は「"三つの塾"と"二つの学年"」で⑤_____になります，水準は「"A，B，C（の三つの塾）"および"中3と高3（の二つの学年）"」です。まとめて⑥_____と言ったりします。そして，「A，B，Cの三塾のどこがいいか」と「中3か高3か」がこのデータの⑦_____であり，「中学3年の高校受験対策なら，○塾が良いけど，高3が大学受験に通うなら，×塾の方が良い」というような，条件別に見るものを⑧_____と言います。これは，単純に塾の種類か学年かという問題でないということです。ココで説明したことは，非常に重要なことなので，きちんと理解しておいてください。

---

p. 71 空欄の答え
　①誤差である確率，②平均点が低く，③99.9％以上，④A塾とB塾，⑤A塾とC塾，⑥生徒の英語力が劣る，⑦同じグループ

第3部　具体的なデータ解析について

※解説に入ります。まずデータを入力します（変数ビューもあわせて示しておきます）。入力方法は1要因分散分析と基本的には変わりませんが，選択メニューは異なります。

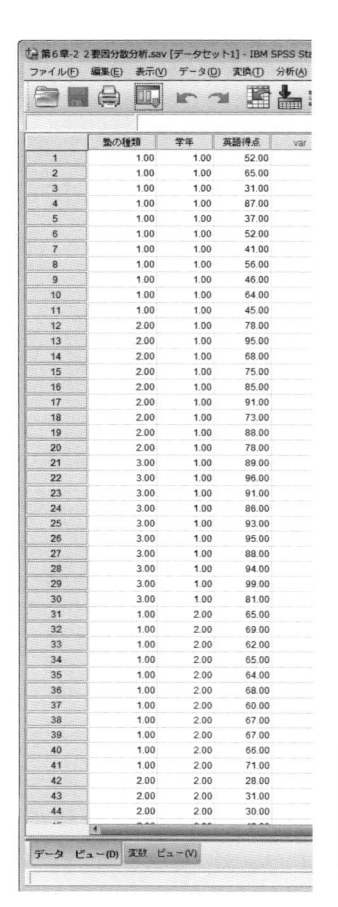

※この入力も文字を数字に置き換えます。具体的に今回は、以下のように置き換えて入力しています。

・塾の種類について
　A塾　→　1
　B塾　→　2
　C塾　→　3

・学年について
　中学3年　→　1
　高校3年　→　2

…左を見て，何がどう入力されているかを理解してください。ここでも原則1行1名です。

※ちなみに変数ビューは下のようになっています。

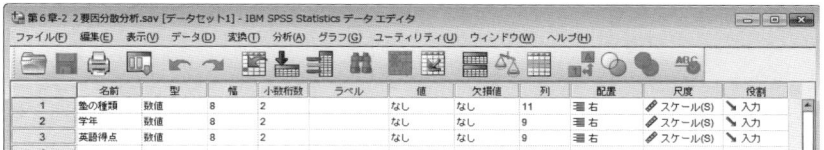

※今回は1要因分散分析と選ぶメニューが少し違います　←**大事！**　この分析はSPSSによってできたりできなかったりします。具体的にこの分析はAdvanced Modelという追加オプションが必要です。下ページのように 分析(A) → 一般線型モデル(G) というメニューがあればこの分析は可能です。今回の分析は 1変量(U)... というメニューを選びます。そうすると右のようなメニューが出ます。

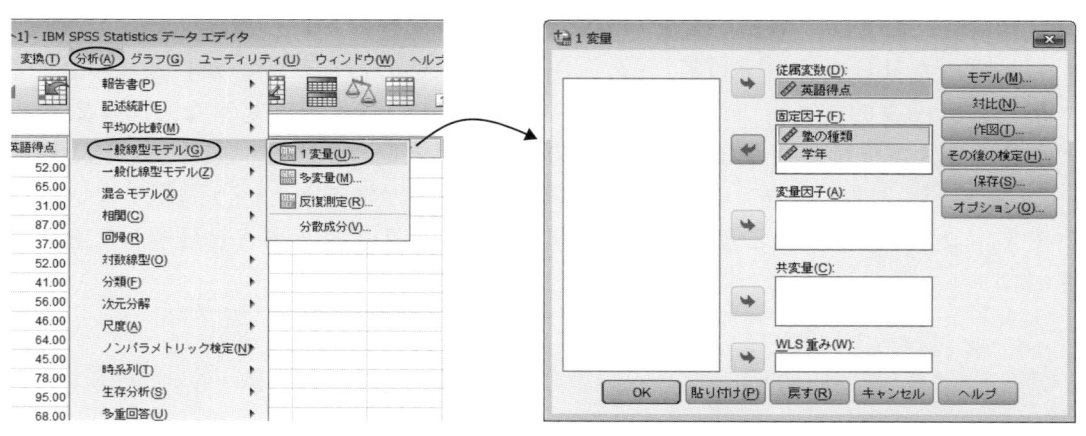

6 分散分析

　ここでは従属変数が①_____，独立変数は②_____と③_____になります。しつこいようですが，この二つがわからない時点でどうしようもないので，それぞれきちんと理解しておいてほしいと思います。"固定因子(F):"とは独立変数のことで，もちろん"塾の種類"と"学年"が入ります。あとは OK ボタンを押すだけです。ちなみに その後の検定(H)... ボタンを押すとこのメニューが出ますし，オプション(O)... ボタンを押すとさらに下のようなメニューが出ます。以下のチェックは忘れないでください。

　変数を"因子(F):"→"その後の検定(P):"に移し，Tukey(T)をチェックします。"塾の種類"か"学年"の主効果が見られれば④_____を行ってくれます。多重比較の意味は p. 67 に解説してあります。上のように設定したら， 続行 ボタンを押してください。

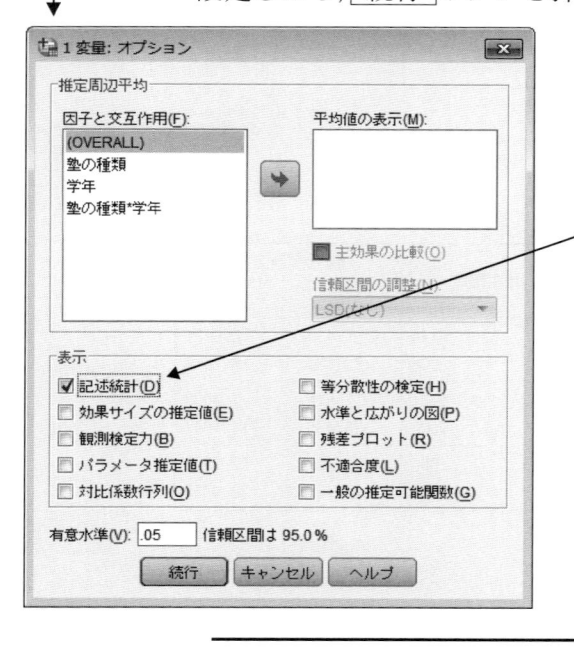

p.62で説明しましたが，この中の記述統計(D)だけはチェックしておいてください。チェックしないと⑤_____を出力しません。

あとはOKを押すだけです。

---

p. 72 空欄の答え
　①3群以上，②複数の要因，③主効果，④Tukey法による多重比較，⑤数字に置き換えて，⑥Tukey(T)，⑦記述統計量

p. 73 空欄の答え
　①特に取り上げたい原因，②独立変数，③要因内の違い，④対応がない，⑤2要因分散分析，⑥3×2の分散分析，⑦主効果，⑧交互作用

※OKボタンを押すと，以下のように出力されます(使うものだけ抜き出しました)。

記述統計量

従属変数：英語得点

塾の種類	学年	平均値	標準偏差	N
1.00	1.00	52.3636	15.57095	11
	2.00	65.8182	3.12468	11
	総和	59.0909	12.94276	22
2.00	1.00	81.2222	8.99691	9
	2.00	30.9091	9.97451	11
	総和	53.5500	27.31199	20
3.00	1.00	91.2000	5.32917	10
	2.00	58.5000	7.44237	10
	総和	74.8500	17.91875	20
総和	1.00	73.9667	20.26120	30
	2.00	51.5313	17.03883	32
	総和	62.3871	21.69034	62

被験者間効果の検定

従属変数：英語得点

ソース	タイプIII平方和	自由度	平均平方	F値	有意確率
修正モデル	23779.963[a]	5	4755.993	54.147	.000
切片	247345.813	1	247345.813	2816.036	.000
塾の種類	4093.680	2	2046.840	23.303	.000
学年	8287.200	1	8287.220	94.350	.000
塾の種類 * 学年	11454.054	2	5727.027	65.202	.000
誤差	4918.746	56	87.835		
総和	270012.000	62			
修正総和	28698.710	61			

a R2乗＝ .829（調整済み R2乗＝ .819）

多重比較

英語得点
Tukey HSD

(I)塾の種類	(J)塾の種類	平均値の差 (I-J)	標準偏差	有意確率	95%信頼区間	
					下限	上限
1.00	2.00	5.5409	2.89555	.144	-1.4303	12.5121
	3.00	-15.7591*	2.89555	.000	-22.7303	-8.7879
2.00	1.00	-5.5409	2.89555	.144	-12.5121	1.4303
	3.00	-21.3000*	2.96369	.000	-28.4353	-14.1647
3.00	1.00	15.7591*	2.89555	.000	8.7879	22.7303
	2.00	21.3000*	2.96369	.000	14.1647	28.4353

観測平均値に基づいています。
誤差項は平均平方（誤差）＝ 87.835 です。
* 平均値の差は .05 水準で有意です。

次ページに解説をしていきます。

出力の中でレポートに用いるために読み取るのは◯◯◯で囲った部分になります。覚えておく必要があるのは，2要因以上の分散分析を解釈するうえで①_____な場合，算出してはくれますが②_____。多重比較の出力の読み取り・解釈の仕方はp. 71の文例を見ていただくとして，今回は『塾の種類＊学年』の交互作用が有意なので，多重比較をチェックする必要はありません（なので◯◯◯で囲ってありません），重要なことなので覚えておいてください。交互作用が見られたら人海戦術になりますが，グラフや表を手書きで簡単に書いて，③_____結果の記述・考察をしてください。

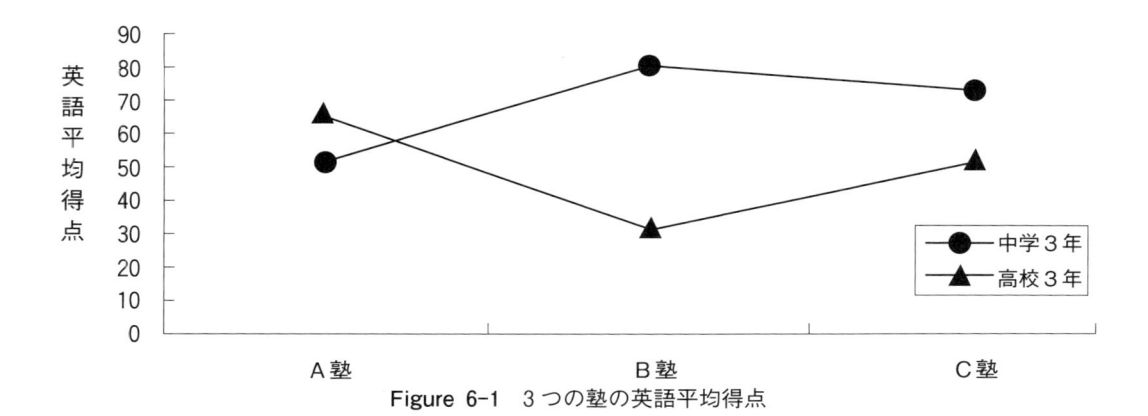

Figure 6-1 3つの塾の英語平均得点

SPSSの出力からグラフを書くと上のようになります。このFigureを見ながら結果をまとめ，考察することになります。以下にその文例を示しておきます。

『 文 例 』

Table 1 三つの塾間の成績得点に関する平均と標準偏差

	A塾	B塾	C塾	F	
中学3年	52.36(15.57)	81.22(9.00)	91.20(5.33)	塾の種類	23.30***
				学　年	94.35***
高校3年	65.82(3.12)	30.91(9.97)	58.50(7.44)	交互作用	65.20***

※（　）内は標準偏差　　　　　　　　　　　　　　　　　　　　　***$p < .001$

　三つの塾の英語平均点について，中学3年と高校3年の2群間で2要因分散分析を実施したところ，塾の種類の主効果（$F(2,56) = 23.30, p < .001$），学年の主効果（$F(1,56) = 94.35, p < .001$），および交互作用（$F(2,56) = 65.20, p < .001$）が有意であった。結果を見る限り，子どもを通わせるのなら高校受験にはB塾が，大学受験にはA塾が有効である。また，B塾とC塾は中学3年では比較的高い得点を示していたが，高校3年ではA塾よりも低い値であった。

---

p. 75 空欄の答え
　①英語の得点，②塾の種類，③学年，④多重比較，⑤平均値と標準偏差

第3部　具体的なデータ解析について

※このセクションのまとめ

【統計の知識に関する部】

1. ①_____にわたる場合も分散分析を行う。
2. 2要因以上の分散分析では，多重比較は②_____行う。交互作用が見られた場合，多重比較が算出されても③_____。

【SPSSの知識に関する部】

3. 1要因分散分析と違い，分析(A) → 一般線型モデル(G) → 1変量(U)... というメニューを選んでいく。従属変数の他，固定因子には独立変数を入れる。
4. その後の検定(多重比較)には Tukey(T) を使うが，交互作用が出たら考察・解釈からは外す。また，④_____は必ずチェックしておくこと！

…これは覚えておいてください。

6-3 対応のある1要因分散分析

 t 検定は①_____がありました。独立した2人か，1人の中で2回繰り返しかという違いがあったわけです。t 検定と分散分析は②_____という意味では目的が同じ分析です。したがって当然ながら，③_____というのもあります。以下のようなデータがあったとしましょう。

Table 6-3　学習塾に通った生徒10名の5回の英語テストの点数の変化

	1ヶ月後	3ヶ月後	6ヶ月後	12ヶ月後	15ヶ月後
生徒A	45点	48点	37点	59点	65点
生徒B	63点	68点	87点	90点	90点
生徒C	32点	25点	50点	54点	71点
生徒D	23点	46点	56点	79点	85点
生徒E	65点	52点	45点	48点	50点
生徒F	50点	50点	48点	45点	52点
生徒G	32点	36点	87点	54点	69点
生徒H	60点	52点	43点	35点	84点
生徒I	68点	77点	74点	84点	98点
生徒J	21点	54点	54点	79点	88点

このようなデータがあったとしましょう。成績が上がっているように見えますが，それは誤差の範囲かもしれません。それを確認する場合などがこの分析になります。分散分析は④_____のデータを対象とするので，こうした⑤_____も対象になります。この分散分析も Advanced Model というオプションが必要です。今回はデータを入力してから，分析(A) → 一般線型モデル(G) → 反復測定(R) とメニューを選択してください。

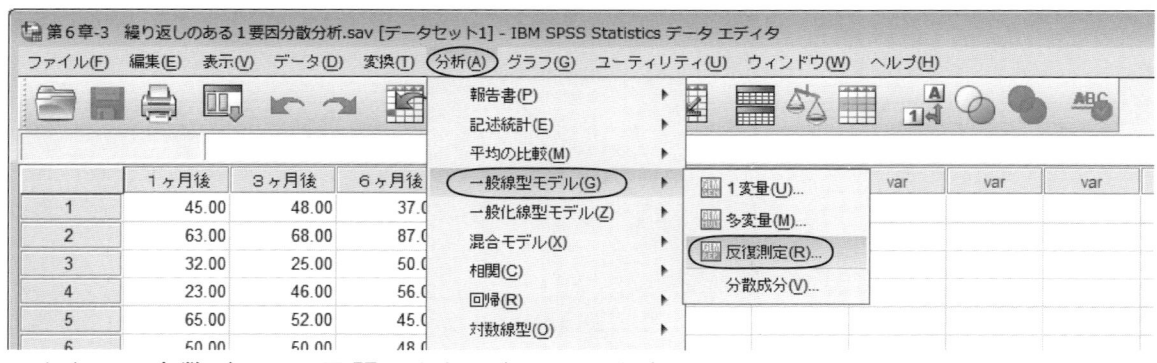

※ちなみに変数ビューは下記のようになっています。

第3部　具体的なデータ解析について

そうすると<u>このようなメニュー</u>が出てくるはずです。

※ 被験者内因子名は①_____以内で適当につけてください。とりあえず"英語得点"と命名しました。

被験者内因子名は適当に命名してください。大事なのは②_____です。5回のテストなので③_____になります。それぞれを入力し 追加(A) ボタンを押して横の大きな□内に移し，定義(F) ボタンを押してやると下のメニューが出てきます。

そうしたら<u>ココ</u>の中の1ヶ月後～15ヶ月後を選択して<u>このボタン</u>を押して右側に移します。これは④_____という意味です。

p. 77 空欄の答え
　①交互作用が有意，②多重比較は意味がありません，③変数の関係を見ながら

6　分散分析

※以下 オプション(O)... の設定をしてください(それ以外は特にチェックは不要です)。

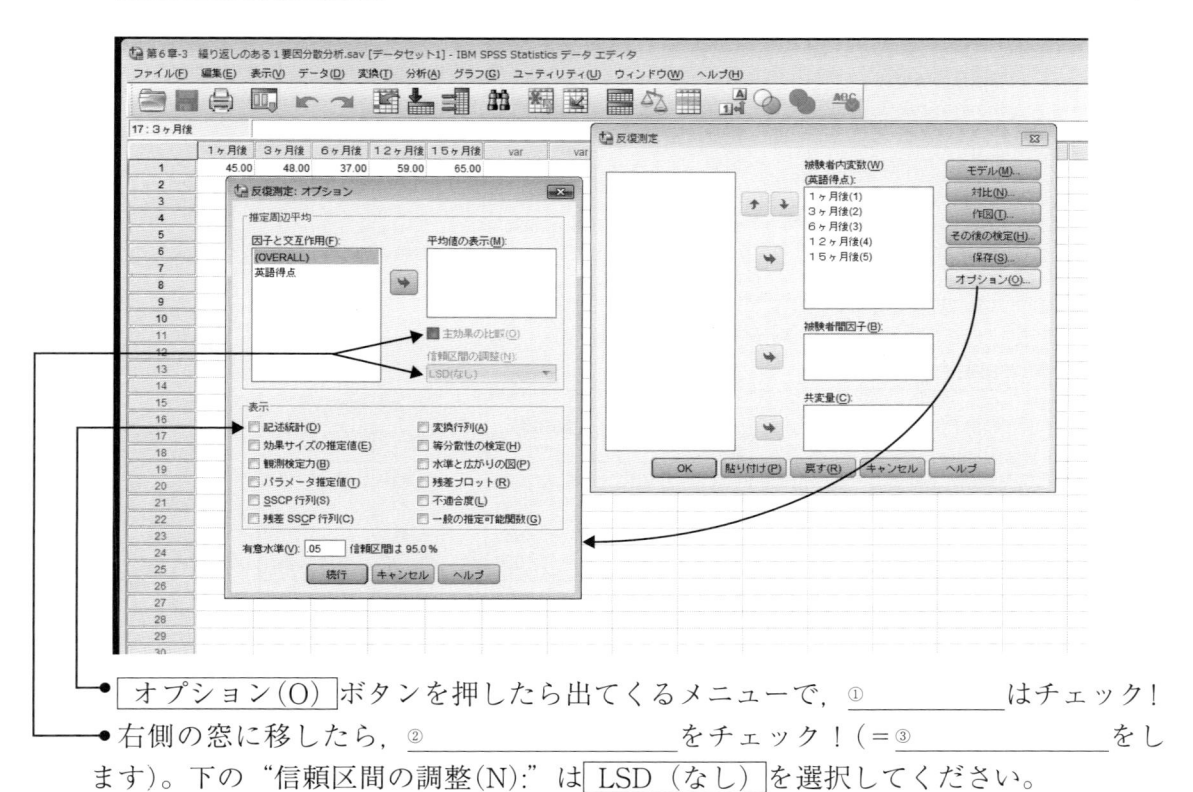

- オプション(O) ボタンを押したら出てくるメニューで，①_____ はチェック！
- 右側の窓に移したら，②_____ をチェック！(＝③_____ をします)。下の"信頼区間の調整(N):"は LSD（なし） を選択してください。

※あとは OK ボタンを押すと分析します。以下のように出力されます(必要なモノのみ抜粋)。

記述統計量

	平均値	標準偏差	N
1ヶ月後	45.9000	17.92856	10
3ヶ月後	50.8000	14.57395	10
6ヶ月後	58.1000	18.12580	10
12ヶ月後	62.7000	18.83289	10
15ヶ月後	75.2000	16.36253	10

Mauchly の球面性検定[b]

測定変数名：MEASURE-1

被験者内効果	Mauchly の W	近似カイ2乗	自由度	有意確率	イプシロン[a]		
					Greenhouse-Geisser	Huynh-Feldt	下限
英語得点	.147	14.214	9	.123	.575	.784	.250

正規直交した変換従属変数の誤差共分散行列が単位行列に比例するという帰無仮説を検定します。
a. 有意性の平均検定の自由度調整に使用できる可能性があります。修正した検定は，被験者内効果の検定テーブルに表示されます。
b. 計画：切片
被験者計画内：英語得点

---

p. 78 空欄の答え
　①要因が二つ以上，②主効果が有意な場合のみ，③使わない（意味がない），④記述統計量
p. 79 空欄の答え
　①対応のあるものとないもの，②平均の比較，③対応のある分散分析，④3群以上，⑤5水準間の比較

第3部　具体的なデータ解析について

被験者内効果の検定

測定変数名：MEASURE-1

ソース		タイプⅢ平方和	自由度	平均平方	F 値	有意確率
英語得点	球面性の仮定	5147.320	4	1286.830	6.640	.000
	Greenhouse-Geisser	5147.320	2.302	2236.278	6.640	.004
	Huynh-Feldt	5147.320	3.138	1640.459	6.640	.001
	下限	5147.320	1.000	5147.320	6.640	.030
誤差(英語得点)	球面性の仮定	6976.280	36	193.786		
	Greenhouse-Geisser	6976.280	20.716	336.764		
	Huynh-Feldt	6976.280	28.240	247.039		
	下限	6976.280	9.000	775.142		

ペアごとの比較

測定変数名：MEASURE-1

(I)英語得点	(J)英語得点	平均値の差 (I-J)	標準偏差	有意確率[a]	95%平均差信頼区間[a]	
					下限	上限
1	2	-4.900	4.461	.301	-14.991	5.191
	3	-12.200	7.751	.150	-29.735	5.335
	4	-16.800	8.670	.085	-36.413	2.813
	5	-29.300*	7.798	.005	-46.939	-11.661
2	1	4.900	4.461	.301	-5.191	14.991
	3	-7.300	6.163	.267	-21.241	6.641
	4	-11.900*	5.214	.048	23.695	-.105
	5	-24.400*	4.915	.001	35.519	-13.281
3	1	12.200	7.751	.150	-5.335	29.735
	2	7.300	6.163	.267	-6.641	21.241
	4	-4.600	5.500	.425	17.042	7.842
	5	-17.100*	5.705	.015	30.005	-4.195
4	1	16.800	8.670	.085	-2.813	36.413
	2	11.900*	5.214	.048	.105	22.695
	3	4.600	5.500	.425	-7.842	17.042
	5	-12.500*	4.416	.020	-22.488	-2.512
5	1	29.300*	7.798	.005	11.661	46.939
	2	24.400*	4.915	.001	13.281	35.519
	3	17.100*	5.705	.015	4.195	30.005
	4	12.500*	4.415	.020	2.512	22.488

推定周辺平均に基づいた
a. 多重比較の調整：最少有意差（調整無しに等しい）
b. 平均の差は .05 水準で有意です。

　出力で用いるのはこの抜粋した中でも◯◯で囲った部分です。どこを読み取ればいいか，文例と出力と照合しながらチェックしてください。平均や自由度はどこを見たらいいか大体わかるでしょうが，被験者内効果について（今回はたまたま全部同じですが），F 値はどれを見たらいいかこのままではわからないですね？　大事なことで覚えておいていただきたいのが，Mauchly の球面性検定の有意確率を見て，ここが①＿＿＿＿＿＿＿なら球面性の仮定を，②＿＿＿＿＿＿なら Greenhouse-Geisser または Huynh-Feldt（どちらでも良いのですが，Greenhouse-Geisser を用いることが多いと思います）を見るようにしてください。今回は .05 以上（有意でない）なので，③＿＿＿＿＿＿＿の F 値と有意確率を使い，文中の記述は "$F(4,36) = 6.64, p < .001$" になります（もしも Mauchly

の球面性検定の有意確率が .05 以下ならば "$(F(2.30, 20.72) = 6.64, p < .01)$ もしくは $(F(3.14, 28.24) = 6.64, p < .01)$" になります)。もう一つ面白いのは，多重比較の出力です。記述統計を見ていけばわかりますが，基本的に右肩上がりですね？ でも，多重比較の結果を見ると①＿＿＿＿＿＿＿とそれ以外の月は有意な差がありますが，1〜12ヶ月後までの得点の上昇は有意とは言えません。カンのいい方だと，3ヶ月後と12ヶ月後の間に有意差が見られるのに，それよりも平均点が低い②＿＿＿＿＿＿＿との間に，有意差が見られないので，不思議に思われるかもしれません。平均点の開きが大きいのに，有意差がないのはなぜ？という疑問を抱いた方は，いいセンスをしています。覚えておいていただきたいのですが，平均値の差が大きかったとしても③＿＿＿＿＿＿＿＿＿＿＿と有意にはなりません。つまり，有意水準には平均値だけでなく④＿＿＿＿＿＿＿＿＿＿も大きく影響するのです。**また重要なこととして，単純に塾に通っている生徒の得点推移だけでは，塾に通学することの効果はわかりません。乱暴な話ですが，試験が簡単なものになっていったとしたら，通塾の有無に関係なく得点は上昇します。もしもこうした研究を行うならば，塾に**⑤＿＿＿＿＿＿＿＿＿＿＿＿＿＿＿の点数の比較をする必要があるでしょう。**こういうことに着目する能力は，研究をしていく中できわめて重要です。覚えておいてください。**この場合の文例は以下のようになります。

『 文 例 』
　五つの時期別に見た平均点について，対応ありの1要因分散分析を実施したところ，有

Table 1　塾に通った生徒10名の英語得点の平均と標準偏差の推移

	1ヶ月後	3ヶ月後	6ヶ月後	12ヶ月後	15ヶ月後	F
平均点	45.90(17.93)	50.80(14.57)	58.10(18.13)	62.70(18.83)	75.20(16.36)	6.64***

※( )内は標準偏差　　　　　　　　　　　　　　　　　　　　　　　　　　　　$***p < .001$

意差が見られた$(F(4, 36) = 6.64, p < .001)$。平均点の推移を見る限り上昇傾向にあり，学習塾の効果は明確であるが，15ヶ月経過時に顕著な上昇が見られる。塾の学習成果は徐々に上昇していくというよりも，15ヶ月程度経過すると爆発的に伸びる傾向にある。ただし，これは学習塾に通った生徒のみを対象とした調査であり，平均点の上昇が塾に通った成果によるのか，たまたま試験問題が簡単であったことによる効果かは，実のところ不明である。因果関係を明らかにするため，学習塾に通っていない生徒を統制群とした比較も必要であろう。

　　　　　　　　　　　　と記述すればOKです。6-3のまとめをしておきます。

---

p. 80 空欄の答え
　①半角8文字，②水準数(L)，③水準は"5"，④この5群間で比較する
p. 81 空欄の答え
　①記述統計，②主効果の比較，③多重比較

※このセクションのまとめ

【統計の知識に関する部】
1. 個人内の対応があるデータも，①_____の場合は分散分析を使う。
2. 対応があっても分散分析は群間で差があるかどうか(＝②_____)を検定するだけであり，どこに差があるかを細かく見る分析は，③_____を行う。

【SPSSの知識に関する部】
3. データを入力したら 分析(A) → 一般線型モデル(G) → 反復測定(P) を選択することで繰り返しのある分散分析ができる。
4. 主効果の比較というチェックボックスにチェックを入れておくことで多重比較をやってくれる。
5. オプション(O)... ボタンを押して出てきたメニューについて，記述統計量にチェックを入れておく。

以上は覚えておいてください。

6-4 2要因以上の対応がある分散分析

p. 83で説明したとおり，前ページのように単純に塾に通っている生徒の成績だけでなく，塾に通っている生徒といない生徒との比較というのも，①_____を見る時には必要でしょう。そういうわけで，塾に通っている生徒と通っていない生徒それぞれ10名の比較データを下に提示しました。この場合，塾に通っている・いないは別人になるので②_____要因，5回のテストの平均値推移は③_____要因になります。このような2要因以上の分散分析で，対応がある要因とない要因が混在しているデータも，SPSSで(簡単に)分析が可能です。

Table 6-4 学習塾に通っている生徒10名と通っていない生徒10名の英語の点数変化

	通塾の有無	1ヶ月後	3ヶ月後	6ヶ月後	12ヶ月後	15ヶ月後
生徒A	している	45点	48点	37点	59点	65点
生徒B	している	63点	68点	87点	90点	90点
生徒C	している	32点	25点	50点	54点	71点
生徒D	している	23点	46点	56点	79点	85点
生徒E	している	65点	52点	45点	48点	50点
生徒F	している	50点	50点	48点	45点	52点
生徒G	している	32点	36点	87点	54点	69点
生徒H	している	60点	52点	43点	35点	84点
生徒I	している	68点	77点	74点	84点	98点
生徒J	している	21点	54点	54点	79点	88点
生徒K	していない	35点	41点	30点	44点	42点
生徒L	していない	23点	38点	37点	30点	50点
生徒M	していない	72点	75点	70点	74点	71点
生徒N	していない	33点	41点	36点	55点	35点
生徒O	していない	55点	52点	50点	44点	40点
生徒P	していない	89点	89点	95点	92点	100点
生徒Q	していない	22点	26点	27点	34点	39点
生徒R	していない	64点	51点	43点	45点	54点
生徒S	していない	28点	33点	36点	50点	52点
生徒T	していない	67点	64点	76点	79点	68点

こういうデータがあったとしましょう。この場合，塾に通っている生徒と通っていない生徒が5回のテスト間(④_____)で，英語平均得点に違いがあるか(⑤_____)を見る必要があります。つまり，通塾の有無による成績の単純な違い(⑥_____)に加え，一定期間経過の成績上昇率の違い(塾に通うと通わないよりも何ヶ月後かに成績が顕著に上がってくる，といった⑦_____)もあるかもしれません。この分析もメニューから選んで変数を指定していくパターンです。ここでの選択メニューは6-3と同じで，分析(A)→一般線型モデル(G)→反復測定(P)になりますが，選んだ後の設定が少し違ってきます。

入力例のとおり，ここでも"塾に通っている=1，塾に通っていない=0"という具合

に数値化して置換入力してください。今回は対応ありと対応なしの2要因ですが，3要因や4要因とか，そのうちの一つが対応ありで二つが対応なしで…などといった分析もSPSSなら可能です（きりがないので本書では省略します）。具体的なやり方は巻末に紹介する推奨文献を参照してください。

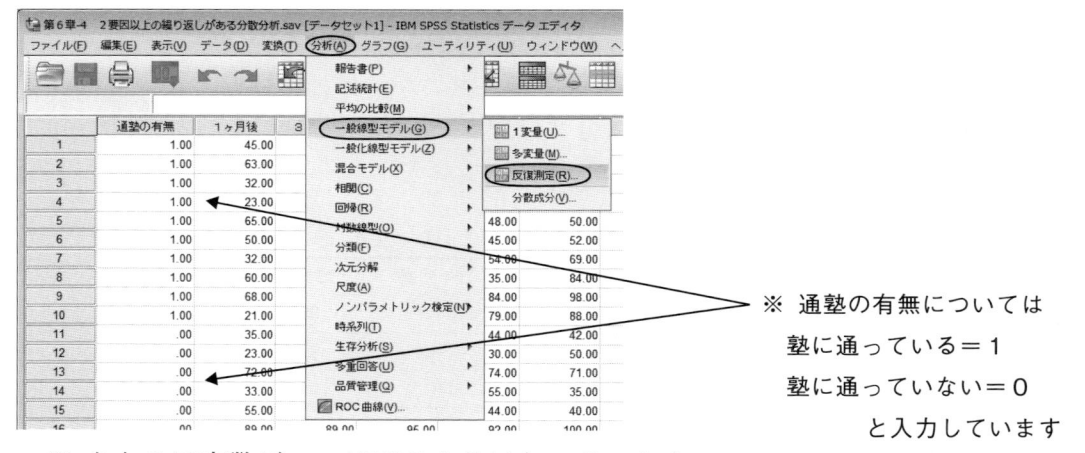

※ 通塾の有無については
塾に通っている＝1
塾に通っていない＝0
と入力しています

※ ちなみに変数ビューは下のようになっています。

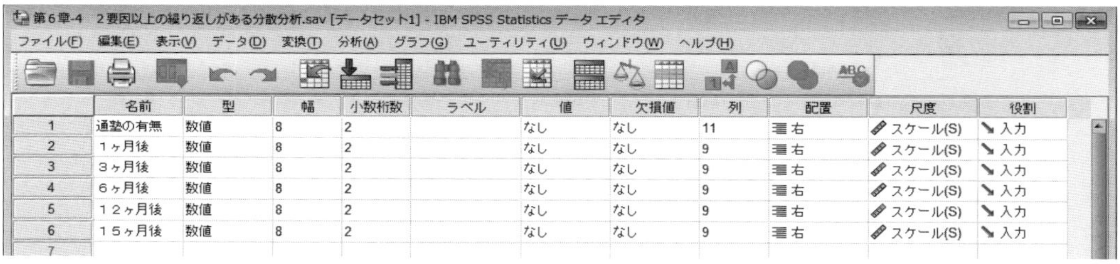

※ すると、6-3と同じく下のようなメニューが出てくるはずです。

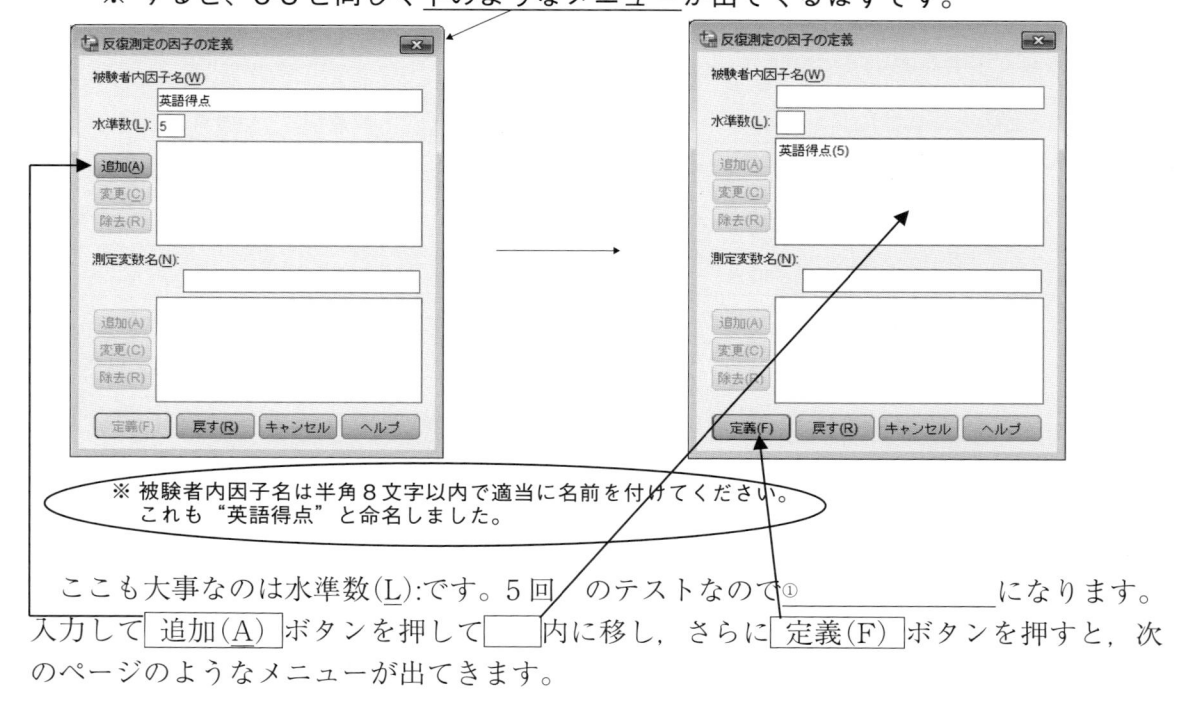

※ 被験者内因子名は半角8文字以内で適当に名前を付けてください。これも"英語得点"と命名しました。

　ここも大事なのは水準数(L):です。5回のテストなので①＿＿＿＿＿＿＿＿＿＿になります。入力して 追加(A) ボタンを押して □ 内に移し，さらに 定義(F) ボタンを押すと，次のページのようなメニューが出てきます。

ここの中の1ヶ月後〜15ヶ月後を選択してこのボタンを押して右側に移します。これは①_____という意味です。

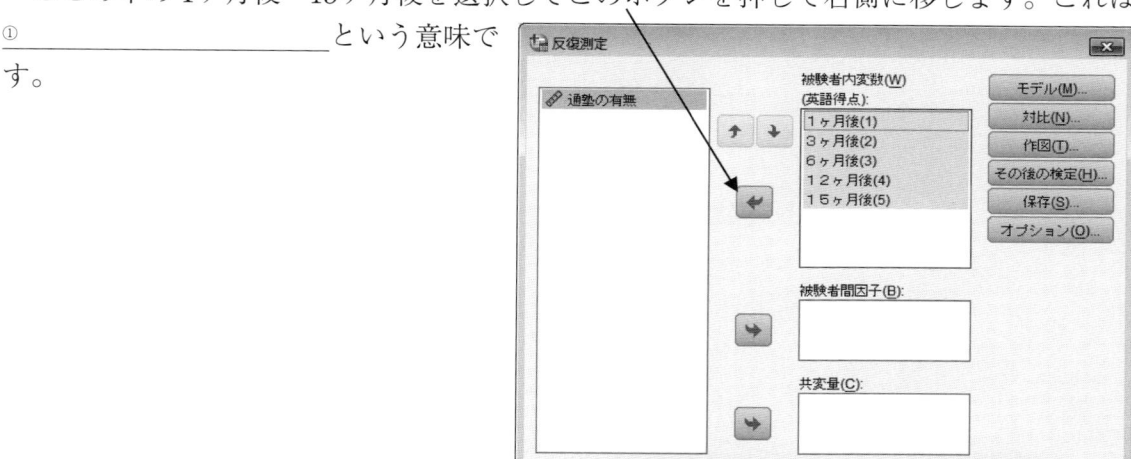

次に，被験者間因子(B)：の中に通塾の有無を移します。勘の良い方はわかると思いますが，被験者内因子と被験者間因子に要因を移すだけで，あとは OK ボタンを押せば検定をやってくれます。要因がいくつになったとしても，操作はここをいじるだけのことなのです。

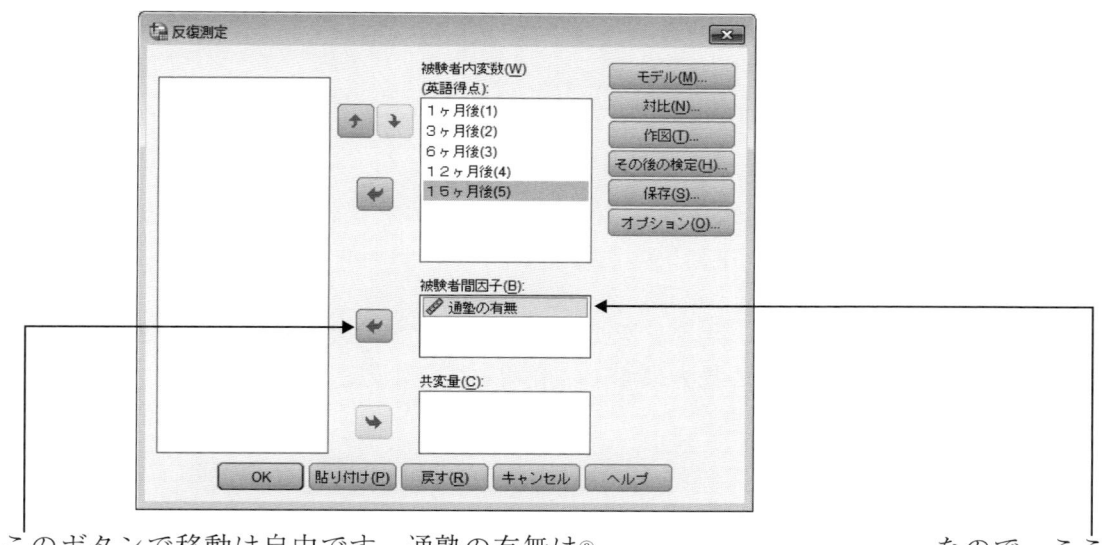

・このボタンで移動は自由です。通塾の有無は②_____なので，ここに変数を移してやります。やること自体はそれほど難しくありません。この辺の設定が終わったら，あとは オプション(O)... の設定をしてやりましょう(次項)。

---

p. 82 空欄の答え
① .05 よりも上，② .05 以下，③球面性の仮定
p. 83 空欄の答え
①15ヶ月後，②1ヶ月後，③標準偏差が大きい，④データのバラツキ，⑤通っていない生徒と通っている生徒
p. 84 空欄の答え
①水準が二つ以上，②主効果，③Tukey法による多重比較

第3部　具体的なデータ解析について

※以下これまでと同様にオプションを設定してください。

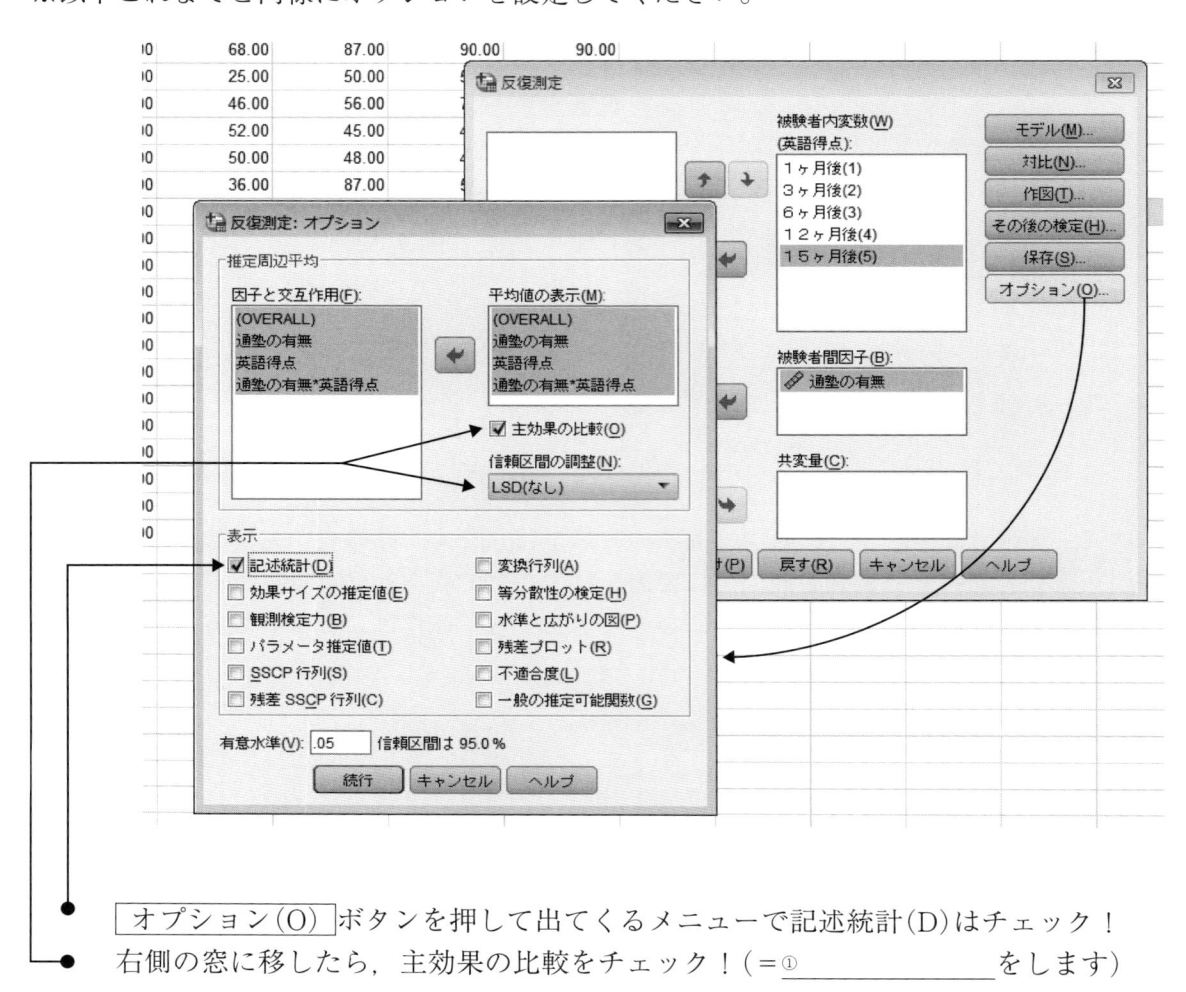

- オプション(O) ボタンを押して出てくるメニューで記述統計(D)はチェック！
- 右側の窓に移したら，主効果の比較をチェック！（＝①_____をします）

※これで準備完了です。 OK ボタンを押すと分析します。次ページの出力を出します（必要なモノのみ抜粋）。出力の見方はすでに説明してきた方法とほぼ同じです。

---

p. 85 空欄の答え
　①塾に通うことの効果，②対応のない，③対応のある，④独立変数，⑤従属変数，⑥主効果，⑦交互作用

記述統計量

	通塾の有無	平均値	標準偏差	N
1ヶ月後	.00	48.8000	23.59755	10
	1.00	45.9000	17.92856	10
	総和	47.3500	20.45090	20
3ヶ月後	.00	51.0000	19.74279	10
	1.00	50.8000	14.57395	10
	総和	50.9000	16.88942	20
6ヶ月後	.00	50.0000	22.70585	10
	1.00	58.1000	18.12580	10
	総和	54.0500	20.42309	20
12ヶ月後	.00	54.7000	20.38000	10
	1.00	62.7000	18.83289	10
	総和	58.7000	19.53432	20
15ヶ月後	.00	55.1000	19.81834	10
	1.00	75.2000	16.36256	10
	総和	65.1500	20.47405	20

Mauchly の球面性検定[b]

測定変数名：MEASURE-1

被験者内効果	Mauchly の W	近似カイ2乗	自由度	有意確率	イプシロン[a]		
					Greenhouse-Geisser	Huynh-Feldt	下限
英語得点	.230	24.157	9	.004	.617	.763	.250

正規直交した変換従属変数の誤差共分散行列が単位行列に比例するという帰無仮説を検定します。

a. 有意性の平均検定の自由度調整に使用できる可能性があります。修正した検定は，被験者内効果の検定テーブルに表示されます。

b. 計画：切片+通塾の有無
被験者計画内：英語得点

被験者内効果の検定

測定変数名：MEASURE-1

ソース		タイプIII平方和	自由度	平均平方	F値	有意確率
英語得点	球面性の仮定	3853.660	4	963.415	7.847	.000
	Greenhouse-Geisser	3853.660	2.469	1561.102	7.847	.001
	Huynh-Feldt	3853.660	3.050	1263.492	7.847	.000
	下限	3853.660	1.000	3853.660	7.847	.012
英語得点×通塾の有無	球面性の仮定	1614.740	4	403.685	3.288	.016
	Greenhouse-Geisser	1614.740	2.469	654.124	3.288	.037
	Huynh-Feldt	1614.740	3.050	529.422	3.288	.027
	下限	1614.740	1.000	1614.740	3.288	.086
誤差(英語得点)	球面性の仮定	8839.600	72	122.772		
	Greenhouse-Geisser	8839.600	44.434	198.938		
	Huynh-Feldt	8839.600	54.900	161.012		
	下限	8839.600	18.000	491.089		

被験者間効果の検定

測定変数名：MEASURE-1　変換変数：平均

ソース	タイプIII平方和	自由度	平均平方	F値	有意確率
切片	305035.290	1	305035.290	220.012	.000
通塾の有無	1095.610	1	1095.610	.790	.386
誤差	24956.100	18	1386.450		

第3部　具体的なデータ解析について

ペアごとの比較

測定変数名：MEASURE-1

(I)英語得点	(J)英語得点	平均値の差 (I-J)	標準偏差	有意確率[a]	95%平均差信頼区間[a]	
					下限	上限
1	2	-3.550	2.530	.178	-8.666	1.766
	3	-6.700	4.183	.127	-15.488	2.088
	4	-11.350*	4.801	.030	-21.437	-1.263
	5	-17.800*	4.463	.001	-27.176	-8.424
2	1	3.550	2.530	.178	-1.766	8.866
	3	-3.150	3.265	.347	-10.010	3.710
	4	-7.800*	3.012	.019	-14.129	-1.471
	5	-14.250*	2.898	.000	-20.338	-8.162
3	1	6.700	4.183	.127	-2.088	15.488
	2	3.150	3.265	.347	-3.710	10.010
	4	-4.650	3.085	.149	-11.132	1.832
	5	-11.100*	3.203	.003	-17.830	-4.370
4	1	11.350*	4.801	.030	1.263	21.437
	2	7800*	3.012	.019	1.471	14.129
	3	4.650	3.085	.149	-1.832	11.132
	5	-6.450*	2.827	.035	-12.389	-.511
5	1	17.800*	4.463	.001	8.424	27.176
	2	14.250*	2.898	.000	8.162	20.338
	3	11.100*	3.203	.003	4.370	17.830
	4	6.450*	2.827	.035	.511	12.389

推定周辺平均に基づいた
a. 多重比較の調整：最少有意差（調整なしに等しい）
b. 平均の差は .05 水準で有意です。

　出力で用いるのは，この抜粋した中でも◯◯◯で囲った部分です。どこを読み取ればいいか，文例と出力を比較・照合しながらチェックして読み取ってください。この分析も大事なことなのですが，**6-3 と同様に，Mauchly の球面性検定の有意確率を見て，ここが .05 よりも上なら球面性の仮定を，.05 以下なら Greenhouse-Geisser または Huynh-Feldt を見るようにしてください。**

　今回は .05 以下で有意なので，Greenhouse-Geisser もしくは Huynh-Feldt の F 値と有意確率を使うことになります。**大事なのは①_____** であることです。通塾の有無に関係なく，差がないように見える（通塾の有無の②_____）のですが，月の変化を細かく追っていくと塾に通っているかいないかで違いが出てくるということになります。以下文例です。

---

p. 86 空欄の答え
　①水準は "5"
p. 87 空欄の答え
　①5群間で比較する，②対応のない被験者間因子

『 文 例 』

Table 1 塾に通った生徒10名と通っていない生徒10名に関する英語得点の平均と標準偏差の推移

	1ヶ月後	3ヶ月後	6ヶ月後	12ヶ月後	15ヶ月後	F
塾に通っている	45.90(17.93)	50.80(14.57)	58.10(18.13)	62.70(18.83)	75.20(16.36)	通塾の有無 0.79
塾に通っていない	48.80(23.60)	51.00(19.74)	50.00(22.71)	54.70(20.38)	55.10(19.82)	5テスト間 7.85*** 交互作用 3.29*

※（　）内は標準偏差　　　　　　　　　　　　　　　　　　　　　　　　　　　*$p < .05$, ***$p < .001$

　塾に通っている生徒とそうでない生徒（対応なし）および5回（対応あり）のテスト平均点について2要因分散分析を実施したところ，通塾による主効果は見られなかった（$F(1,18) = 0.79$, $n.s.$）ものの，5回のテスト間では顕著な差異が見られ（$F(2.47, 44.43) = 7.85$, $p < .01$），全般的に後のテストほど平均点が高くなる傾向があった。さらに，これら2要因間の交互作用も検出され（$F(2.47, 44.43) = 3.29$, $p < .05$），塾に通っている生徒の方が，通っていない生徒よりも15ヶ月後の試験では顕著な伸びを見せていた。塾に通っている群といない群で主効果としての有意差は見出されなかったが，塾に通うことは一定の成績上昇の効果が期待できる。ただ，顕著な伸びが見られるようになるまでに1年程度の期間が必要であり，傾向として塾に通えばすぐに成績が伸びるというわけではないと結論できる。

　という具合に記述してみました。お気づきかもしれませんが，塾に通っている群と通っていない群で主効果が見られませんでした。どういうことかといえば，要するに，"塾に通っている10名の5回分のテストを合計して50で割った数"と，"塾に通っていない10名の5回分のテストを合計して50で割った数"に①＿＿＿＿＿＿＿＿＿＿＿＿＿ことを意味します。解釈するならば，塾に通った生徒は②＿＿＿＿＿＿＿＿＿が悪かったので「ヤバイ！」と思い，実際通ったら成績が伸びた。逆に塾に通っていない生徒は，元々成績がそれほど悪くなく，塾に通わなかったので成績も変化があまりない…とも考えることができます。このような，質的に異なる2群の平均値を単純に比較しても意味はありません。1回目0点で2回目が10点とれたという生徒と，③＿＿＿＿＿＿＿＿＿＿＿＿でしたという生徒の2回のテストの平均点を比較しているようなものです。このような2要因分散分析を行う場合，④＿＿＿＿＿＿＿＿＿＿＿＿＿をわりと重視します。覚えておいてくださいね。

※このセクションのまとめ

【統計の知識に関する部】
1. ①_____または②_____ある場合，対応の有無に関係なく分散分析を使う。
2. 対応の有無に関係なく，分散分析は全体で差があるか（＝主効果）を検定するだけである。細かくどこに差があるかは③_____を行って確認する必要がある。
3. 2要因以上の分散分析では，④_____を重視する。交互作用が有意であれば面白い意味のある解釈ができることが多い。

【SPSSの知識に関する部】
4. データを入力したら 分析(A) → 一般線型モデル(G) → 反復測定(P) を選択することで繰り返しのある分散分析（＝対応のある分散分析）ができる。
5. 被験者内・被験者間因子の中にそれぞれの変数を移してやるだけで分析は可能。
6. 主効果の比較というチェックボックスにチェックを入れておけば多重比較をやってくれる。
7. オプション(O)... ボタンを押して出てきたメニューについて，⑤_____にチェックを入れておく。

　　これは覚えておいてください。以上で分散分析の解説を終わります。ここに時間を費やしたのは卒論などで一番使う分析だからです。このページのまとめは絶対に覚えておいてください。

---

p. 88 空欄の答え
　①多重比較

7 χ^2検定(カイ自乗検定)について

実験データや社会学などの①_____で、避けて通れないのが χ^2 検定です。これは、特に観察法などで多く使われる分析です。簡単にいえば②_____を測定する分析になります。本書ではこの分析は SPSS を使いません。

7-1 行が1行だけの場合の χ^2 検定

例えばあるサイコロがあったとします。このサイコロがもしも③_____と仮定して 300 回振ったら、1〜6 の目は下の表のようになると考えて良いでしょう（偏りがなければ）。

Table 7-1 サイコロを 300 回振って各 6 つの目が出る割合(理論的な出方)

サイコロの目	1	2	3	4	5	6
出る回数	50	50	50	50	50	50

まぁ、もしも本当に Table 7-1 のように目が出た場合はびっくりするでしょうが、Table 7-2 みたいなのが、一番ありそうな形でしょうね。

Table 7-2 サイコロを 300 回振って各 6 つの目が出る割合(ありがちな出方)

サイコロの目	1	2	3	4	5	6
出る回数	46	43	52	60	45	54

このような出方はありがちですよね？ 300 回投げて④_____きれいに分かれるなんていう、Table 7-1 のようなサイコロの目の出方をするとむしろ、「このサイコロなんかヤバイ、良くできすぎているよインチキじゃねーの？」…なんて思うかもしれません。むしろ Table 7-2 のような出方をする方がすんなり結果を受け入れられるでしょうし、ありがちなパターンでしょうね。**では Table 7-3 のような出方だったらどうでしょうか？**

Table 7-3 サイコロを 300 回振って各 6 つの目が出る割合

サイコロの目	1	2	3	4	5	6
出る回数	12	45	56	53	49	85

…基本的に、サイコロは対面同士の合計が"7"になるように作られています。なので、"1-6"、"2-5"、"3-4"がそれぞれ向かい合っています。Table 7-3 のような出方であれば、1 のそばにおもりが入っていて下を向きやすい(="6"が出やすい)のではないかと疑うことになるわけです。しかし、Table 7-2 だって 1 より 6 の方が出数は多くなっています。Table 7-2 と Table 7-3 の⑤_____に差があることはなんとなくわかると思うのですが、この偏りが偶然の産物なのか(=偏りは誤差にすぎないのか)、そうでなくてやはり何か意味がある(ここではサイコロがインチキでオモリが入っている)ことで生じた偏りなのかを検討するのが、χ^2 検定と呼ばれる分析になります。この分析に使うデータは、

第3部　具体的なデータ解析について

基本的に集計したデータであり，平均や分散（標準偏差）というものが存在しません。**平均や分散があるデータの比較は原則 t 検定や分散分析を使い，そういうものがそもそもないような**①＿＿＿＿＿＿＿＿＿＿＿＿＿＿＿**を使う**ということは覚えておいてください。また，この分析は SPSS でも可能ですが，もっと楽な χ^2 検定を専門に行うソフト（Java スクリプト）があります。これを使った方がずっと楽ですし，無料です。そのため，この分析だけは無料でネットにつながっていれば，誰でもできます。

※χ^2 検定の計算は以下のＨＰで実施が可能です。html ファイルをダウンロードすればどこでも分析は可能です。

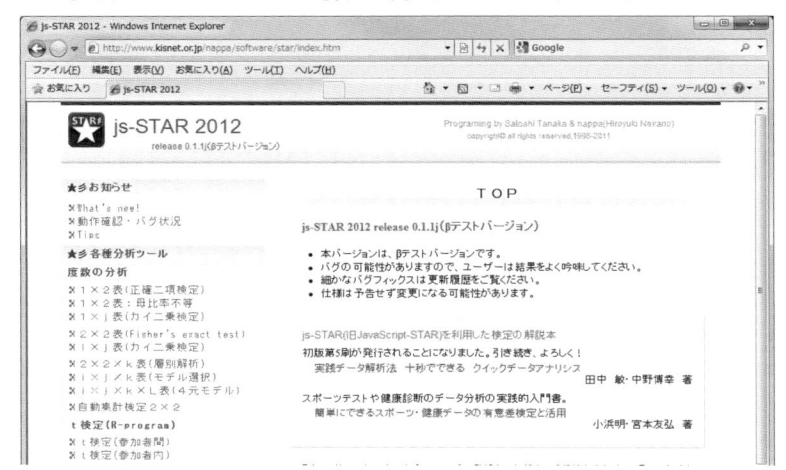

http://www.kisnet.or.jp/nappa/software/star/index.htm

　この HP は，色々な統計を無料で分析してくれる JavaScript が掲載されています。これを書いている現在のバージョンは release0.1.1j（ベータ版）になっていますが，すべてのスクリプトをダウンロードすることもできるようです。こうしたプログラムを公開してくださるのは素晴らしいことだと思います。公表していただいていることに感謝しましょう。

※以下に具体的な手順の説明に入ります。χ^2 検定を行うには，横に並んだメニュー中の"１×ｊ表(カイ二乗検定)"をクリックします。

※次に横のセル数を指定します。今回は6なので，ここを"6"とし，それぞれのセルに数値を入れます（Tabボタンで移動すると入力が早いです）。

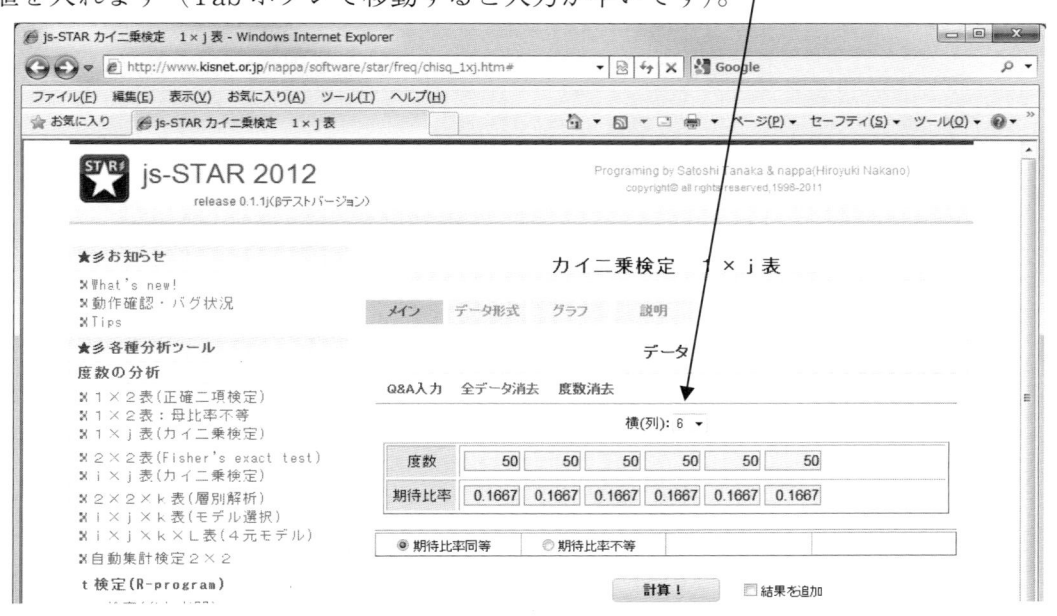

※度数の下の期待比率というのは，基本的にはいじらなくても良いのですが，母集団の比率が大幅に違う場合，ここをいじってやる必要があります。例えば選挙区などの問題です。仮にA県（人口100万人）・B県（人口200万人）・C県（人口300万人）から選ばれる国会議員が，全て各県50人ずつだったとしましょう（これはわかりやすく解説しているだけで，選挙の実態とは大きくかけ離れています，念のため）。そうであれば，度数には3つとも"50"が入ることになり，3県でゆがみは生じていないことになります。しかし，この3県の人口を見れば，明らかに当選のしやすさは違うことになります。こういうケースでは，期待比率不等を選び，期待比率を入れてやる必要があります。もちろん期待比率が不等であれば，度数が同じでも，χ^2値は異なってきます。

★上の例にならって，期待比率を入れた場合と入れない場合のχ^2検定の結果は下記の通りです（一部省略）。

「カイ自乗検定の結果」
（上段実測値、下段期待値）
────────────
50   50   50
49.995 49.995 49.995

  x2(2)=   0.000 , ns

「カイ自乗検定の結果」
（上段実測値、下段期待値）
────────────
50   50   50
25.005 49.995 75.000

  x2(2)= 33.318   , p<.01

第3部 具体的なデータ解析について

※全部入れ終わったら 計算! ボタンを押してやれば分析をします(それだけです)。
Table 7-1 のケースでは下のように出力します。

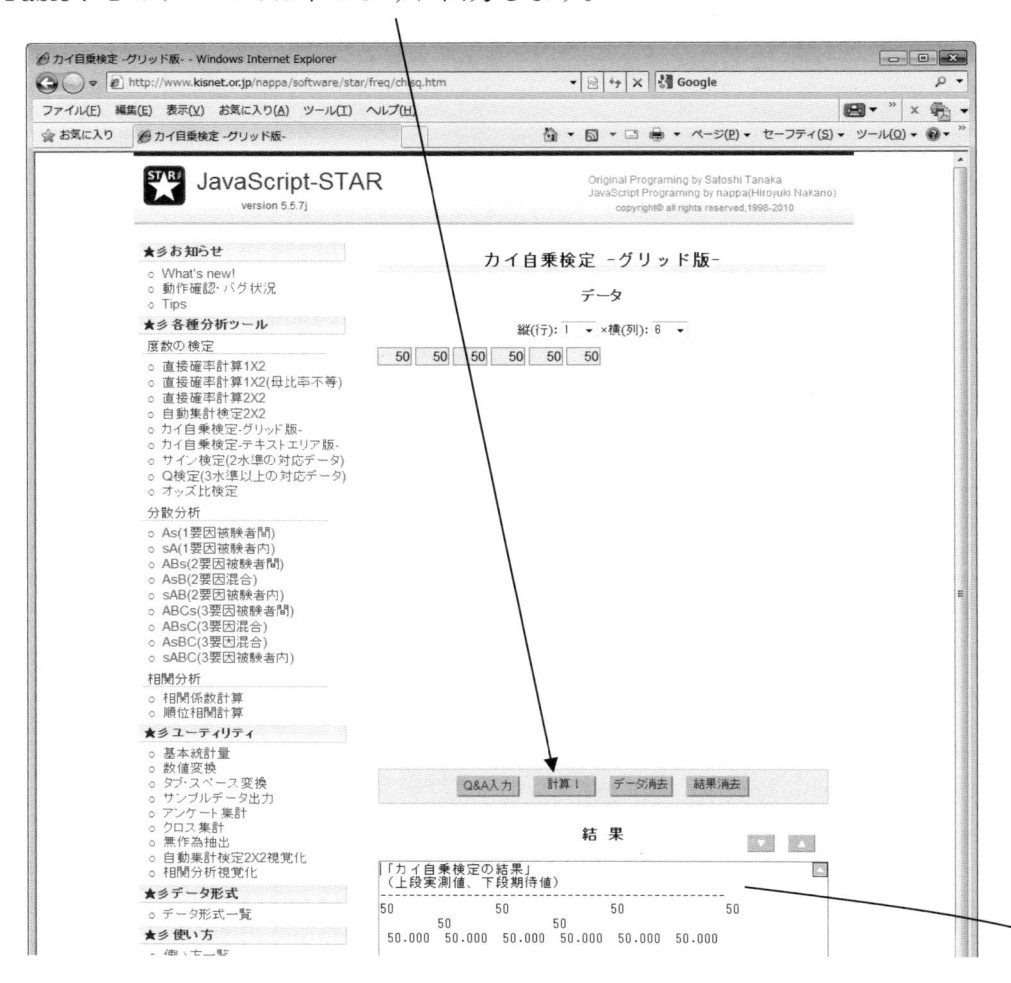

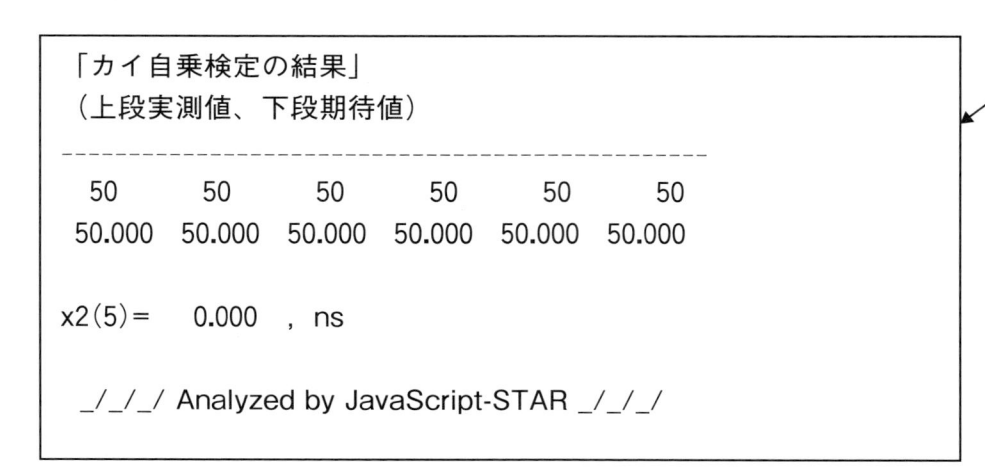

```
「カイ自乗検定の結果」
(上段実測値、下段期待値)
--------------------------------------------------
  50        50       50       50       50       50
  50.000  50.000  50.000  50.000  50.000  50.000


x2(5)=    0.000   , ns

_/_/_/ Analyzed by JavaScript-STAR _/_/_/
```

このように，300回が六つの条件のどれかに該当する場合，まったくばらつきがないならば，理論上はすべての目が50回ずつ出ることになります。この理論上の"すべて50回ずつ"というのを①＿＿＿＿＿＿と言います。χ^2検定は，この②＿＿＿＿＿＿＿＿＿（サイコロ振って出た回数）がどれくらいズレているか，そのズレが誤差といい切れる確率について分析します（厳密には違うのですが，初学者はとりあえずそう理解しておいて間違いではありません）。Table 7-1は期待値と実測値が完全に一致している（＝ズレがまったくない）わけなので，③＿＿＿＿＿＿＿＿になっています。このχ^2値はズレが大きくなるほど大きくなり，誤差である確率は下がっていきます（「こんなに特定の目が出るんじゃイカサマやってんじゃねーか？」…などという話になります）。今回は期待値と実測値のズレがゼロであることから"ns"となっています。これは今までにも出てきたと思いますが，有意差なし（*not significant*）と呼ばれるモノです。ここが"ns"である場合，目の出方のバラツキは誤差の範囲と結論されることになります。

Table 7-2　サイコロを300回振って各六つの目が出る割合（ありがちな出方）

サイコロの目	1	2	3	4	5	6
出る回数	46	43	52	60	45	54

```
「カイ自乗検定の結果」
（上段実測値、下段期待値）
------------------------------------------------
   46      43      52      60      45      54
 50.010  50.010  50.010  50.010  50.010  50.010
x2(5)=   4.199  ,  ns
_/_/_/ Analyzed by JavaScript-STAR _/_/_/
```

　Table 7-2の場合はどうでしょうか？「1か2か5は出にくく，3か4か6が出やすいサイコロである！」…と結論してしまっていいのでしょうか？　この場合もそう結論はできません。Table 7-1のケースであれば明確に差がないとわかるのですが，こういう出方だとχ^2検定をしないと誤差かどうかを見極めるのが難しくなります。χ^2値（x2の部分）を見てください，Table 7-1と比べて少し高くなっています（0.00→4.20）。とりあえず，このサイコロでもばくちの胴元に「サイコロがおかしい！」と文句は言えません。

Table 7-3　サイコロを300回振って各六つの目が出る割合

サイコロの目	1	2	3	4	5	6
出る回数	12	45	56	53	49	85

では，次ページのような出力だとどうでしょうか？

```
「カイ自乗検定の結果」
（上段実測値、下段期待値）
--------------------------------------------------
    12      45      56      53      49      85
  50.010  50.010  50.010  50.010  50.010  50.010
 x2(5)＝ 54.789   ，  p＜.01
＝＝ライアンの名義水準を用いた多重比較＝＝
     （有意水準 alpha ＝ 0.05 とします）

 セル比較    臨界比        検定        名義水準
--------------------------------------------------
 1 ＜ 2     4.24    ＊    p＜0.0002    0.01667
 1 ＜ 3     5.21    ＊    p＜0.0002    0.00417
 1 ＜ 4     4.96    ＊    p＜0.0002    0.00556
 1 ＜ 5     4.61    ＊    p＜0.0002    0.00833
 1 ＜ 6     7.31    ＊    p＜0.0002    0.00333
 2 ＝ 3     1.00    ns    p＞.05       0.00556
 2 ＝ 4     0.71    ns    p＞.05       0.00833
 2 ＝ 5     0.31    ns    p＞.05       0.01667
 2 ＜ 6     3.42    ＊    p＝0.0006    0.00417
 3 ＝ 4     0.19    ns    p＞.05       0.01667
 3 ＝ 5     0.59    ns    p＞.05       0.00833
 3 ＝ 6     2.36    ns    p＝0.0182    0.01667
 4 ＝ 5     0.30    ns    p＞.05       0.01667
 4 ＜ 6     2.64    ＊    p＝0.0082    0.00833
 5 ＜ 6     3.02    ＊    p＝0.0024    0.00556
--------------------------------------------------
_/_/_/Analyzed by js-STAR_/_/_/
```

---

p. 90 空欄の答え
　　①交互作用が有意，②主効果が見られない
p. 91 空欄の答え
　　①違いがなかった，②初めの成績，③1，2回目とも5点，④交互作用の結果の解釈
p. 92 空欄の答え
　　①要因が二つ以上，②水準が3以上，③Tukey法による多重比較，④主効果よりも交互作用，⑤記述統計量
p. 93 空欄の答え
　　①集計データ，②表中のゆがみ，③イカサマでない，④きっちり50回ずつ，⑤偏りの程度
p. 94 空欄の答え
　　①集計データ（度数データ）は χ^2 検定

7 χ^2検定(カイ自乗検定)について

「1が出にくくて6が出やすい」と結論しても良いのでしょうか？　答えはYesで、(科学的根拠をもって)胴元は不正を犯していると結論されます。上の見方で"$\chi^2(5)$=54.80, $p<.01$"が重要です。まずχ^2値がかなり大きくなっているのがわかると思います。Table 7-1と7-2で"ns"だったのが、7-3では"①＿＿＿＿＿＿"になっています。これは、こうした偏り方をするのが誤差である確率が1%以下ということです。つまり誤差ではない、何か意味がある偏りである確率が②＿＿＿＿＿＿というわけです。この辺の考え方は本書のpp. 8〜16あたりと同じです。

　覚えておいていただきたいのは、χ^2検定も分散分析と同様、③＿＿＿＿＿＿＿＿偏っている確率を算出しているのみであって、「1が出にくい」とか「6ばっかり出る」と結論するには④＿＿＿＿＿＿と呼ばれるもの(分散分析でいうところの多重比較のことです。χ^2検定においては⑤＿＿＿＿＿＿と言います)が必要だということです。真ん中よりも下にある"ライアンの名義水準を用いた多重比較＝残差分析"です。この場合、「1は他のどの目よりも出にくい」ということと、「6は1, 2, 4, 5よりも出やすい」ことがわかります。つまり、「このサイコロは1が出にくくて6が出やすいように細工がしてある！」と言っても、おそらく問題ないだろうというレベルで、目の出方が偏っていると言えます。基本ですが、断定的に「このサイコロはインチキだ！」といえない理由はp. 12で説明したとおりです。低い確率でもインチキされてないサイコロでこういう目が出ることはあり得ますので。以下は実際にレポートなどに書く場合の文例です。

『　文　例　』

Table 1　サイコロを300回振って各六つの目が出る割合

サイコロの目	1	2	3	4	5	6	χ^2
出る回数	12−	45	56	53	49	85＋	54.80**

※数値は目が出た回数　　　　　　　　　　　　　　　　　　　　　　　　　　**$p<.01$

　サイコロを300回振って、目が出た回数をTable 1に示す。χ^2検定を行った結果、1%水準で有意差が見られた($\chi^2(5)$=54.80, $p<.01$)。この表を見る限り1よりも6の方が多く出ており、このサイコロは1の近くにおもりが入っており、6が出やすいように細工がされているサイコロであると結論した。

7-2　行が2行以上にわたる場合のχ^2検定

　このhtmlスクリプトは20(行)×12(列)までのセルで分析が可能なので，χ^2検定をやるうえで困ることはほぼ絶対と言っていいほどありません。今度は行が2行以上にわたった場合のχ^2検定を説明したいと思います。今回のデータでは，ここで出した二つのサイコロをまとめて分析したと思ってください。つまり，A，Bの二つのサイコロ（A = Table2，B = Table3）を300回ずつ振ったら，1～6が下のように出ました。どちらかのサイコロはおかしいという話になるのでしょうか？　…というのが問題です。

Table 7-4　A，Bのサイコロを300回ずつ振って各六つの目が出た回数

サイコロの目	1	2	3	4	5	6
Aのサイコロ	46	43	52	60	45	54
Bのサイコロ	12	45	56	53	49	85

　…こうやって見ると，やっぱりBのサイコロの出方は怪しいし，Aのサイコロはきわめてありがちです。もちろんこれもここまで説明してきたスクリプトで分析可能で，下のように「ixj表（カイ二乗検定）」を選び，"縦を2"と"横を6"と入力すれば，2×6のセルができます。

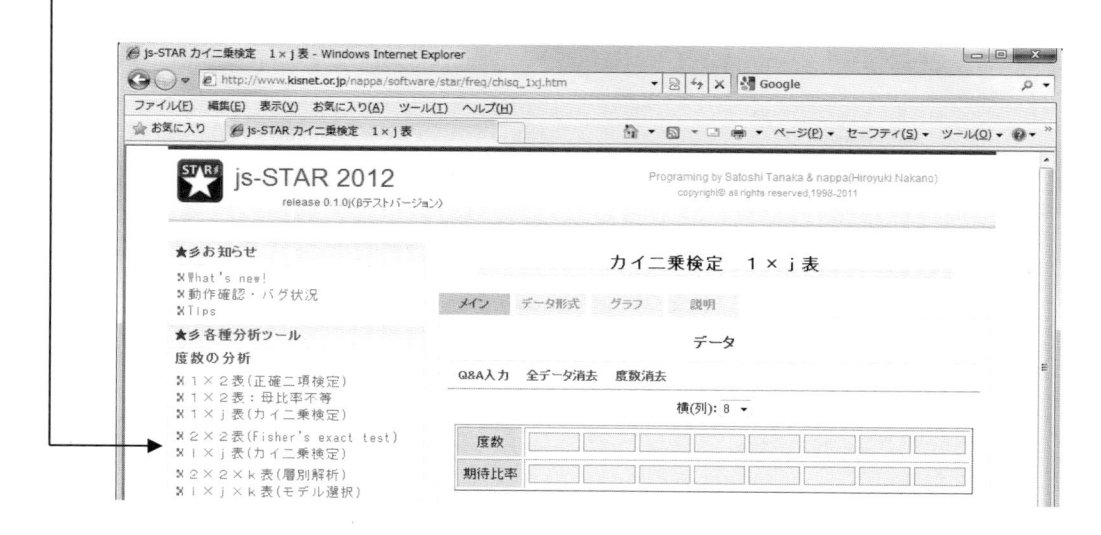

---

p. 97 空欄の答え
　①期待値，②期待値と実測値，③χ^2値はゼロ
p. 99 空欄の答え
　①$p < .01$，②99%以上，③全体のどこかが，④下位検定，⑤残差分析

7 χ²検定(カイ自乗検定)について

後はやることは同じです。全部入れ終わったら 計算! ボタンを押せば分析されます。下のように出力されます(長いので一部加工省略)。

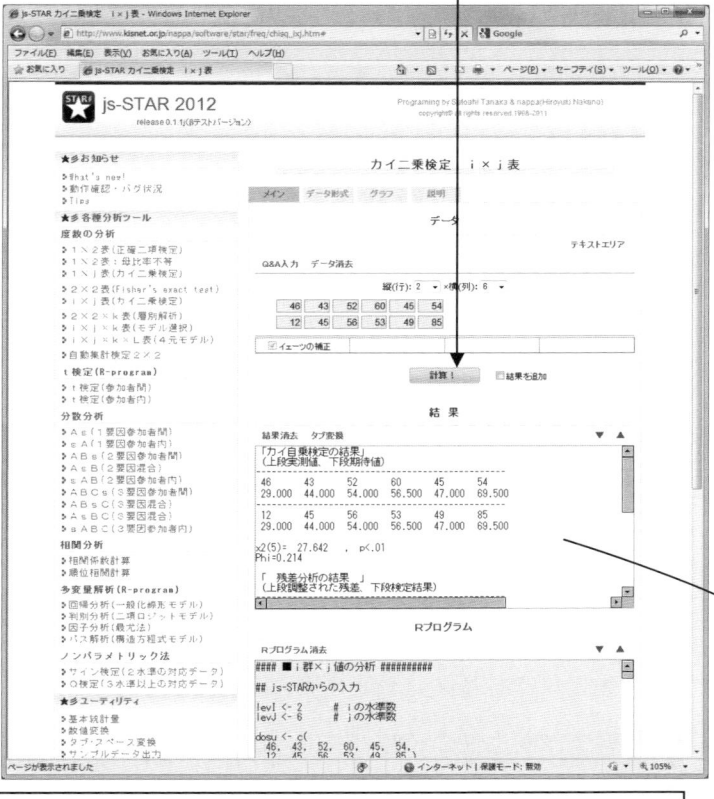

※こんな風に出力されます。

```
「カイ自乗検定の結果」
(上段実測値、下段期待値)
------------------------------------------------
  46      43      52      60      45      54
29.000  44.000  54.000  56.500  47.000  69.500
------------------------------------------------
  12      45      56      53      49      85
29.000  44.000  54.000  56.500  47.000  69.500

x2(5)= 27.642 , p<.01    Phi=0.214

「 残差分析の結果 」
(上段調整された残差、下段検定結果)
------------------------------------------------
 4.697  -0.231  -0.425   0.731  -0.449  -3.000
  **      ns      ns      ns      ns      **
------------------------------------------------
-4.697   0.231   0.425  -0.731   0.449   3.000
  **      ns      ns      ns      ns      **
+p<.10  *p<.05  **p<.01


「 実測値と残差分析の結果 」
------------------------------------------------
 46▲     43      52      60      45      54▽
 12▽     45      56      53      49      85▲

(▲有意に多い、▽有意に少ない、p<.05)


_/_/_/ Analyzed by js-STAR _/_/_/
```

さっきと比べてずいぶん冗長な出力ですが，この中の"▲"と"▽"が残差分析の結果です。つまり，1がAのサイコロよりもBのサイコロの方が①_____出ていて，6がAのサイコロよりもBのサイコロの方が②_____出ていることを意味します。常識的に考えてAのサイコロのような目の出方は③_____なので，Bのような出方をするのは普通でない，きわめて低い確率でしか起こりえないことが起きてしまったかサイコロがインチキである！…と結論できます。分析結果は表中の"＋と－"で記します。下に文例を示しておきます。

『 文 例 』

Table 4　A，Bのサイコロを300回ずつ振って各六つの目が出た回数

サイコロの目	1	2	3	4	5	6	χ^2
Aのサイコロ	46 ＋	43	52	60	45	54 －	27.64**
Bのサイコロ	12 －	45	56	53	49	85 ＋	

※数値は目が出た回数，表中の＋－は残差分析の結果を示す　　　　**$p < .01$

　サイコロを300回振った六つの目が出た回数の分布をTable 4に示す。クロス集計表を作成してχ^2検定を実施した結果有意差が見られ（$\chi^2(5)=27.64, p < .01$），残差分析の結果，サイコロAと比較してBにおいて1よりも6の目が多く出ていた。サイコロAのような目の出方は標準的な出方であり，これとサイコロBは同質のものではないと言える。よってBのサイコロは6が出やすいように細工がされているサイコロであると結論できる。

レポートなどにまとめるときは上の記述を参考にしてください。

7 χ^2検定(カイ自乗検定)について

※このセクションのまとめ

【統計の知識に関する部】

1. 平均や分散がないデータ，いわゆる①＿＿＿＿＿＿＿＿では χ^2 検定を使う。
2. χ^2 検定も分散分析と同様に，②＿＿＿＿＿＿＿＿＿＿を検定しているだけである。表中のどことどこにゆがみがあるかを検出するためには③＿＿＿＿＿＿＿を行う。
3. 1×3などのセル（マス目）でなくても，2×5や4×7などのセルでも χ^2 検定は行える。この分析は SPSS でなくフリーの html スクリプトを使う方が便利。

【html スクリプトの知識に関する部】

4. 初めに縦と横のセルの数を聞いてくるので必要なセルの数を入力する。出てきたセルに数値を入れ，計算！ボタンを押せば自動で χ^2 検定を行ってくれる。
5. 残差分析は1行の時は多重比較として実施され，2行以上にわたるデータの時には残差分析として実施される。

これは覚えておいてください。以上で χ^2 検定の説明を終わります。

8 相関について

　ここからまたSPSSを使います。相関とは①＿＿＿＿＿＿＿＿＿＿＿＿を見たいときに行う分析です。例えば，「睡眠薬の投与量と効き目の時間」とか「小学生の遊んでいる時間の長さとテストの平均点」など，二つの変数の間に関連があるのでは？　…と考えたときに行う分析です。薬の飲み過ぎは体に毒なのはともかく，たくさん飲めば効き目時間も長くなるでしょう。また，遊んでばかりいて勉強をしなければ，成績も下がってしまうこともいかにもありがちです。こうした"ありがち"な関係を数値で表してやるのが相関係数と呼ばれるものです。まず覚えておいていただきたいのが，相関係数は必ず②＿＿＿＿＿の間の値をとるということです。また，これを見てお気づきの方もいると思いますが，相関には正の相関と負の相関の二つがあります。上の「睡眠薬の〜」のように，睡眠薬の量が増えるほど持続時間が増えるといった関係は③＿＿＿＿＿＿＿＿，「小学生の〜」のように，遊ぶ時間が増えるほど成績が下がるなどの関係は④＿＿＿＿＿＿＿＿といいます。また，1か-1に近づくほど⑤＿＿＿＿＿＿＿＿＿＿と言えます。例えば以下のようなデータがあったとします。

Table 8-1　15車種のグレードの価格・馬力・エンジン排気量・乗車定員・燃費の一覧

	価格(万)	馬力(PS)	排気量(cc)	乗車定員(人)	燃費(リッターあたりキロ)
A 車	161.7	80	1500	5	18.0
B 車	138.6	64	1300	5	19.6
C 車	109.2	52	1000	5	21.0
D 車	261.5	118	2400	7	12.0
E 車	191.1	97	1800	5	16.0
F 車	250.9	118	2000	5	11.6
G 車	199.2	97	1800	7	14.4
H 車	298.5	118	2400	7	11.0
I 車	630.0	206	4300	5	8.5
J 車	721.4	206	4300	5	8.9
K 車	218.8	140	1800	5	13.0
L 車	149.1	77	1500	5	16.4
M 車	298.2	158	2500	5	11.0
N 車	176.2	80	1500	5	16.2
O 車	215.8	103	1800	2	14.8

　排気量の大きさと価格，乗車定員と馬力などの間に何か関連はあるのでしょうか。少し見たかぎりでは，排気量が大きいほど馬力も大きくなりますが，⑥＿＿＿＿＿＿＿なっています。また，大きな車は値段が高い車にも思えますが，そんな関係はあるのでしょうか？
※解説します。これもまずはデータを入力します。下を参考にSPSSにデータを入れましょう（変数ビューはこんな感じです）。

8 相関について

・相関係数を算出するには，分析(A) → 相関(C) → 2変量(B)… を選択します。

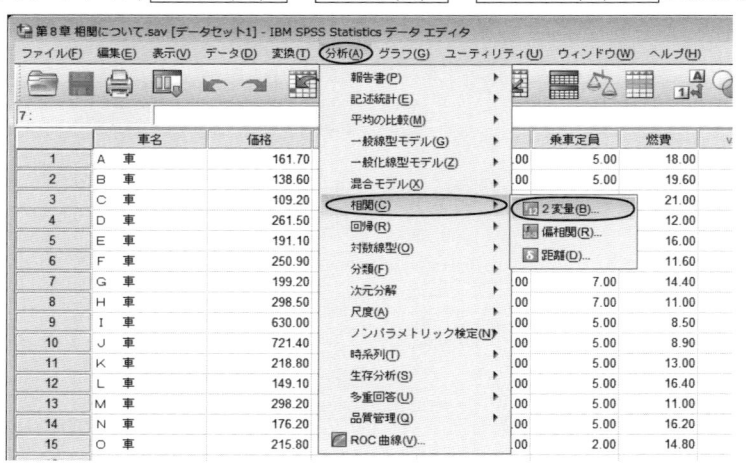

・以下のようなメニューが出ます。変数(V):に移したら オプション(O)… をクリック！

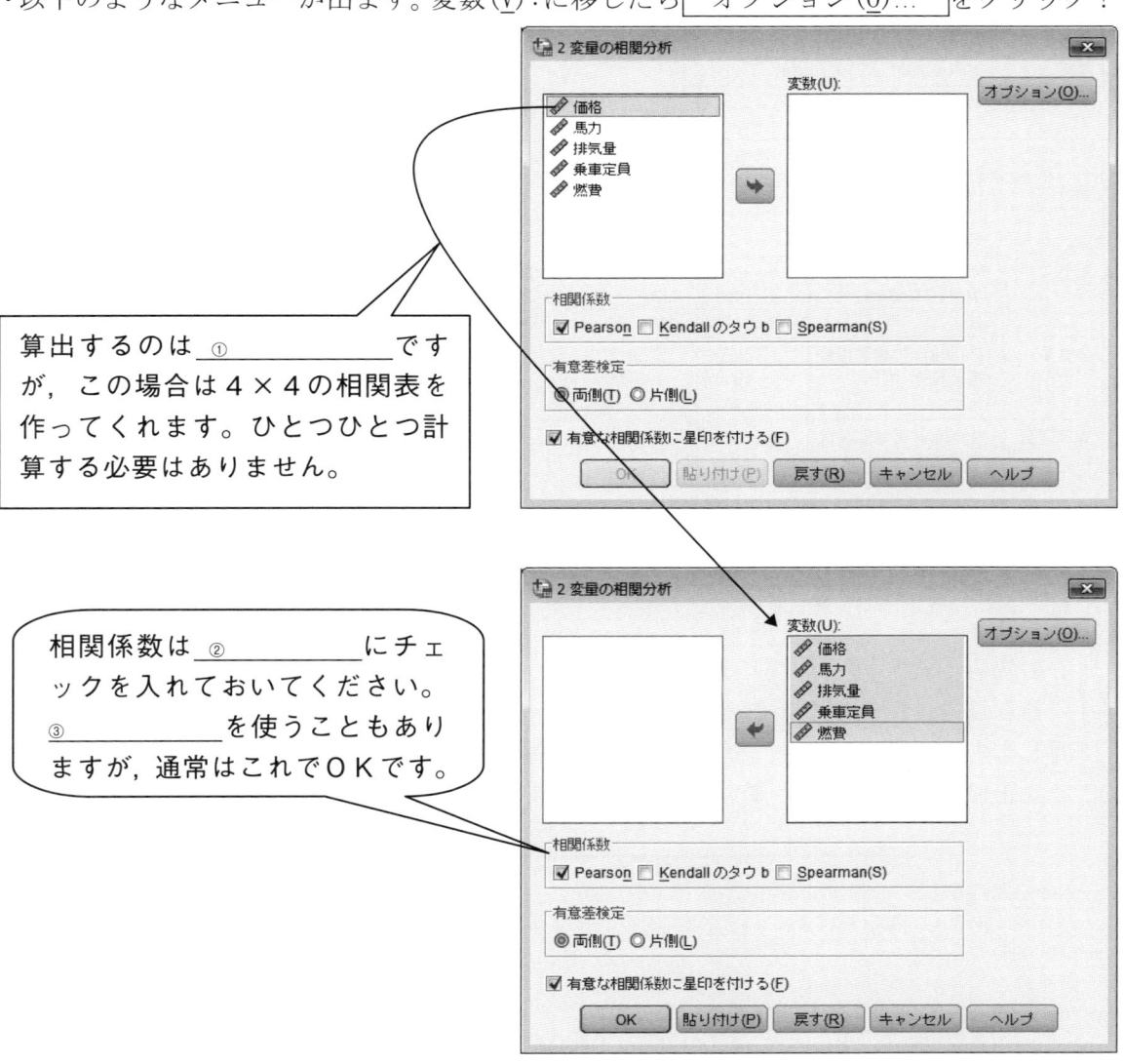

算出するのは ①＿＿＿＿＿ ですが，この場合は4×4の相関表を作ってくれます。ひとつひとつ計算する必要はありません。

相関係数は ②＿＿＿＿＿ にチェックを入れておいてください。
③＿＿＿＿＿ を使うこともありますが，通常はこれでOKです。

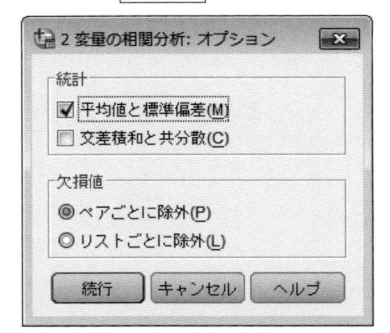

第3部　具体的なデータ解析について

※ オプション(O)... ボタンをクリックすると以下のメニューが出るはずです。ここでも①＿＿＿＿＿＿＿＿＿＿＿＿にチェックを入れ，続行 ボタンを押しましょう。あとはp. 105の下のように，押せるようになった ＯＫ ボタンを押すだけです。

＊出力は以下の二つになります。

記述統計量

	平均値	標準偏差	N
価格	268.0133	175.33865	15
馬力	114.2667	46.53028	15
排気量	2126.6667	975.02137	15
乗車定員	5.2000	1.20712	15
燃費	14.1600	3.74544	15

相関係数

		価格	馬力	排気量	乗車定員	燃費
価格	Pearson の相関係数	1	.924**	.985**	.023	-.800**
	有意確率（両側）		.000	.000	.936	.000
	N	15	15	15	15	15
馬力	Pearson の相関係数	.924**	1	.947**	.018	-.913**
	有意確率（両側）	.000		.000	.949	.000
	N	15	15	15	15	15
排気量	Pearson の相関係数	.985**	.947**	1	.086	-.858**
	有意確率（両側）	.000	.000		.760	.000
	N	15	15	15	15	15
乗車定員	Pearson の相関係数	.023	.018	.086	1	-.191
	有意確率（両側）	.936	.949	.760		.496
	N	15	15	15	15	15
燃費	Pearson の相関係数	-.800**	-.913**	-.858**	-.191	1
	有意確率（両側）	.000	.000	.000	.496	
	N	15	15	15	15	15

**. 相関係数は1％水準で有意（両側）です。

　この場合，"**"がついているのが②＿＿＿＿＿＿＿＿＿（＝解釈をしても良い相関）であり，それ以外は関連がないことを意味します。上の出力は5×5ですが，上半分と下半分は同じものが出力されます。例えば"価格と馬力"と"馬力と価格"は同じ相関です。ここで，**正の相関は"価格と馬力"と"価格と排気量"と"排気量と馬力"であり，負の相**

―――――――――――――――――――――

p. 102 空欄の答え
　①有意に少なく，②有意に多く，③普通にありがちなこと
p. 103 空欄の答え
　①集計データ，②全体のゆがみ，③残差分析
p. 104 空欄の答え
　①二つの変数の関連，②-1～+1，③正の相関，④負の相関，⑤強い相関がある，⑥燃費は悪く

関は"燃費と価格"と"燃費と馬力"と"燃費と排気量"になっています。乗車定員はいずれの変数とも無相関でした。また"価格と価格"など，①_____になります。この出力から，値段が高い車になるほど②_____上がっていくものの，燃費は逆に下がるという強い関係があることがわかります。相関は，あくまで変数同士の関係を算出してくれるだけなので，単に"○○と××に相関があった…"だけでなく，全体を概観しながら考察していく必要があります。大変重要なことですが，**相関はあくまでも二つの変数間の関係を算出しているだけで，③_____を示しているわけではありません**。例えば，警官の数と犯罪の発生件数には正の相関があります。でも，「警官の数が増えると④_____」という解釈が，常識的におかしいのはわかると思います。盲目的に解釈すると，妙な結論を導きかねません。この場合は，「犯罪が多い地域だから，警察官も多く配属される」と解釈するのが合理的でしょう。この例でも「値段が高い車は燃費が悪い」のではなく，「値段が高い車→⑤_____なる→燃費が悪くなる」という因果関係であると考えられます。ちなみにレポートに相関係数を書く場合，($r = .XX$, $p < .01$) などと記述します。以下は文例です。

『 文 例 』

Table 1　15車種の価格と性能に関する相関

	価　格	馬　力	排気量	乗車定員
馬　力	.92**			
排気量	.99**	.95**		
乗車定員	.02	.02	.09	
燃　費	−.80**	−.91**	−.86**	−.19

**p < .01

15車種における価格・馬力・排気量・乗車定員・燃費に関する相関係数を算出したところ(Table 1)，価格およびエンジンの排気量や馬力との間に正の相関($p < .01$)が見られ，価格が高い車ほどエンジンの排気量や馬力が大きかった。また，燃費については価格や馬力・排気量との間に負の相関($p < .01$)が見られた。結果より，大排気量の車ほど燃費が悪くなること($r = -.86$, $p < .01$)が確認された。しかし，乗車定員はいずれの変数とも相関は見られず，高価で大排気量の車ほど多くの人が乗れる車というわけではなかった。

※ちなみに相関の計算式は以下のとおりです。まともにやると上の10個全部をそれぞれやる必要があります。自分で計算することを思うと，統計ソフトのありがたみがわかるというものです。

$$r = \frac{\sum(X-\overline{X})(Y-\overline{Y})}{\sqrt{\sum(X-\overline{X})^2 \sum(Y-\overline{Y})^2}}$$

第3部　具体的なデータ解析について

※このセクションのまとめ

【統計の知識に関する部】
1. ①_____を見る場合は相関を使う。
2. 相関の算出では②_____の相関係数を使う（順位など特殊な場合はSpearmanを使いますが，心理学ではだいたいこれでことたります）。
3. 相関はあくまで二つの変数間の関係であるため，解釈は総合的に行う必要がある。また，相関はあくまで変数間の関係を数値で示しているのみであり，③_____を表しているわけではない。

【SPSSの知識に関する部】
4. データを入力したら 分析(A) → 相関(C) → 2変量(B)... を選択することで相関係数を算出できる。
5. Pearsonにチェックが入っているか確認（順位とかの場合はSpearmanを確認）。
6. オプション(O)... ボタンを押して出てきたメニューについて，平均値と標準偏差にチェックを入れておく。

…以上は覚えておいてください。

---

p. 105 空欄の答え
　①2変数間，②Pearson，③Spearman
p. 106 空欄の答え
　①平均値と標準偏差(M)，②有意な相関

9 単回帰・重回帰分析について

　単回帰・重回帰を問わず，回帰分析は出力の読み取り方が難しいので頑張ってください。この分析は①＿＿＿＿＿＿＿＿＿＿＿＿＿＿が明確な時に，②＿＿＿＿＿＿＿＿＿＿＿＿＿＿＿＿＿＿影響するのかを明らかにします。つまり，従属変数を説明するうえで③＿＿＿＿＿＿＿＿＿＿＿が有効か，④＿＿＿＿＿＿＿＿＿＿＿＿＿＿＿どの程度説明するのか（この二つの変数については本書 p. 55 を参照）を見る分析が回帰分析です。と，言葉で説明しても理解できないと思うので，具体例を挙げて説明したいと思います。例えば，マンションと一戸建てそれぞれ 15 件の住人に，自分の住まいの満足度を聞いた，以下のようなデータがあったとしましょう。このデータでは，住人の満足度評価に合わせ，色々な環境要因がまとめられています。

Table 9-1　30 名の住人の満足度と環境要因の一覧（仮想データ）

番号	満足度 (100点満点)	マンション(＝1) 一戸建て(＝2)	駅までの距離 (m)	スーパーまでの距離(m)	近隣の空き巣被害数	居住月数
1	87	1	320	750	0	32
2	42	1	1420	2940	8	156
3	95	1	90	1560	2	64
4	74	1	430	1610	1	56
5	37	1	1660	610	9	95
6	61	1	670	1280	3	67
7	51	1	940	2060	5	162
8	31	1	2080	210	11	24
9	47	1	1320	680	5	67
10	81	1	400	590	2	74
11	63	1	540	2810	2	522
12	69	1	590	770	4	32
13	54	1	830	2480	8	41
14	76	1	560	390	4	123
15	71	1	560	1420	2	57
16	23	2	2650	230	18	67
17	93	2	230	1980	1	272
18	14	2	3810	340	21	34
19	66	2	620	2180	6	11
20	25	2	2450	180	16	141
21	32	2	1750	2820	8	252
22	85	2	350	70	0	43
23	92	2	280	2320	0	325
24	11	2	4460	380	17	321
25	75	2	680	1120	4	44
26	32	2	1930	520	14	247
27	92	2	180	1700	1	64
28	52	2	930	2100	8	232
29	72	2	530	450	6	127
30	65	2	550	750	6	98

　さて，ここで「住まいへの満足度に影響する要因って何だろう？」などと思ったとしましょう。住んでいる家が一戸建てかマンションかといった住居形態が，満足度に影響しているのでしょうか？　それとも，駅や近隣のスーパーへの距離が近いほど満足度が高いと言えるのでしょうか？　さらに，空き巣被害が多いと物騒な街なので満足度が低くなったり，長く住んでいることで，愛着が高まり満足度が高くなったりするかもしれません。こ

109

の場合，住まいへの満足度(従属変数)を，住居形態や駅までの距離，スーパーまでの距離や空き巣被害件数と居住月数(すべて独立変数です)で説明することになります。

　回帰分析は，**独立変数が従属変数を説明するのに有効かどうか，どの程度の説明力をもつかを探るのに有効な分析**です。業界用語で"$y = ax + b$"などというように，"x"が一つの場合を①＿＿＿＿＿＿＿＿と言います。また"$y = ax_1 + bx_2 + cx_3 + d$"…などというように，複数の影響要因を扱うものを②＿＿＿＿＿＿＿＿と言います。例えば以下のような式を考えてみてください。

$y = 20x + 4$
　…という式があったとき，xが1増えるとyの値は20増えます。わかりますね？

$y = 4x_1 + 78x_2 + 2x_3 - 33x_4 + 11x_5 + 120$
　という式では，x_1が1増えればyの値は4増えますし，x_2が1増えるとyの値は③＿＿＿＿＿＿ます。そうすると，yに影響を及ぼすのはx_1よりもx_2の方が大きいことになるし，x_4は1増えるとyが④＿＿＿＿＿＿＿＿＿＿を及ぼしています。このように，重回帰分析はどの変数がどれくらいの影響力をもつかを見るものです。さらに，そもそもx_1〜x_∞を，変数として用いるのに有効かどうかについても検定してくれます。出力を見るのが大変ですが，こんな風に影響力の強さを数式で表せる点が，重回帰分析の面白いところです。

　ここまでの説明で，まずは回帰分析の基本的な考え方がわかっていただければOKとします。わからない場合は上に文言を記入した後，何度も読み返して必ず理解してから，次に進んでください。次ページ以降で説明ますが，この分析は出力の読み取りもややこしく，多重共線性の問題もあります。しっかりついてきていただきたいと思います。

※まず，入力したデータの変数ビューは下のとおりです。

　具体的な分析手順の説明ですが，これまでと同様，データを入力した後，メニューの中から分析方法を選んでいくだけです。なにも難しいことはありません。まず，次ページのように 分析(A) → 回帰(R) → 線型(L)... を選択します。

そうすると，下のようなメニューが出てきます。p. 55 で詳しく説明した，従属変数と独立変数をそれぞれ指定します。ここで，"独立変数って何ですか？" という状態だとお手上げです。従属変数・独立変数の理解が，重要だと言ったのはこのためです。しつこいと言われそうですが，もう一度それぞれの変数について下にまとめておきます。

・従属変数：満足度
・独立変数：住居形態，駅までの距離，スーパーまでの距離，空き巣被害数，居住月数

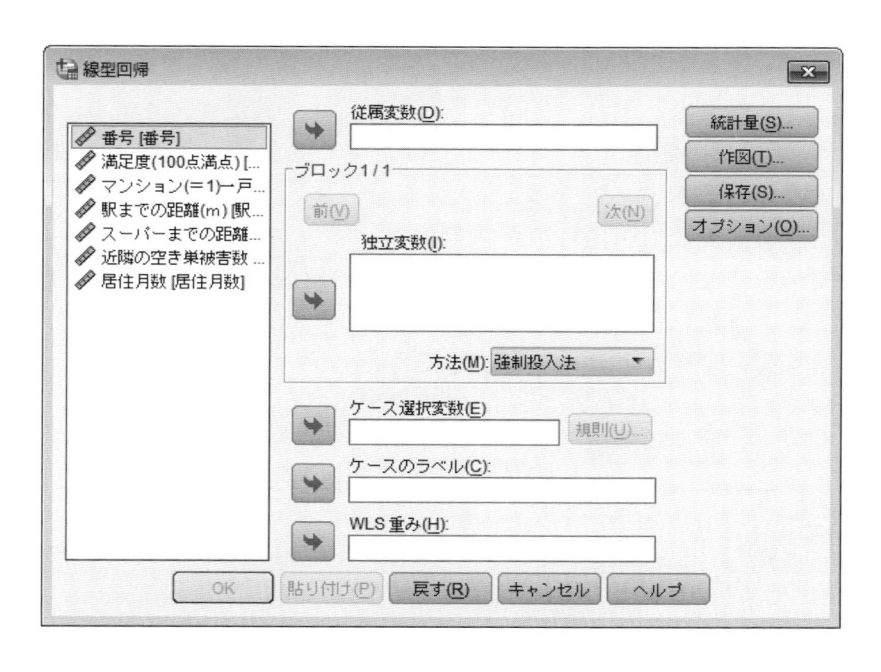

第3部　具体的なデータ解析について

※それぞれを入力すると次ページのようになります。

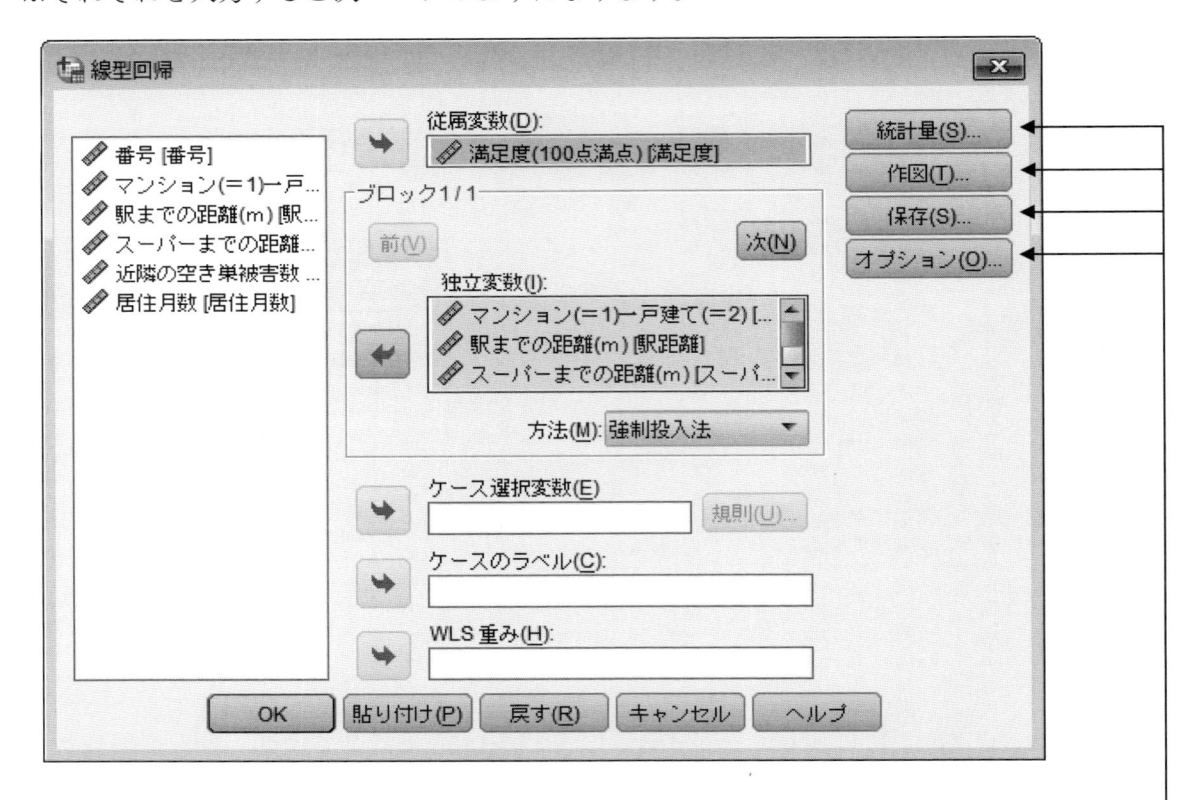

　この辺から難しくなってきます。

重回帰分析・因子分析は，高度な設定と出力の読み取り
が必要となります。

細かい設定を次のページに解説しますし，出力の意味も追って説明していきます。この分析は分析前の設定も一番細かく，出力の読み取りも難しい分析だと思います。頑張ってください。

　まず，前ページの解説のとおり，従属変数(D)：には"満足度"を入れ，独立変数(I)：には'住居形態"駅までの距離"スーパーまでの距離"空き巣被害数"居住月数'を放り込んでやりましょう。これで「①_____に対し，住居形態や駅までの距離やスーパーまでの距離や空き巣被害数や居住月数が②_____のか，③_____なのか？」を調べることになります。p.110の数式の解説を見て，分析の概念をしっかり理解してください。方法(M)：は，強制投入法かステップワイズ法あたりがメジャーですが，どれでも構いません。いくつか試してください（今回は強制投入法を使うことにします）。入れたらこれら4つのチェックボックスについて設定をしていきます。それぞれについて，次ページから解説していきます。

---

p. 107 空欄の答え
　①同じ同士は必ず相関が1，②馬力や排気量は，③因果関係，④犯罪も増加する，⑤排気量が大きく
p. 108 空欄の答え
　①二つの変数の関係，② Pearson，③因果関係

9 単回帰・重回帰分析について

※ 統計量(S)... ボタンを押すと，下のようなメニューが出てくるはずです。追加して，以下の三つにはチェックを入れておいてください。

- 記述統計量(D)は今まで解説してきたとおり，チェックを入れてください。
- 部分/偏相関(P)もチェックを入れましょう。とりあえずは深く考えなくてもいいです。
- 共線性の診断(L)を忘れずに入れてください。 ←重要！！

この分析をやるときに，特に気をつけておかないといけないことが一つあります。それは，

① _____ …ということです。

これは二つ以上の独立変数間で② _____，どの独立変数で従属変数を説明するのが③ _____ という状態を指します。例えば，p. 104～の相関の説明を思い出してください。車の価格とエンジンの排気量，馬力との間に高い正の相関がありました。このデータで車の価格を説明するとき，排気量が大きくなれば馬力が大きくなるので，どっちか一方の変数を使えばいいはずです。両方を使って説明するのは，本当は一つで良いことを二つで説明することになり，④ _____ が低くなります。これを多重共線性と言い，"共線性の診断(L)" をチェックすると，その判定をしてくれます。もしも多重共線性のチェックに引っかかった項目があれば，引っかかった項目を⑤ _____ しまうか(p. 43～を参照)，⑥ _____ などして再分析しましょう。

※ 作図(T)... ボタンは省略します（クリックしてもあまり意味がありません。右のようなのが出てきます）。

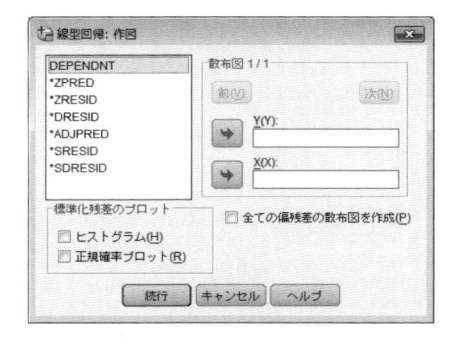

---

p. 109 空欄の答え
　①因果関係の方向，②どの要因がどの程度の強さで，③どの独立変数，④従属変数を独立変数で
p. 110 空欄の答え
　①単回帰分析，②重回帰分析，③ 78 増え，④ 33 減るマイナスの影響

113

第3部　具体的なデータ解析について

※ 保存(S)... ボタンを押すと下のようなメニューが出てくるはずです。

- Cook(K)にはチェックを入れましょう。チェックしておくと①_____を検出します。これが大きな値を示すデータは，外れ値と判断します（てこ比や共分散比を総合して判断するので万能ではありません。読み取り方等は後述します）。
- てこ比の値(G)にもチェックを入れてください。これも②_____してくれます。上で説明したとおり，Cookの値と両方から判断した方が間違いないのですが，この値が③_____のものは，外れ値である可能性が高いです（絶対ではありません）。Cook(K)と共分散比も含めて，問題があると判断したデータは，取り除いた方が良いでしょう（これも，出力を見ながら説明していきます）。
- 共分散比(V)にもチェックを入れてください。これが④_____とき，そのデータの影響力が小さいとされています。逆に言えば，⑤_____数値であれば影響が大きい（＝外れ値である）ことになります。

※上の三つのチェックは，データの外れ値を取り除くためのものです。重回帰分析は外れ値の影響をわりと受けたり，項目間の相関が高いとダメだったり（＝⑥_____）と，色々と制約がある分析です。この見方はp. 115〜で説明しますが，外れ値がある場合，それを取り除いて再分析を行う必要があります。基準に従わずに，勝手に取り抜いてはいけません（＝データのねつ造になります）。

---

p. 112 空欄の答え
　①満足度，②影響する，③どれくらいの影響力

※ オプション(O)... ボタンを押すと下のようなメニューが出てくるはずです。

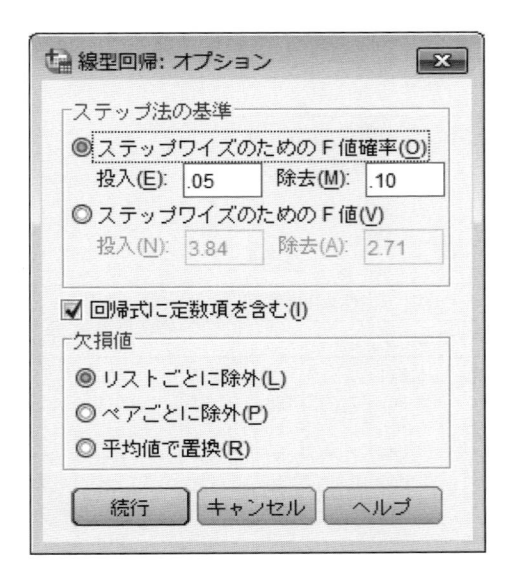

上のとおりで問題はないのですが，"欠損値"は'◎リストごとに除外(L)'にしておいた方が良いでしょう。後は OK ボタンを押せば，分析をやってくれます。

○出力の解説に入ります。以下のような出力が出てくるはずです(たくさんありますが必要なもののみ抜粋します)。また，データ列の横に三つ変数が作られるはずです。

記述統計

	平均値(ラン検定)	標準偏差	N
満足度(100点満点)	58.9333	24.87199	30
マンション(＝1)一戸建て(＝2)	1.5000	.50855	30
駅までの距離 (m)	1127.0000	1071.28717	30
スーパーまでの距離 (m)	1243.3333	904.38904	30
近隣の空き巣被害数	6.4000	5.78106	30
居住月数	128.3333	117.82844	30

…①

モデル集計[b]

モデル	R	R2乗	調整済み R2乗	推定値の標準誤差
1	.954[a]	.911	.892	8.17260

a. 予測値：(定数)，居住月数，近隣の空き巣被害数，マンション(＝1)一戸建て(＝2)，スーパーまでの距離(m)，駅までの距離(m)。
b. 従属変数：満足度（100点満点）

…②

第3部　具体的なデータ解析について

分散分析[b]

モデル		平方和	自由度	平均平方	F値	有意確率
1	回帰	16336.875	5	5367.375	48.919	.000[a]
	残差	1602.992	24	66.791		
	全体	17934.867	29			

a. 予測値：（定数），居住月数，近隣の空き巣被害数，マンション（＝1）一戸建て（＝2），スーパーまでの距離(m)，駅までの距離(m)。
b. 従属変数：満足度（100点満点）

…③

係数[a]

モデル		非標準化係数		標準化係数	t	有意確率	相関係数			共線性の統計量	
		B	標準誤差	ベータ			ゼロ次	偏	部分	許容度	VIF
1	（定数）	78.768	5.644		13.956	.000					
	マンション（＝1）一戸建て（＝2）	9.189	3.341	.188	2.751	.011	-.150	.490	.168	.798	1.253
	駅までの距離(m)	-.009	.004	-.406	-2.381	.026	-.9111	-.437	-.145	.128	7.791
	スーパーまでの距離(m)	-.003	.002	-.120	-1.574	.129	.227	-.306	-.096	.639	1.564
	近隣の空き巣被害数	-2.791	.729	-.649	-3.830	.001	-.913	-.616	-.234	.130	7.709
	居住月数	-.008	.016	-.038	-.505	.618	-.112	-.102	-.031	.650	1.539

…④

共線性の診断[a]

モデル	次元	固有値	条件指標	分散の比率					
				（定数）	マンション（＝1）二戸建て（＝2）	駅までの距離(m)	スーパーまでの距離(m)	近隣の空き巣被害数	居住月数
1	1	4.627	1.000	.00	.00	.00	.01	.00	.01
	2	.851	2.332	.00	.00	.02	.08	.02	.04
	3	.296	3.957	.04	.03	.01	.02	.00	.64
	4	.152	5.513	.03	.15	.02	.67	.02	.12
	5	.047	9.902	.69	.49	.12	.11	.15	.00
	6	.027	13.004	.24	.32	.83	.11	.81	.16

…⑤

また，下の一番右に"COO_1（Cookの距離）""LEV_1（てこ比）""COV_1（共分散比）"の三つが出力されているのがわかると思います。これは，データフィールドに出力されます（どの行の値が外れ値か判定するものですから当然ですが）。

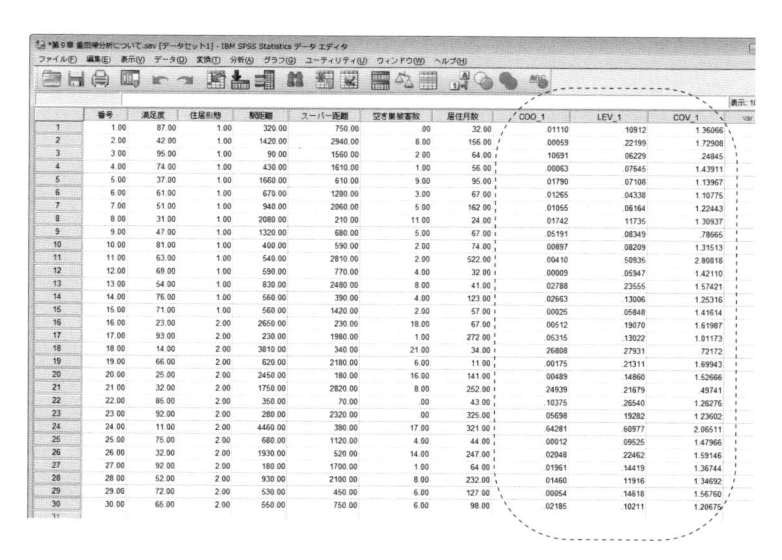

…⑥

9 単回帰・重回帰分析について

　出力の読み取りが大変難しいので，頑張って理解するようにしてください。これだけは①〜⑥に分けて，下にそれぞれ説明していきます。読み取る必要があるところを◯で示しておきます。

　①について
　言うまでもないと思いますが，データの平均値と標準偏差です。この二つはどんな分析でもチェックしておいてください。見てすぐにわかるのは，スーパーまでの距離と比べて駅までの距離の方が標準偏差が大きくなっています。つまり，スーパーまでの距離よりも駅までの距離の方が①_____ということです。いかなる分析でも平均と標準偏差を見るくせをつけておいてください。
　②について
　モデル集計とタイトルが付いている出力ですが，これは意味がないようで，結構重要な出力です。R^2 は"重回帰式の②_____"を表す指標で，③_____と言います。重回帰分析をやったら，一応論文中に書かなければいけない指標なので覚えておきましょう。
　③について
　②の"重回帰式の当てはまりの良さ"と深く関連した出力です。どうして分散分析なのかわからないと思います。簡単に言えば"その重回帰式全体が④_____"を検定しているものです。これ以上のことを「なぜだ！」と深く考えないようにしましょう。卒論レベルではそれ以上考えても建設的ではありません。②と③は，一まとまりとして読み取る必要があり，③が有意である場合，"②の決定係数が有意であった"という記述をします（後の書き方を参照してください）。ここが有意でない場合，初めの重回帰式自体が不適切ということになるので，その時点で分析はおしまいとなります。ここが有意になるように，色々な変数を取っているのならば，従属変数を指定し直したり，独立変数をまとめたり削ったりして再度分析を行います。今回は $p < .001$ で有意なので，予測式自体が否定されることはありません。
　④について
　重回帰分析の出力の中で，**一番重要な出力**です。最も重要なのは"B@非標準化係数"および"ベータ@標準化係数（標準偏回帰係数）"です。大事なのは有意確率で，**式全体が予測に役立つかどうかは③で判定済み**ですが，ここでは，⑤_____が意味のある影響を与えているのかを判定します。この結果を見る限り，有意に影響を与える変数は住居形態と駅までの距離と空き巣被害数ということになります。一応次のページのような数式が成立します。

---

p. 113 空欄の答え
　①多重共線性，②相関が高く，③適切か判らない，④データ1つあたりの説明力，⑤加算してまとめて，
　⑥どちらかを削る
p. 114 空欄の答え
　①外れ値，②外れ値を検出，③0.5以上，④1に近い，⑤1から離れた，⑥多重共線性

第3部　具体的なデータ解析について

> **数式**
> 満足度＝（9.19×住居形態）－（0.009×駅までの距離）－（0.003×スーパーまでの距離）
> 　　　－（2.79×空き巣被害数）－（0.008×居住月数）＋78.77
> 　　　　　　　　　　　　　　　　　　　　　　　　…という数式が成り立ちます。

　つまり，住居形態がマンション（1）から一戸建て（2）になると満足度は9ポイントほど上がり，駅までの距離が1m増えると満足度は①＿＿＿＿＿＿＿＿＿＿＿＿＿＿…ことを意味します。そこで，④の有意確率をふまえて，満足度に影響しているのは"定数"と住居形態，および駅までの距離と空き巣被害数ということになります。よく見るとわかると思いますが，ベータが大きくなるほど②＿＿＿＿＿＿＿＿＿＿＿＿なります。重要なので覚えておいていただきたいのですが，論文中に書くのは③＿＿＿＿＿＿＿＿＿＿＿＿＿＿です。上の値を書かないのは変な気がするかもしれませんが，そういうルールです。

　⑤について
　多重共線性の判定をしてくれていますが，出力の見方が非常に難しい！　実は，多重共線性のチェックは④の出力であり，この表は確認的に見るモノです。まず，多重共線性のチェック自体は④のVIFを見ることになります。この値が④＿＿＿＿＿＿＿ものが1つでもあれば多重共線性が疑われますが，今回はありません（＝多重共線性はありません）。もしも多重共線性が④のVIFでめでたく（?）疑われる場合は，次に⑤の"条件指標"を見ます。これがはじめに極端に高くなっているところを見て（この場合9.90→13.00あたりです），その横の"分散の比率"を見ます。で，その横の"分散の比率"を見て二つ以上にわたって高い値を示している項目があれば，その変数間に多重共線性が疑われます。強いて挙げれば，駅までの距離＝.83と近隣の空き巣被害数＝.81が気になりますが，もともと④の出力で⑤＿＿＿＿＿＿の変数は存在しないので，今回は該当しません。既出ですが，多重共線性が見られたら独立変数を削るなり，足し合わせてまとめるなりする必要があります。

　⑥について
　※それぞれ以下の意味があります（p.114再掲），外れ値を検出する上での指標です。
・COO_1：クックの距離で，極端に高いとデータは外れ値かもしれません。
・LEV_1：てこ比で，この値が0.5以上のときも外れ値である可能性があります。
・COV_1：共分散比で，1から遠ければ外れ値と判断します。

　三つを総合して外れ値を除外しますが，むやみに除外するのは感心しません。明確なケースのみ除外してください。**このデータなら，24番のデータを外れ値とみなすか考えることになりますが，除外しなくても問題にはなりません。**次ページに文例です。

『 文 例 』

Table 1　満足度を従属変数とした重回帰分析の結果

従属変数：満足度(100点満点) 独立変数	標準偏回帰係数 β
住居形態（マンション＝1；一戸建て＝2）	.19*
駅までの距離(m)	−.41*
スーパーまでの距離(m)	−.12
近隣の空き巣被害数	−.65**
居住月数	−.03
R^2	.91***

$N = 30$,　　　　　　　　　　　*$p < .05$, **$p < .01$

　影響する変数が何かを探るため，満足度を従属変数とする重回帰分析を行った（Table1参照）。R^2は.91で0.1％水準で有意であり，住居形態が一戸建ての方がマンションよりも満足度が高かった（$\beta = .19, p < .05$）。また，駅までの距離（$\beta = -.41, p < .05$）および近隣の空き巣被害数（$\beta = -.65, p < .01$）はともに負の影響を及ぼしていた。スーパーなどの買い物に行くための距離でなく，駅までの距離が近いほど，満足度も上ることが明らかとなった。また，空き巣件数が少ないほど満足度が高く，治安環境も，住民満足度を強く規定する要因となっていた。

レポートなどにまとめるときは上の記述を参考にしてください。

※このセクションのまとめ

【統計の知識に関する部】
1. 変数の①_____および②_____を調べる場合，（重）回帰分析を使う。
2. （重）回帰分析は，従属変数と独立変数の関係をしっかり把握して分析しなければならない。
3. ③_____の問題は注意が必要である。これは④_____の相関が高いことで，データの説明に対する信頼性が損なわれるという問題である。

【SPSSの知識に関する部】
4. データを入力したら 分析(A) → 回帰(R) → 線形(L)... を選択することで，重回帰分析を行うことができる。従属変数と独立変数をそれぞれ指定する。方法(M)：は強制投入法かステップワイズ法がメジャーだが，別に何でもよい。
5. 多重共線性のチェックのため， 統計(S) ボタンで出てくるメニューの"共線性の診断(L)"はチェックを入れておく。もちろん記述統計もチェック！
6. 保存(A) ボタンのCook，てこ比，共分散比は外れ値のチェックをしてくれる。

以上は覚えておいてください。

---

p. 117 空欄の答え
　①平均は小さいがバラツキは大きい，②当てはまりの良さ，③決定係数，④妥当な式かどうか，⑤それぞれの独立変数

p. 118 空欄の答え
　①0.009ポイント下がる，②有意水準も高く，③標準化係数（ベータ）だけ，④10を超える，⑤VIF > 10

10 因子分析とα係数について

10-1 因子分析について

　分析手法の解説はこれが最後です。次章から具体的なデータ解析の流れを説明していきます。これで，心理学で用いる統計の 70% 位はカバーしていると思います。もちろん他にもありますが，卒論ならここまでで十分だと思います(その代わり，ここまではしっかり理解しておいてください)。因子分析は，心理学では非常にメジャーな分析手法です。簡単に言えば"項目の背後にある① _____ を探る"分析です。個人的には，"項目の② _____ を見つける分析"だと思っています。

　例えば質問紙を作るとき，通常一つのことを聞くのに，1 項目だけというのは良しとされません。例えば"大学生活への満足感"を皆さんが調べたいと思ったとしましょう。"満足していますか？"…とだけ聞いても，何に満足しているかわかりません。大学の授業が満足なのか，希望の大学に入れたから満足なのか，良好な友人関係に満足なのか…etc。この場合も③ _____ こそ，"大学生活における満足度"を，きちんと測定できるのです。そういう時に項目をまとめるのが因子分析です。因子分析も出力のまとめ方が非常に面倒な分析の一つです。固有値だの共通性だの寄与率だのバリマックス回転だの，初心者にはわけのわからない用語がたくさん出ます。しかし，意味を全部覚える必要はありません。本当に覚える必要があるのは限られますし，出力の「ここをこう書けばいい」…というのさえ覚えれば，おそらく困りません。卒論の時に"どう書けばいいんだっけ？"となったら，この本を読み返せばいいと思います。

　昔は，手計算で因子分析をやろうと思ったら，朝から晩まで計算して 1ヶ月かかっていました。それが現代のコンピュータなら 5 秒くらいで計算してくれます。まずは因子分析の説明式がわからなくても問題ありません。やっていくうちに「どうしてだろう」と思ったら，あらためて因子分析の理論背景を追って，勉強していってください。

　この分析は，他の分析と決定的に異なり，**非常に柔軟かつ恣意的な分析ができます**。色々な設定がありますが，例えば因子数も因子名も④ _____ 決めればいいし，オプションを試して⑤ _____ を使えば構いません。さらに，30 項目の因子分析をやって，2 項目がまとまらない場合，これを削除して 28 項目でもう一度因子分析をするのも OK です(これに対して例えば t 検定で，都合が悪いデータを取り除いたらねつ造です)。因子分析は，色々な意味で自由度が高い分析ですが，分析者のセンスが問われる方法でもあります(慣れると楽しいですけどね)。最後に話すのもなんですが，この分析が色々なデータ解析の基本になります。尺度の構造を確認する第一歩なわけですから。

第3部　具体的なデータ解析について

※実践編に入ります。以下のようなデータがあったと思ってください（仮想データ）。

Table 10-1　交通違反の悪質性評価に関する調査データ

番号	10km/h 速度超過	50km/h 速度超過	免停中運転	取り消し後運転	酒気帯び運転	7杯飲酒運転	一時不停止	45km/h 速度超過	免許の有無
1	1	6	6	5	3	4	1	2	1
2	2	7	7	7	7	4	4	6	0
3	3	7	5	5	5	7	3	7	1
4	2	6	6	7	6	5	4	4	1
5	2	6	4	5	4	6	3	4	1
6	4	7	7	7	5	7	1	7	1
7	2	5	6	5	5	6	4	3	0
8	2	5	5	4	4	6	2	4	1
9	3	6	4	7	5	7	6	6	0
10	2	7	7	6	6	7	5	6	1
11	4	6	4	4	5	7	3	3	0
12	1	7	7	6	2	5	2	7	1
13	2	7	7	6	4	7	4	5	0
14	3	7	3	5	6	7	2	5	1
15	2	5	7	6	5	6	1	6	1
16	1	7	6	5	6	7	1	6	1
17	2	7	4	6	3	4	3	6	1
18	2	7	7	6	4	5	5	6	0
19	2	5	7	6	5	6	2	2	1
20	3	7	3	4	4	4	6	6	1
21	1	5	7	6	4	6	2	3	1
22	1	6	5	5	3	3	1	6	0
23	2	7	7	6	5	7	5	7	1
24	2	6	6	7	7	7	6	6	1
25	2	4	6	5	6	7	3	2	1
26	4	7	7	6	5	7	1	7	1
27	4	7	4	5	4	6	3	5	1
28	3	7	6	6	3	3	2	5	1
29	1	5	7	7	4	7	3	4	1
30	4	7	4	6	4	7	5	7	1
31	3	7	7	6	6	6	1	7	1
32	2	6	6	6	5	7	2	4	0
33	1	7	5		2	3	4	5	1
34	2	3	2	5	6	7	2	3	1
35	4	7	4	6	4	6	4	3	0
36	2	4	7	4	2	4	4	4	1
37	3	7	6	6	4	5	1	7	1
38	4	7	7	6	5	3	2	7	0
39	2	7	4	5	3	6	4	7	0
40	1	6	5	6	7	7	2	3	1

※1（まったく悪質でない）〜7（極めて悪質である）の7件法で評定した。

---

p. 120 空欄の答え
　①一方向の因果関係，②その影響力，③多重共線性，④独立変数間
p. 121 空欄の答え
　①共通因子，②共通部分，③多面的に見て，④自分の好きなように，⑤一番都合が良い出力

10 因子分析とα係数について

　前のページのデータは，交通違反の悪質性に関する調査への 40 名の回答です。この調査では，免許の有無を独立変数とし，各交通違反の悪質性評価に違いがあるかを見ようと考えました。回答は 1（まったく悪質でない）〜7（極めて悪質である）の①＿＿＿＿＿＿，免許の有無だけは（0 ＝なし；1 ＝あり）で聞いています。そこで，前のページのように 40 人のデータを入力しましたが，全部を一つ一つ見る必要があるかという問題があります。45km/h オーバーと 50km/h オーバーで，どれほどの違いがあるのか。さらに，酒気帯び運転と 7 杯飲酒運転なんて，どっちも言語道断の重罪でしょうし，免停中だろうと取り消し後だろうと，"無免許運転"という風に②＿＿＿＿＿＿＿＿＿＿＿＿＿＿良さそうです。こんな時に項目をまとめるために行うのが因子分析です。具体的な説明に入ります。

・p. 41〜42 のとおり，下のように"名前"はシンプルにＮＯ１〜ＮＯ９としました。それより変数ビューの"ラベル"に③＿＿＿＿＿＿＿＿＿＿＿＿＿＿ことが大切です（下を参照）。

こういう関係です。

※どうしてこうするのかは後でわかります。

第3部　具体的なデータ解析について

　具体的な分析の手順です。基本は同じで，データを入力したら，メニューを選んでいくだけです。今回は 分析(A) → 次元分解 → 因子分析(F) を選択してください。

※すると，下のようなボックスが出るはずです。"変数(V):"に，分析する変数を移します。"番号"や"免許の有無"を因子分析するのは変なので，移しません(当たり前ですね)。

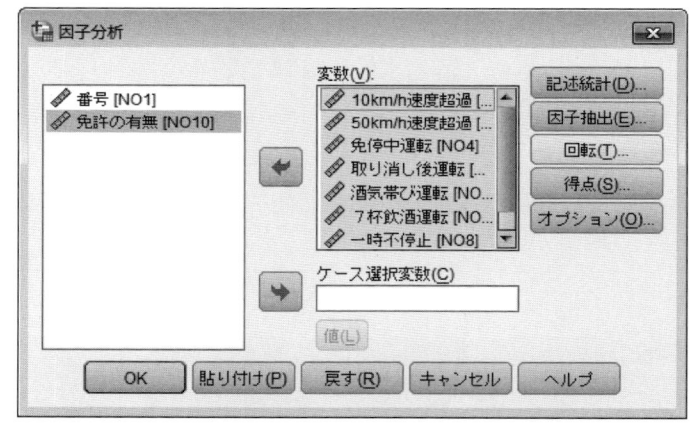

※ちなみにラベルが入っていないと下のようになります。どちらが見やすいか一目瞭然ですね？　出力も同じで，ラベルに入れると見やすくなります(後述)。

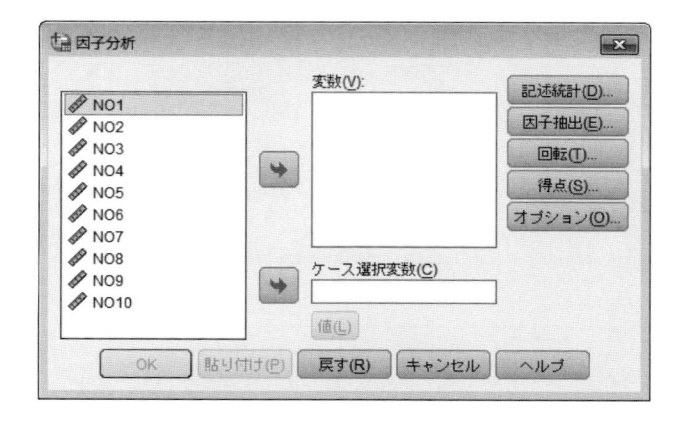

10 因子分析と α 係数について

※それぞれのボタンを押して出るメニューは以下のとおりです。チェックしていきます。
1. 記述統計(D)... ボタンを押して，"一変量の記述統計量"と"初期の解"はチェックを入れておきましょう。

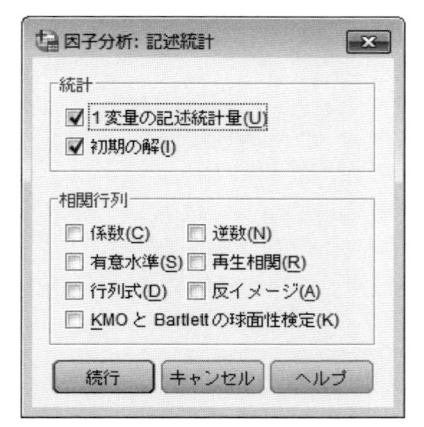

2. 回転(T)... ボタンを押して出てくるメニューについて，

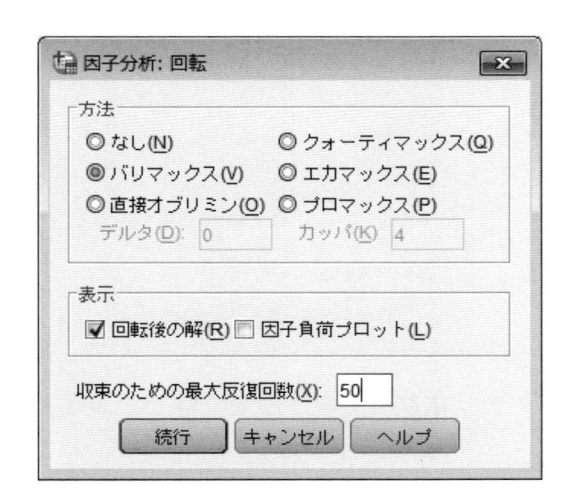

- **方法は**，① _____ にしてください。…ほとんどの因子分析は，この回転を使っています。バリマックスは② _____ を想定していないので，因子間の相関を見るのならプロマックス(斜交回転)を使った方が賢明です。ただし，この議論は初心者向けでないので，"③ _____ "と覚えておき，さらに勉強を進めていってください。
- " ☐ 回転後の解(R)"にはチェックを入れておきましょう。
- 収束のための最大反復回数(X)：まずはこのままで，それでも"収束しませんでした"と出たら，数値を50，100などと大きくして再チャレンジしてください。これが何を意味しているのかも，レベル外なので省略します。気になるなら，あとがきの[3]あたりを読んで，さらに勉強を進めてください。

---

p. 123 空欄の答え
　①7件法，②まとめてしまっても，③違反名を具体的に入れる

第3部　具体的なデータ解析について

3. オプション(O)... ボタンを押して，"リストごとに除外""サイズによる並び替え"はチェックを入れておいてください。

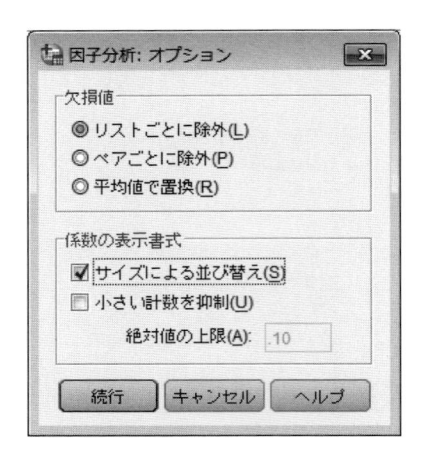

4. 得点(S)... ボタンを押して出てくるメニューは，さわる必要ありません。

5. 因子抽出(E)... ボタンは非常に重要なので，詳しく説明しておきたいと思います。まず①＿＿＿＿＿＿＿＿＿＿＿＿＿と②＿＿＿＿＿＿＿＿＿＿＿＿＿は必ずチェックを入れてください。収束のための最大反復回数(X)もまずはこのままで，"収束しませんでした"と出たら大きくしてください。**それよりも次のページが大切です！！　よく読んでください。**

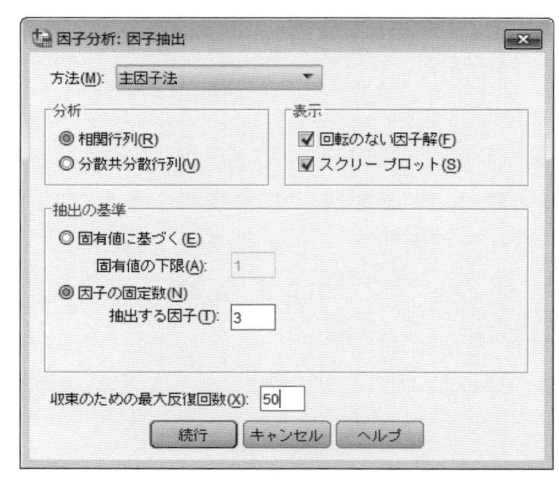

- 方法（M）は，特に理由がなければ"主因子法"を選択してください（おそらく一番使われている方法だと思います）。何を選んでも構いません，労力をいとわず片っ端から試して，一番都合が良い方法を選んでください。今回も主因子法を用いました。これも初めからそうしたわけではなく，最小自乗法・最尤法などを一通りやった結果，一番良いと判断したからです。ただ，統計的に主成分分析だけはあまり良い選択ではないことを付記しておきます。なぜ良い選択でないかは，今後さらに勉強を進めていってください。

- 因子の抽出基準（何因子にするか）はなんでもありです。自分の好きな因子数を恣意的に決めてしまって良いのです！　一応，

①「初期の固有値が1を切る，または急激に下降する直前までの数値を因子数とする」

②「初期の固有値中の"分散の％"について，5％を切るような因子数まで設定するのはあまり感心しない」

…という業界ルールがあります。どっちかというと，①のルールは事実上有名無実化しています。**ここでは"②"が大事なルールなので覚えておいてください。この分析は，一回やっておしまいではありません。**① 　　　　　　　　　やってみて，下の"説明された分散の合計"という出力を確認しながら，② 　　　　　　　　　のが王道パターンです。因子数を自分で設定するなら，例えば3因子にしたければ因子の固定数（N）を選んで，抽出する因子（T）に"3"を入れてやります。何因子にするかは，③ 　　　　　　　　　　　　　　　　　因子数を決めます。既存の尺度なら，オリジナルと同じ因子数を指定してやり，うまくいかないようなら，自分なりに因子数を決めるのもありえます。

説明された分散の合計

因子	説明された分散の合計			抽出後の負荷量平方和		
	合計	分散の％	累積％	合計	分散の％	累積％
1	5.648	43.450	43.450	4.496	34.584	34.584
2	1.791	13.780	57.230	1.128	8.679	43.263
3	.992	7.629	64.860	1.495	11.498	54.761
4	.929	7.145	72.005	.841	6.467	61.228
5	.774	5.953	82.016	.532	4.096	65.324
6	.528	4.058	85.649	.417	3.204	68.528
7	.471	3.633	89.093			
8	.448	3.444	91.759			
9	.347	2.666	94.314			
10	.332	2.555	96.641			
11	.303	2.327	98.632			
12	.259	1.991	100.000			
13	.178	1.368				

因子抽出法：　一般化された最少行列

＊このルールに従えば，2因子が妥当ということになります。

＊このルールにより，5因子以上とするのは感心しません。

★上の"説明された分散の合計"は，別の分析できれいに出ているものを例にしていますが，この分析は，きれいに出なくて困惑することがままあります。そんな時は，項目を削ったりしながら，何回もこの分析をやることになります。ここまで設定したら，あとは OK ボタンを押しましょう。

127

第3部　具体的なデータ解析について

※ OK ボタンを押すと，以下のように出力されるはずです。色々出力されますが，使うものだけ掲載します。

① 記述統計量

	平均値	標準偏差	分析 N
10km/h 速度超過	2.3590	.98641	39
50km/h 速度超過	6.2051	1.05580	39
免停中運転	5.6410	1.45976	39
取り消し後運転	5.6410	.87320	39
酒気帯び運転	4.6410	1.28733	39
7杯飲酒運転	5.8462	1.32860	39
一時不停止	2.9487	1.55511	39
45km/h 速度超過	5.0769	1.67622	39

② 共通性

	初期	因子抽出後
10km/h 速度超過	.250	.314
50km/h 速度超過	.513	.785
免停中運転	.329	.780
取り消し後運転	.378	.467
酒気帯び運転	.323	.613
7杯飲酒運転	.272	.408
一時不停止	.087	.062
45km/h 速度超過	.482	.594

因子抽出法：主因子法

③ 説明された分散の合計

因子	初期の固有値			抽出後の負荷量平方和			回転後の負荷量平方和		
	合計	分散の%	累積%	合計	分散の%	累積%	合計	分散の%	累積%
1	2.066	25.825	25.825	1.690	21.131	21.131	1.613	20.168	20.168
2	1.717	21.462	47.287	1.274	15.921	37.052	1.252	15.644	35.812
3	1.508	18.849	66.136	1.059	13.238	50.290	1.158	14.478	50.290
4	.944	11.806	77.942						
5	.568	7.097	85.039						
6	.490	6.131	91.169						
7	.402	5.030	96.199						
8	.304	3.801	100.000						

因子抽出法：主因子法

④ 回転後の因子行列[a]

	因子		
	1	2	3
50km/h 速度超過	.872	.125	-.093
45km/h 速度超過	.736	.211	-.088
10km/h 速度超過	.484	-.246	.141
免停中運転	-.075	.872	-.118
取り消し後運転	.202	.580	.301
酒気帯び運転	-.025	.169	.764
7杯飲酒運転	-.057	-.035	.635
一時不停止	.164	-.066	.175

これを①＿＿＿＿＿＿と言います。覚えておいてください。

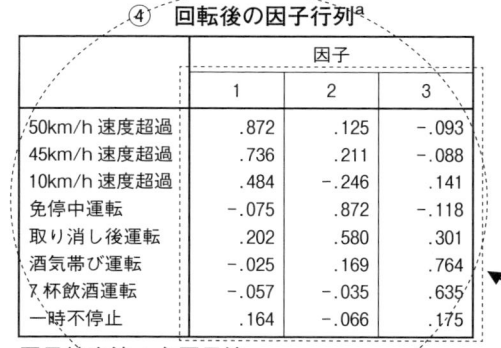

（　　　）＝レポート文中で使います。

因子抽出法：主因子法
回転法：Kaiser の正規法を伴うバリマックス法
a. 6回の回転で回転が収束しました。

　一番大事な出力は'④'の「回転後の成分行列」になります。似たような出力がいくつか出ますが，バリマックス回転の時は②＿＿＿＿＿＿を，もしもプロマックス回転を選択していたら③＿＿＿＿＿＿という出力を見てください。これ以外にも似たようなのが色々出ますが振り回されないようにしてください。それぞれ解説します。

―――――――――――――――――――――――――――

p.125 空欄の答え
　①基本はバリマックス(V), ②因子間の相関, ③とりあえずバリマックス
p.126 空欄の答え
　①回転のない因子解, ②スクリープロット

①記述統計量

各項目の①_____が算出されます。どうして40人取ったのに，N = 39になっているのかわかりますか？　これは自由度ではありません。Table10-1で，33人目が1つ回答していないからです。こんな風に1つでも回答漏れがあると，その分析では**その人がいなかったことになってしまいます**。調査時には，回答漏れがないよう徹底してもらいましょう。

②共通性

因子に寄与している比率のことで②_____の方を見ます。例えば10km/hの速度超過では .314となっていますが，これは，この項目の31.4%が，因子としてまとまっても説明できるという意味です。逆に，68.6%のオリジナルな部分は切ってしまうということでもあります。なので，極端に低い項目は，因子としてまとめるのがふさわしくありません。この例では，一時不停止を因子としてまとめるのは不適切となります。

③説明された分散の合計

p. 127で解説したものと同じ出力です。この出力を見る限り，「初期の固有値が1を切る，または急激に下降する直前までの数値を因子数とする」ルールなら③_____とするのが妥当でしょう。「初期の固有値中の"分散の%"について，5%を切る因子数まで設定するのはあまり感心しない」ルールなら，④_____で設定する必要があります。今回は3因子に設定したのですが，これは8項目から⑤_____ということです。この程度だと実感がわかないかもしれませんが，50項目の調査項目を6，7因子にまとめる…という場合はとても効率的です。なお，"回転後の負荷量平方和"の合計については，⑥_____として論文やレポートのTable中に記述するのがルールです。

④回転後の因子行列

これが一番重要な出力だったりするので，詳細に説明していきたいと思います。ちなみに，ラベルが入力されていないと下のようになります（**p. 42を思い出してください**）。どちらが読みやすいか一目瞭然ですよね？

回転後の因子行列

	因子		
	1	2	3
NO3	.872	.125	−.093
NO9	.736	.211	−.088
NO2	.484	−.246	.141
NO4	−.075	.872	−.118
NO5	.202	.580	.301
NO6	−.025	.169	.764
NO7	−.057	−.035	.635
NO8	.164	−.066	.175

＊こういう分析をやっているとラベルのありがたみがわかります。卒論やレポートで因子分析表を作る場合でも，ラベルを貼っておけばそのままコピペして加工できます。コレを知っているのと知らないのでは，いざ卒論を書くときの"楽しさ"がまったく違うので，覚えておいてください。

第3部　具体的なデータ解析について

・この出力の読み方ですが，三つに下のように因子負荷量でまとめられます。

回転後の因子行列a

	因子		
	1	2	3
50km/h 速度超過	.872	.125	-.093
45km/h 速度超過	.736	.211	-.088
10km/h 速度超過	.484	-.246	.141
免停中運転	-.075	.872	-.118
取り消し後運転	.202	.580	.301
酒気帯び運転	-.025	.169	.764
7杯飲酒運転	-.057	-.035	.635
一時不停止	.164	-.066	.175

因子抽出法：主因子法
回転法：Kaiserの正規法を伴うバリマックス法
a.6回の回転で回転が収束しました。

重　要

　難しいかもしれないので，ここは何度も良く読んでください。それぞれ因子負荷量が高い項目群が因子としてまとめられます。上の場合，因子負荷量.45以上を採用で，「50km/h速度超過」と「45km/h速度超過」と「10km/h速度超過」が第1因子，「免停中運転」と「取り消し後運転」が第2因子，「7杯飲酒運転」と「酒気帯び運転」が第3因子としてまとまったという意味です。因子としてまとめる場合，以下3点に注意してください。

◆　①＿＿＿＿＿＿＿＿＿＿＿＿＿高い因子負荷量を示さない項目は残余項目とする
◆　②＿＿＿＿＿＿＿＿＿＿＿とすることはできない（まとめることにならないので）
◆　③＿＿＿＿＿＿＿＿＿因子負荷量を示した項目も残余項目とする

※そうすると問題になるのは，

因子負荷量いくつ以上を高いとみなすか

　ということです。実は④＿＿＿＿＿＿＿＿＿＿に決めてやれば良いのです。もちろんあまり極端な値はダメですが，例えば上の成分行列で
・因子負荷量.50以上を採用　→　残余項目は「一時不停止」「10km/h速度超過」
・因子負荷量.45以上を採用　→　残余項目は「一時不停止」
　※上ではこれを採用しました。
・因子負荷量.30以上を採用　→　残余項目は「一時不停止」「取り消し後運転」
　になります。「取り消し後運転」が残余項目だと⑤＿＿＿＿＿＿＿＿＿＿＿＿＿＿。
このように，因子負荷量のラインをいくつに設定するかで⑥＿＿＿＿＿＿＿＿＿＿＿＿
もかなり変わってきてしまいます。自分に都合が良い形でラインを設定してください。

10 因子分析と α 係数について

次は，因子を命名します。通常こんなきれいな出方をすることはまずありませんが，今回はわかりやすいよう，仮想データを使ったので当然きれいに出ます。それぞれ以下のように命名しました。

・第1因子は「50km/h 速度超過」と「45km/h 速度超過」と「10km/h 速度超過」なので，どう考えてもスピード関係の項目です。"スピード違反"因子と命名しました。もしも，因子負荷量 .50 以上を採用する形だと，「50km/h 速度超過」と「45km/h 速度超過」が因子としてまとまるので，私なら"①_____"因子と命名します。繰り返しますがどちらが良いかは②_____で決めて結構です。

・第2因子は「免停中運転」と「取り消し後運転」なので，ともに免許がない状態での運転に関する項目なので"無免許運転"因子と命名しました。

・第3因子は「7杯飲酒運転」と「酒気帯び運転」なので，近年厳罰化が進んでいる飲酒運転に関する項目と判断し，"飲酒運転"因子と命名しました。

8項目を一つずつそれぞれ分析すると8回 t 検定や分散分析が必要なわけですが，因子にまとまった変数同士を合成した変数を作れば，3回の分析で結果を出すことができます。同じような表現で，文意が重複している項目群をまとめて三つにすることですっきりします。また上の場合，"スピード違反"といっても，さまざまな速度超過を多面的に聞いていることにもなるわけです。次ページが文章例です。p. 128 の◯◯で囲った出力を使って，③_____です。

…次ページに文例です。

---

p. 127 空欄の答え
　①初めに一回，②因子数を変更していく，③何度も分析して一番自分に都合が良い
p. 128 空欄の答え
　①因子負荷量，②回転後の因子行列，③パターン行列

『 文 例 』

Table 1　交通違反の悪質性評価に関する因子分析結果

	I	II	III	共通性
〈スピード違反〉　α = .70				
50km/h 速度超過	.87	.13	−.09	.79
45km/h 速度超過	.74	.21	−.09	.59
10km/h 速度超過	.48	−.25	.14	.31
〈無免許運転〉　α = .62				
免停中運転	−.08	.87	−.12	.78
取り消し後運	.20	.58	.30	.47
〈飲酒運転〉　α = .70				
酒気帯び運転	−.03	.17	.76	.61
7杯飲酒運転転	−.06	−.04	.64	.41
〈残余項目〉				
一時不停止	.16	−.07	.18	.06
自乗和	1.61	1.25	1.16	4.02
寄与率(%)	25.83	21.46	18.85	66.14

（高い因子負荷量だった所をこんな風に強調するのがルールです。覚えておいてください。）

（3つの自乗和を合計したものを記述します。）

　八つの交通違反に関する悪質性評価について，因子分析（主因子法，Varimax 回転）を行った（Table1）。固有値の減衰傾向（固有値は，2.06 → 1.72 → 1.51 → 0.94 と減少した）と解釈の可能性から，3因子を抽出した。因子負荷量 .45 以上の項目を採用し，いずれの因子にも低い値を示した項目は除外された。この3因子により，全分散の 66.1％ を説明できる。第1因子は，「50km/h 速度超過」「45km/h 速度超過」「10km/h 速度超過」などに高い因子負荷量を示しており，速度違反に関する項目であるため"スピード違反"因子と命名した。第2因子は「免停中運転」「取り消し後運転」などに高い因子負荷量を示しており，免許に関する項目であるため"無免許運転"因子と命名した。第3因子は「7杯飲酒運転」「酒気帯び運転」などに高い因子負荷量を示しており，飲酒に関する項目であるため"飲酒運転"因子と命名した。

---

p. 129 空欄の答え
　①平均と標準偏差，②因子抽出後，③3因子，④7因子以下，⑤3つにまとめた，⑥自乗和

p. 130 空欄の答え
　①どの因子にも，②1項目だけを1因子，③二つ以上の因子に高い，④これも恣意的，⑤第2因子は成立しません，⑥残余項目も因子構造

10 因子分析とα係数について

10-2 信頼性係数（α係数）について

　実を言うと，前ページの文例は未完成です。わざとなのですが，解説していないものがTable 1の中にあります。何が解説していないものかわかると思いますが，α = .62ってなんだ？，と思った人はなかなか鋭い。因子分析は分析だけをやっておしまいというものではありません。もう一つ因子を構成する項目群の①＿＿＿＿＿＿＿＿＿を算出する必要があります。これはとても重要なことなのでしっかり理解していただきたいのですが，**基本的に心理尺度は**②＿＿＿＿＿＿＿＿＿**が確認されていることが必要です**。

　ここでいう信頼性とは，③＿＿＿＿＿＿＿＿＿であるかということです。例えばある知能テストをやったとして，その数値が100だったとしましょう。それを次の日にやったらいきなり200の大天才になっていた，でも次の日には50の"おばかちゃん"になっていたなんていう風に，数値がコロコロ変わったらどうでしょう？　人間は普通に生活していれば，知能が日によって極端に変わることは，まずありません。なので，この尺度を（文字どおり）"信頼"することはできないと思います，「こんなのおかしいって！！」という話になるでしょう。こうした尺度の"信頼度"を確認するのが"α係数"や"信頼性係数"と呼ばれるものです（同じものです）。この"α係数"はSPSSで簡単に算出することが可能で，おおむね④＿＿＿＿＿＿＿あれば，その尺度の信頼性はあるとみなせます。これを切った場合，構成される項目を削るなどして信頼性を上げるか，どうしようもないときは「これ，あんまりいい尺度じゃないねぇ…」という話になります。

　もう一つの妥当性は，測定したいものを⑤＿＿＿＿＿＿＿＿＿＿＿＿＿ということです。例えば理系能力を見るのに，'1192年に鎌倉幕府を作ったのは？'とか'形容動詞について説明しなさい'という問題を出題して，解けないから「こいつは理系能力が低い」と結論することは，"妥当"な結論とは思われないでしょう。妥当性はこれをきちんと測定できる尺度はありません。妥当性には主に3種類＜⑥＿＿＿＿＿妥当性・⑦＿＿＿＿＿＿必要性・⑧＿＿＿＿＿＿妥当性があります（本書では内容の解説は割愛します）。通常，何か理系能力を見るようなテストを開発したら，別途数学の問題を100問やらせて，「数学の問題を多く回答した人が，開発したテストの得点も高い」など，相関を見ます。卒論などで尺度を作って特性を見る場合，この二つは避けて通れないので覚えておいてください。

　なお，**信頼性100％，妥当性が完璧というものは存在しません**。きりがないので適当な所で辞めましょう。因子分析をやった場合，尺度の妥当性は，別の尺度との関連を見たりする必要があるので，必ずしも書く必要はありません（分析していれば書いてください）。でも信頼性係数（＝α係数）は必須です。具体的な説明に入ります。

第3部　具体的なデータ解析について

　具体的な分析の手順に入ります。もちろんこれまでと同じで，データを入力してメニューを選ぶだけです。今回は 分析(A) → 尺度(A) → 信頼性分析(R)... を選択します。

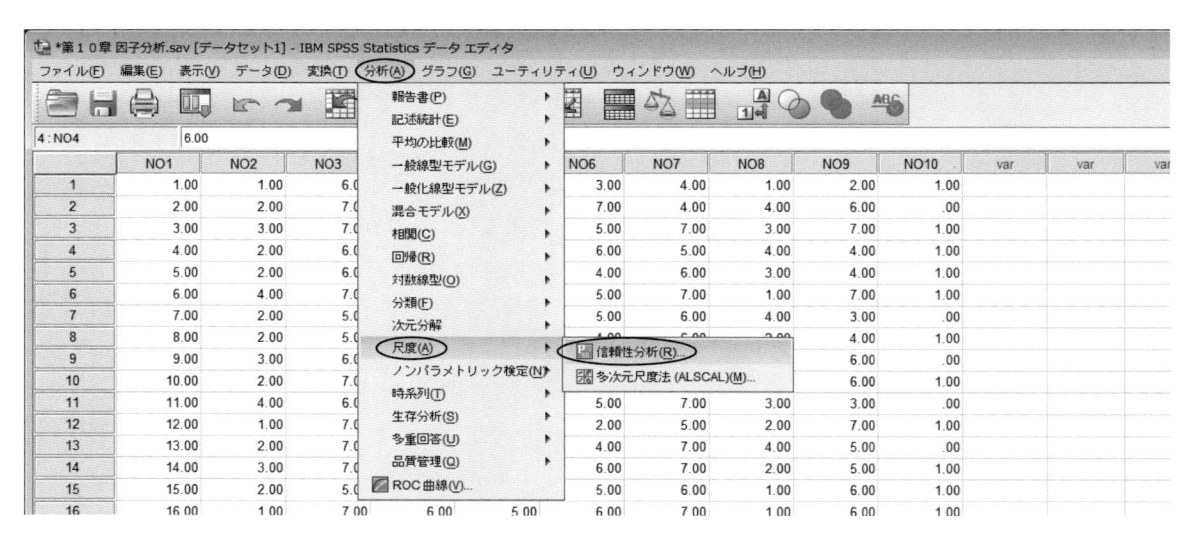

※そうすると下のメニューが出てきます。①＿＿＿＿＿＿にα係数を出すので（＝今回はこれを因子ごとに3回やるわけです），まずは第1因子の3項目を右側に移します。

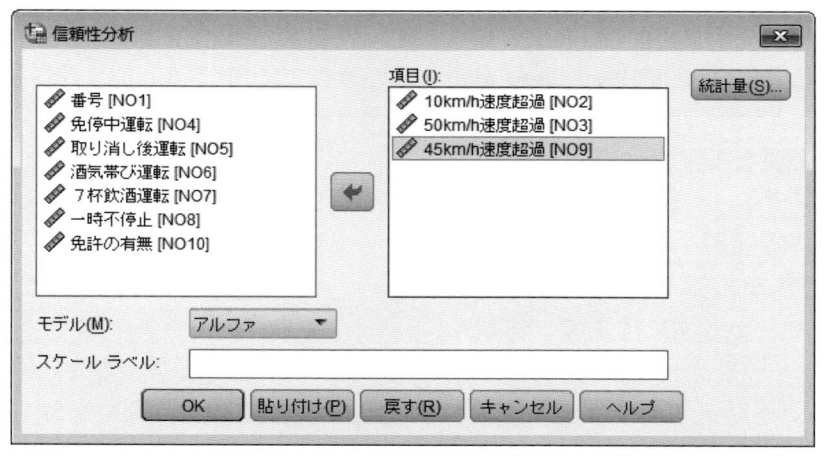

　　　　　　　　　　　　　　　　　　　…この場合、一つだけ下のことを覚えておいてください。

逆転項目は②＿＿＿＿＿＿＿＿＿＿＿＿＿＿＿＿＿投入する

※これをやらないとα係数は③＿＿＿＿＿＿＿なります。逆転項目とは，例えば上の場合，因子の中に"速度を絶対遵守"などという項目が混じっている状態で，因子としてまとまっていても④＿＿＿＿＿＿＿＿＿＿になります。p. 43〜を見て，例えば5件法なら"項目R＝6－項目"といった数式で，逆転させてから⑤＿＿＿＿＿＿してください。

p. 131 空欄の答え
　①悪質なスピード違反，②自分の都合，③小数第三位を四捨五入

10 因子分析と α 係数について

・以下は設定です。それぞれチェックします。
〇モデル(M)：は アルファ を選択してください(普通はこのままでOK)。
〇 統計量(S)... については，"記述統計"と"要約"については，全部のチェックを入れておいてください。あまり役に立つことはないのですが，記述統計はすべての場合において，見る癖をつけておいてください。下のメニューを参照してチェックしたら，あとは 続行 ボタンです。 OK ボタンで分析を開始します。

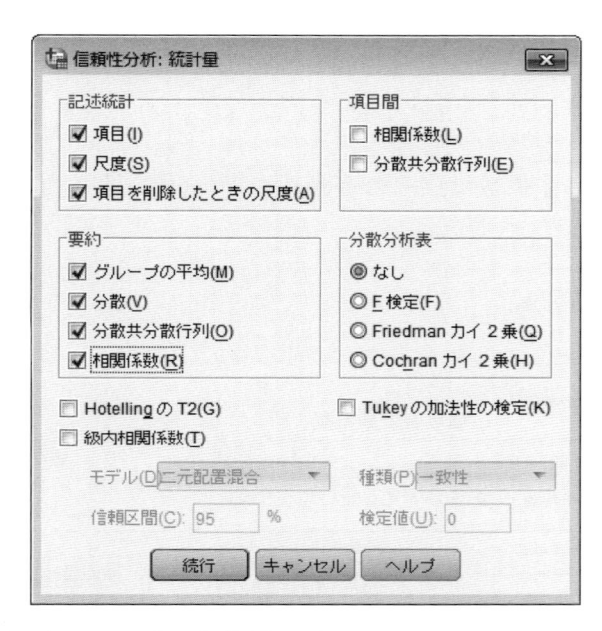

※以下は出力です。必要なモノだけを抜粋します。

信頼性統計量

Cronbach のアルファ	標準化された項目に基づいた Cronbach のアルファ	項目の数
.681	.699	3

項目合計統計量

	項目が削除された場合の尺度の平均値	項目が削除された場合の尺度の分散	修正済み項目合計相関	重相関の2乗	項目が削除された場合の Cronbach のアルファ
10km/h 速度超過	11.3000	6.164	.343	.127	.754
50km/h 速度超過	7.4000	4.708	.669	.471	.414
45km/h 速度超過	8.5500	2.818	.594	.452	.512

　見る必要があるのは〇〇〇だけです。① _____ クロンバックの α 係数というのを見てください。これが，この3項目を因子としてみた場合の α 係数であり，信頼性の指標でもあります。p.133 の定義でいけば，この因子は② _____ ということになり，高い信頼性を得られたとは残念ながら言えません(四捨五入です，微妙ですね)。

第3部　具体的なデータ解析について

ではこれでおしまいでどうしようもないかというと、そうではなくて、二つ目の○○○を見てください。①_____場合にα係数がどうなるか、というのが載っています。ここから、「3項目のα係数は.699だが、もしも"10km/h速度超過"の項目を除いた2項目のα係数は②_____」…ことがわかります。つまり、この因子構造でなく"10km/h速度超過"を除外した方が信頼性の高い因子になるということです。こういう結果が出たら"10km/h〜"を除外して、面倒に思うかも知れませんが③_____をやり、因子としてのまとまりを確認してからα係数を算出し直すのが手順です。多くの尺度は、こういう④_____を繰り返して開発されていますし、自分に都合が良い項目を因子分析・信頼性係数の分析をもとにまとめていけばいいのです。

※ちなみに他の2因子のα係数は以下のとおりです（必要なものだけ抜粋します）。

信頼性統計量

Cronbach のアルファ	標準化された項目に基づいた Cronbach のアルファ	項目の数
.571	.624	2

項目合計統計量

	項目が削除された場合の尺度の平均値	項目が削除された場合の尺度の分散	修正済み項目合計相関	重相関の2乗	項目が削除された場合の Cronbach のアルファ
免停中運転	5.6410	.762	.454	.206	.a
取り消し後運転	5.6410	2.131	.454	.206	.a

a. 項目間の平均共分散が負なので、値が負になります。これは、信頼性モデルの仮定に反しています。項目のコーディングをチェックしてください。

信頼性統計量

Cronbach のアルファ	標準化された項目に基づいた Cronbach のアルファ	項目の数
.720	.703	2

項目合計統計量

	項目が削除された場合の尺度の平均値	項目が削除された場合の尺度の分散	修正済み項目合計相関	重相関の2乗	項目が削除された場合の Cronbach のアルファ
酒気帯び運転	5.7750	1.922	.542	.293	.a
7杯飲酒運転	4.5750	1.789	.542	.293	.a

a. 項目間の平均共分散が負なので、値が負になります。これは、信頼性モデルの仮定に反しています。項目のコーディングをチェックしてください。

---

p. 133 空欄の答え
　①信頼性係数、②信頼性と妥当性、③一貫した測度、④α=.70以上、⑤きちんと測っているか、⑥内容、⑦基準連関、⑧構成概念
p. 134 空欄の答え
　①因子ごと、②きちんと逆転処理してから、③無茶苦茶低く、④因子負荷量がマイナス、⑤項目Rを投入

10 因子分析と α 係数について

　この2因子について，無免許運転因子も α 係数がやや低く，信頼性が保証されているとは言えません。飲酒運転因子は α = .70 以上であり，①_____と言えます。どちらも「項目が削除された場合のアルファ」が ".a" となっています，これは2項目の内の一つ削除されれば②_____（p. 129〜を参照），α 係数が算出できないということです。

　α が算出され，因子としてのまとまりが確認されたら，最後にデータを合成して変数を作成します。p. 43 のデータ加工のところを参照してください。

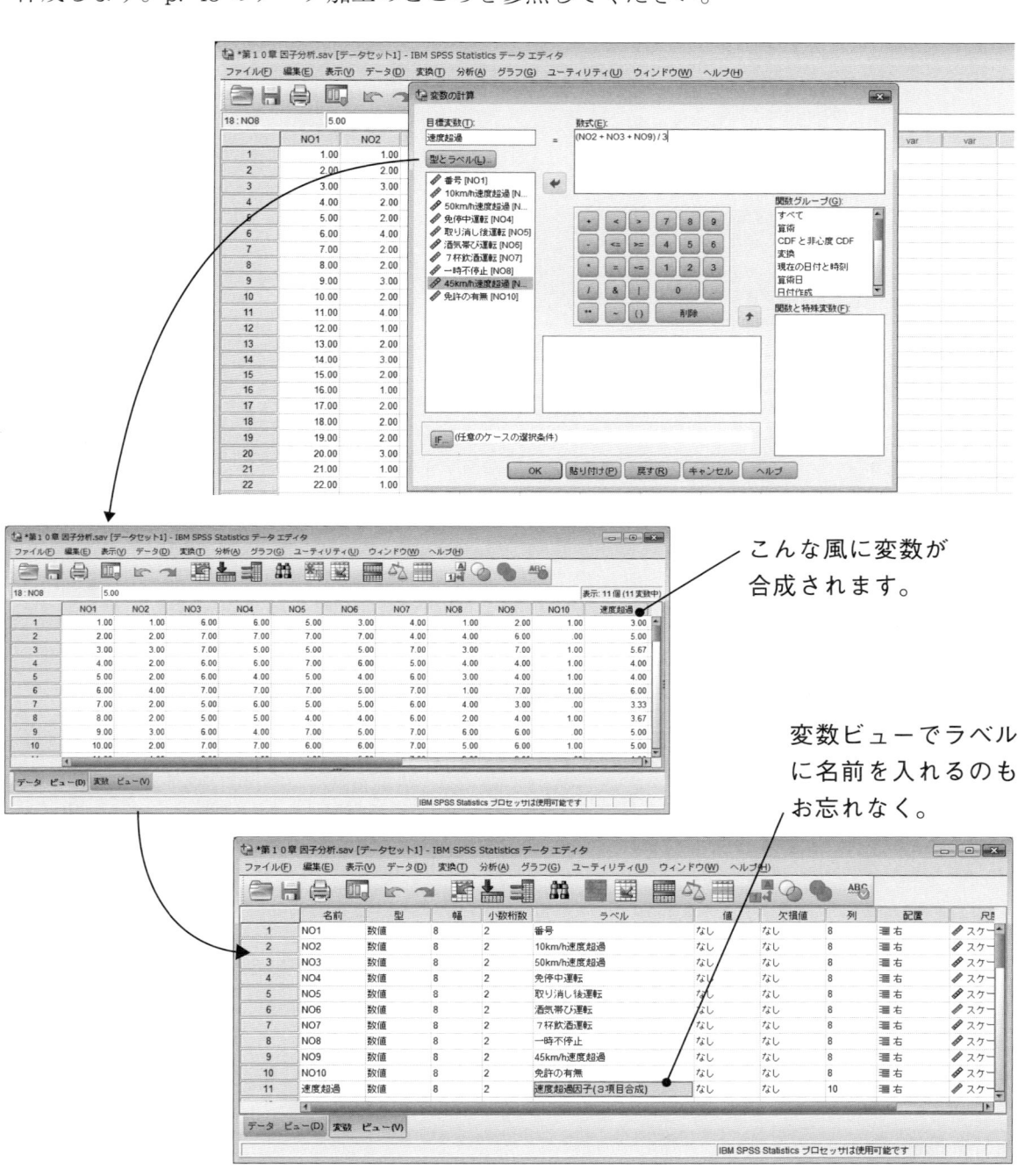

こんな風に変数が合成されます。

変数ビューでラベルに名前を入れるのもお忘れなく。

因子分析結果の正しい書き方です。p. 132 の記述が誤っているわけではありませんが，因子分析をやったなら，α係数まで言及する記述をするのが一般的です。今回は信頼性が低くても，このまま分析を続ける旨を記述して文例としておきます（良いことではありません）。妥当性は今回はやっていないので，記述からは割愛します。

『 文 例 』

Table 1 交通違反の悪質性評価に関する因子分析結果

	I	II	III	共通性
〈スピード違反〉 $\alpha = .70$				
50km/h 速度超過	.87	.13	−.09	.79
45km/h 速度超過	.74	.21	−.09	.59
10km/h 速度超過	.48	−.25	.14	.31
〈無免許運転〉 $\alpha = .62$				
免停中運転	−.08	.87	−.12	.78
取り消し後運	.20	.58	.30	.47
〈飲酒運転〉 $\alpha = .70$				
酒気帯び運転	−.03	.17	.76	.61
7杯飲酒運転	−.06	−.04	.64	.41
〈残余項目〉				
一時不停止	.16	−.07	.18	.06
自乗和	1.61	1.25	1.16	4.02
寄与率(%)	25.83	21.46	18.85	66.14

八つの交通違反に関する悪質性評価について，因子分析（主因子法，Varimax 回転）を行った（Table 1）。固有値の減衰傾向（固有値は，2.06 → 1.72 → 1.51 → 0.94 と減少した）と解釈の可能性から，3因子を抽出した。因子負荷量 .45 以上の項目を採用し，いずれの因子にも低い値を示した項目は除外された。この3因子により，全分散の 66.1% を説明できる。第1因子は，「50km/h 速度超過」「45km/h 速度超過」「10km/h 速度超過」などに高い因子負荷量を示しており，速度違反に関する項目であるため "スピード違反" 因子と命名した。第2因子は「免停中運転」「取り消し後運転」などに高い因子負荷量を示しており，免許に関する項目であるため "無免許運転" 因子と命名した。第3因子は「7杯飲酒運転」「酒気帯び運転」などに高い因子負荷量を示しており，飲酒に関する項目であるため "飲酒運転" 因子と命名した。なお，各因子のα係数を算出したところ，速度超過（$\alpha = .70$）と無免許運転（$\alpha = .62$）の各因子については，信頼性にやや疑問が残るが，今回はそのまま因子として分析を進めることとした。飲酒運転因子（$\alpha = .70$）については，十分な信頼性があると結論した。

---

p. 135 空欄の答え
　①標準化された方の，② $\alpha = .70$
p. 136 空欄の答え
　①もしもその項目が削除された，② .754 になる，③もう一度因子分析，④項目の精選

※このセクションのまとめ

【統計の知識に関する部】

1. 項目の①_____したり，②_____を探るようなときは，因子分析を使う。
2. 因子数などは③_____決めれば良く，自由度が高い分析である。
3. 因子分析でまとまった項目は，必ず ④_____を算出して信頼性を確認しておくようにする。⑤_____ならおおむね信頼性があると判断してもよい。

【SPSS の知識に関する部】

4. データを入力したら 分析(A) → データの分解(D) → 因子分析(F)... を選択することで因子分析を行うことができる。
5. 回転はバリマックス，抽出方法は主因子法か主成分分析がメジャー。それ以外にも細かいがチェックしておいた方が良いものが多い。
6. 分析(A) → 尺度(A) → 信頼性分析(R)... で信頼性係数を算出できる。因子のまとまりごとに α 係数を算出するが，逆転項目については逆転処理をしてから項目に投入する。

以上は覚えておいてください。

第4部　実践的データ解析例

第4部　実践的データ解析例

11　実践的解説（データ加工上の注意など）

　本章では，これまで解説してきた統計解析を使い，具体的にデータの解析を行ってみます。必要な手順を（p. xx〜を参照）という形で振っておきます。何を分析したいと思い，どういった手法を使えば良いのかを理解してください。本章の解説は，分析始めのデータ加工の手順に重点を置いています。本章は，空欄を設けません。卒業論文などで困ったときに，読み返すように書いておくものです。参照ページを示しておくので，「コレどうやるんだっけ？」という時は，該当ページの解説に戻ってください。

・**禁止の提示方略に関する調査：データ解析例**
　自分の研究を披露するのは，いささか恥ずかしいのですが，分析手法をデータとして提示するには適材だと思い，北折（1998）の研究を改変したものを用います。私の研究は，社会の中のルール違反・逸脱行動や迷惑行為なのですが，昔やった研究で，禁止の提示内容が相手に与えるインパクトにどう影響するか？というものがありました。例えば，以下のような3つのメッセージ間で，違反の抑止にどういった効果差が見られるのか？，どういった個人特性がインパクトに影響するのか？などを見たいとしましょう。

〈普通の禁止〉
　　ここは駐輪禁止です，自転車を停めないでください。
〈強い禁止・命令〉
　　ここは駐輪厳禁，自転車を停めるな。
〈制裁の付加〉
　　ここに駐輪した場合撤去します，自転車を停めないでください。

　これら三つのメッセージで，違いがあるかないかを検討したいと思ったとしましょう。尺度として，メッセージを見てどういう印象をもつかに関する項目5項目（×3つのメッセージ），性格に関する項目として，既存の尺度（○○より規律性5項目と○○より自尊心尺度5項目）の10項目を加えた，全部で25項目が，次ページのようになっているとしましょう。文例として，〈普通の禁止〉のみ掲載しておきますが，□□枠のメッセージが異なる5項目が三つ提示されていると思ってください。重要なことですが，下の質問項目10項目は，規律性5項目と自尊心5項目そのままだと，何を聞いているかわかってしまうので，ランダムに混ぜるのが原則です。メッセージごとの5項目は仕方ありませんが，同じ5件法や7件法で聞いているもの同士を，ランダムに混ぜて何を聞いているかわからないようにするのは，とても重要なことです。

---

p. 137 空欄の答え
　　①一応の信頼性がある，②因子として成立せず

11 実践的解説（データ加工上の注意など）

1. 以下のメッセージを見て，感じた印象について一つ○をつけてください。

**ここは駐輪禁止です，
自転車を停めないでください。**

	全く当てはまらない	あまり当てはまらない	どちらでもない	やや当てはまる	非常に当てはまる

1. 駐輪したらヤバイと思う …………… 1 2 3 4 5
2. 厳しい罰則が科せられるだろう …………… 1 2 3 4 5
3. 周りに迷惑をかけると思う …………… 1 2 3 4 5
4. やっても構わないだろう …………… 1 2 3 4 5
5. 恥ずかしい行為だ …………… 1 2 3 4 5

（質問紙の作り方については p. 18〜を参照）

※上記のような5項目ずつの質問を三つのメッセージに対して聞くので，同じようなものが三つ作られます。
　さらに，以下の10項目を最後に聞いたと思ってください。聞き方は上と同様5段階です，前ページのとおり混ぜてあります。

●規律性尺度（項目1, 3, 4, 6, 8）＆自尊心尺度（項目2, 5, 7, 9, 10）各5項目
1. 生活を規則正しくするよういつも心がけている …………… 1 2 3 4 5
2. 劣等感に悩まされる …………… 1 2 3 4 5
3. 物事は順序よく行う …………… 1 2 3 4 5
4. 決めごとやルールを大事にしている …………… 1 2 3 4 5
5. 人から批判されるとひどく不愉快になる …………… 1 2 3 4 5
6. 食事は決まった時間にとる …………… 1 2 3 4 5
7. 自分が他人にどう思われているのか気になる …………… 1 2 3 4 5
8. 何かをするときは必ず計画を立てる …………… 1 2 3 4 5
9. ばかにされるとひどく気になる …………… 1 2 3 4 5
10. 自分の考えに自信を持っている …………… 1 2 3 4 5

※その上で，男女30名ずつ60名に回答を求めた結果が，pp. 144〜146のようになっているとしましょう。

---

p. 139 空欄の答え
　①まとまりを確認，②背後の共通要因，③勝手に自分の好きなように，④α係数，⑤$\alpha > .70$

第4部　実践的データ解析例

入力データサンプル

番号	性別	普1	普2	普3	普4	普5	強1	強2	強3	強4	強5	制1	制2	制3	制4	制5	規1	白1	規2	規3	白2	規4	白3	規5	白4	白5
1	1	2	2	1	3	2	4	5	3	3	3	5	4	5	2	4	4	1	4	3	3	4	4	4	4	5
2	0	1	1	2	4	2	3	5	4	2	3	4	5	5	1	4	4	5	3	2	2	1	2	3	2	1
3	0	1	2	1	4	1	4	4	3	2	3	4	5	4	2	3	2	1	1	4	4	2	3	2	3	3
4	0	3	2	3	5	2	5	4	5	3	2	5	5	5	2	3	3	1	1	4	5	3	4	2	3	5
5	0	2	2	3	3	2	3	4	4	1	2	4	4	4	1	4	2	1	3	2	4	2	5	2	4	4
6	0	2	5	2	4	3	4	4	4	3	3	4	5	5	2	5	3	1	2	2	5	3	5	1	4	4
7	0	3	2	3	2	1	5	5	4	3	4	3	4	4	3	4	2	2	3	2	1	3	5	3	1	4
8	0	3	2	5	4	2	5	4	4	2	4	4	5	5	1	5	3	5	2	1	4	1	2	5	4	3
9	0	1	5	1	5	3	3	4	4	1	4	3	4	4	1	3	5	1	3	3	2	2	3	3	5	3
10	0	4	2	4	3	1	5	5	5	2	3	4	5	5	2	5	3	5	2	1	5	4	3	4	4	1
11	0	4	1	5	4	3	2	4	3	2	2	5	4	4	1	5	3	5	5	1	1	5	3	4	5	4
12	0	2	2	2	2	2	5	5	5	2	3	5	4	5	1	3	5	2	2	3	4	3	3	2	3	4
13	0	2	1	5	4	3	3	4	4	3	3	4	5	5	1	4	3	4	2	1	1	4	2	4	4	2
14	0	1	5	1	5	3	5	4	5	2	3	4	4	4	2	4	2	5	5	3	4	3	3	2	4	5
15	0	2	3	2	3	2	5	5	5	2	3	5	4	5	2	5	4	2	2	1	1	2	2	1	4	4
16	0	2	4	2	3	2	3	3	3	3	3	4	3	4	3	3	3	5	3	3	3	3	5	5	4	4
17	0	2	3	2	5	2	5	4	5	2	5	5	5	5	1	4	5	1	5	4	4	5	3	1	5	4
18	0	3	4	1	4	3	3	3	4	2	2	4	4	4	2	3	3	2	5	4	2	3	3	4	3	3
19	0	1	3	3	5	2	5	3	3	3	5	4	4	5	1	4	5	1	5	4	5	1	3	4	5	4
20	0	3	4	1	3	1	3	4	4	2	2	4	4	4	1	3	3	2	2	2	3	3	3	4	3	4
21	0	1	4	2	5	2	3	3	4	2	3	4	4	5	2	4	5	4	1	5	5	2	4	4	4	5
22	0	3	2	5	4	3	3	4	5	2	2	5	4	5	1	5	4	1	5	5	3	3	2	3	3	2
23	0	1	4	1	4	3	3	4	4	3	2	4	4	3	3	3	4	4	1	2	1	1	5	3	4	5
24	0	2	2	2	5	2	5	3	3	2	3	4	4	5	1	4	3	2	4	2	5	2	4	2	5	3
25	0	2	1	3	4	3	4	4	5	2	5	4	5	5	2	5	5	1	3	5	3	4	4	3	2	1
26	0	1	3	2	3	3	5	3	3	3	3	3	5	3	2	4	3	5	2	4	1	2	3	3	4	3
27	0	3	1	1	4	1	2	3	5	2	2	5	5	5	2	4	2	1	3	5	5	2	1	1	3	3
28	0	1	2	3	3	2	4	3	3	3	3	4	4	5	1	5	3	5	2	3	5	2	2	2	2	1
29	0	2	1	1	4	2	4	3	4	2	2	5	4	5	2	4	2	5	2	3	2	2	2	1	1	2
30	0	1	1	2	3	3	4	2	2	3	5	4	4	3	3	5	5	2	2	1	5	1	4	2	5	3

11 実践的解説（データ加工上の注意など）

番号	性別	普1	普2	普3	普4	普5	強1	強2	強3	強4	強5	制1	制2	制3	制4	制5	規1	自1	規2	規3	自2	規4	自3	規5	自4	自5
31	1	1	2	3	3	2	3	5	5	3	3	4	5	5	1	5	1	1	2	2	5	3	4	2	4	5
32	1	2	3	2	5	2	4	5	4	1	3	5	4	5	1	4	1	1	4	5	5	5	4	4	4	4
33	1	2	2	3	4	3	3	4	5	2	4	5	5	5	1	5	5	5	4	3	3	4	3	3	2	2
34	1	2	3	3	4	1	4	4	5	1	2	5	5	5	2	3	4	5	3	1	5	1	3	1	2	4
35	1	3	1	2	4	2	4	4	5	2	3	4	5	5	1	4	2	5	1	3	3	1	3	1	4	2
36	1	2	2	2	3	2	5	3	4	3	3	5	4	4	2	4	3	1	4	3	3	3	4	4	5	4
37	1	3	1	3	4	3	5	4	5	2	3	5	5	5	1	4	2	1	1	1	4	2	3	1	3	4
38	1	2	2	2	5	3	5	4	5	1	4	5	5	5	1	5	3	5	3	3	4	3	5	3	4	5
39	1	1	3	2	4	2	5	3	4	2	2	4	4	5	2	4	3	5	2	3	3	3	3	2	3	3
40	1	2	2	3	3	3	3	4	4	3	3	3	5	5	1	3	5	2	4	4	3	4	5	4	3	5
41	1	1	3	3	5	2	4	4	4	3	2	4	4	4	1	5	3	1	2	4	3	3	3	4	4	5
42	1	2	2	2	3	3	5	3	5	1	4	3	5	5	2	5	5	5	2	3	5	3	4	3	5	5
43	1	1	3	3	4	2	2	4	4	2	3	5	4	4	1	5	3	1	4	4	4	4	3	3	3	5
44	1	2	2	2	3	3	5	3	5	3	3	5	5	5	2	5	5	5	2	3	3	3	5	3	4	5
45	1	3	4	5	5	2	3	2	4	1	2	4	4	4	2	4	3	5	4	5	4	4	2	3	5	5
46	1	2	3	4	1	2	4	3	4	2	3	5	3	5	2	3	3	5	2	4	4	5	3	4	4	5
47	1	3	2	3	5	2	3	3	4	3	3	4	4	4	1	5	4	5	4	3	2	4	2	3	3	2
48	1	4	2	2	2	3	4	4	4	2	3	5	5	5	2	3	3	5	4	4	4	2	3	4	3	1
49	1	3	4	5	5	2	4	5	5	1	4	5	5	5	1	5	2	1	2	1	2	1	5	3	3	5
50	1	1	1	2	4	3	3	3	3	2	5	5	5	3	3	4	1	4	4	3	4	2	3	1	1	2
51	1	2	3	3	3	2	4	3	5	3	4	5	4	5	1	3	3	1	3	3	2	3	4	5	5	5
52	1	3	2	2	1	2	3	3	3	3	3	5	5	4	2	4	4	4	5	4	5	5	3	3	5	5
53	1	2	1	2	5	1	4	4	5	1	3	4	4	4	1	4	2	4	3	3	1	3	4	4	2	1
54	1	3	2	3	1	3	3	3	3	2	3	4	5	5	3	5	4	4	5	4	5	5	3	2	5	5
55	1	2	1	3	5	1	3	4	3	1	2	4	5	4	1	3	2	4	4	1	1	3	4	4	2	2
56	1	3	1	3	4	2	3	4	3	2	2	4	5	5	2	5	4	1	3	3	5	5	3	2	2	5
57	1	3	3	2	3	3	5	4	5	2	3	4	5	5	1	3	2	5	2	2	1	5	4	4	2	2
58	1	2	2	3	5	2	3	2	4	1	4	4	5	4	1	5	1	2	2	3	5	3	3	2	5	5
59	1	2	2	3	3	2	4	2	5	2	4	5	3	5	2	5	2	5	2	3	3	3	5	5	3	3
60	1	1	1	3	3	2	4	3	5	2	3	5	3	5	2	3	3	1	3	1	4	2	4	2	4	4

145

第4部　実践的データ解析例

※性別は以下のように読み替えて入力しています。
男性＝0；女性＝1

※場面別データのタイトルは以下のように省略しています。
〈普通の禁止〉
1. 駐輪したらヤバイと思う……………普11.
2. 厳しい罰則が科せられるだろう……普22.
3. 周りに迷惑をかけると思う…………普33.
4. やっても構わないだろう……………普44.
5. 恥ずかしい行為だ……………………普55.

〈強い禁止・命令〉
1. 駐輪したらヤバイと思う……………強11.
2. 厳しい罰則が科せられるだろう……強22.
3. 周りに迷惑をかけると思う…………強33.
4. やっても構わないだろう……………強44.
5. 恥ずかしい行為だ……………………強55.

〈制裁の付加〉
1. 駐輪したらヤバイと思う……………制1
2. 厳しい罰則が科せられるだろう……制2
3. 周りに迷惑をかけると思う…………制3
4. やっても構わないだろう……………制4
5. 恥ずかしい行為だ……………………制5

※規律性度・自尊心尺度のタイトルは以下のように省略しています。
1. 生活を規則正しくするように心がけている ………規1
2. 劣等感に悩まされる …………………………………自1
3. 物事は順序よく行う …………………………………規2
4. 決めごとやルールを大事にしている ………………自2
5. 人から批判されるとひどく不愉快になる …………規3
6. 食事は決まった時間にとる …………………………自3
7. 自分が他人にどう思われているのか気になる ……規4
8. 何かをするときは必ず計画を立てる ………………自4
9. ばかにされるとひどく気になる ……………………規5
10. 自分の考えに自信を持っている ……………………自5

146

11 実践的解説（データ加工上の注意など）

※このデータを入力したものが，下ページのようになっています（データビュー）。

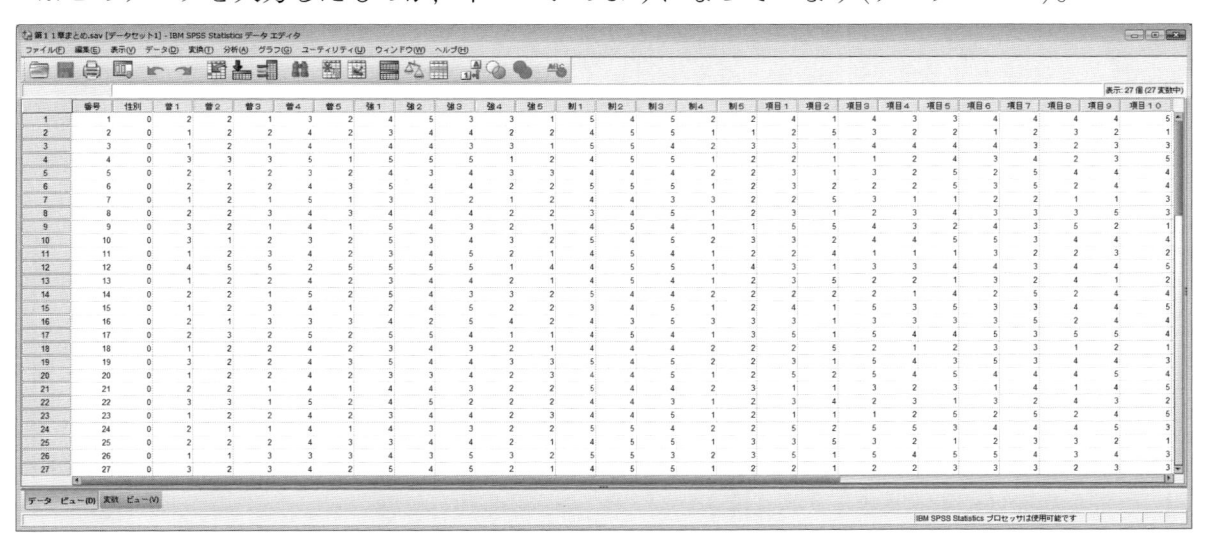

※変数ビューは，以下のように設定してあります。

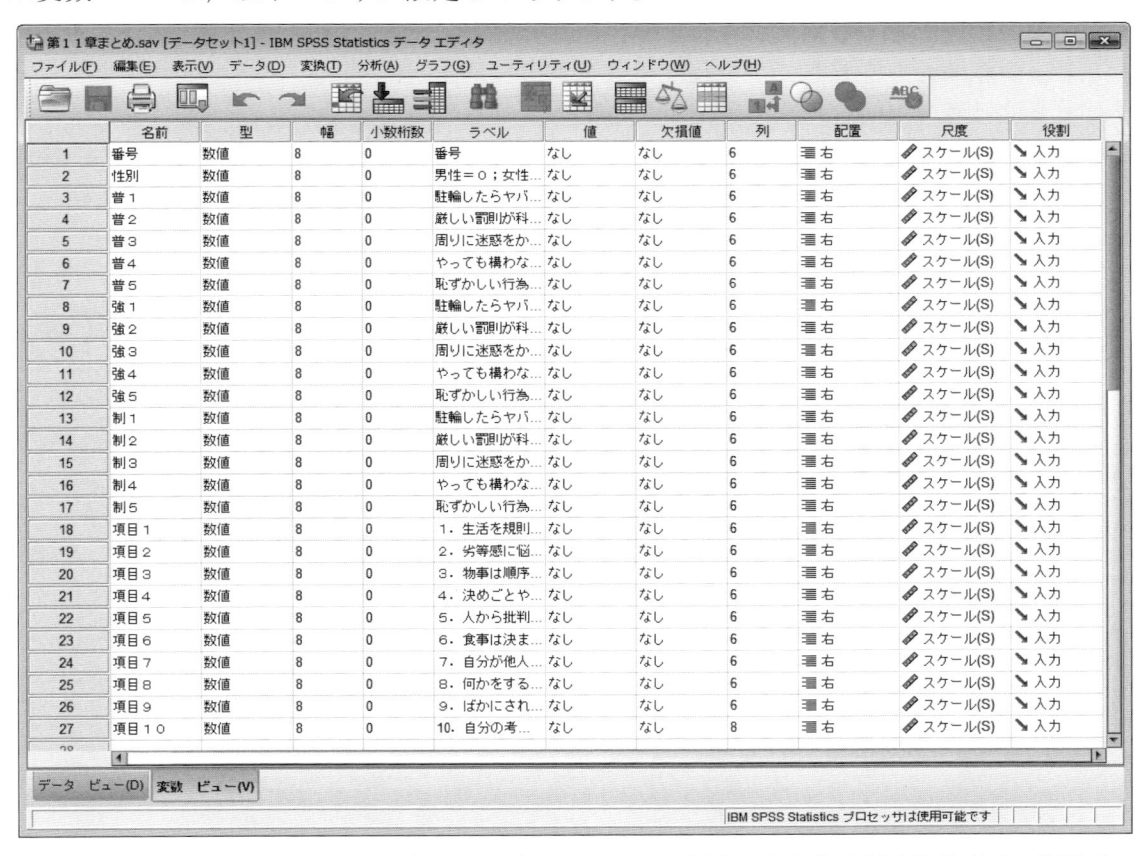

　ここで重要なのは"ラベル"です。次ページから行う，因子分析（具体的な手順は p. 121〜を参照）で必要になってきます。上のようにラベルを貼っておくと，分析が非常に楽です。基本的にデータを加工したらラベルを貼るくせをつけておきましょう。この一手間が，出力の見やすさを左右します。

この研究の場合，①三つのメッセージ間で違反の抑止にどういった効果差が見られるのか？，②どういった個人特性がインパクトに影響するのか？を見たかったはずです。本調査のようにデータを取った場合，やり方はいくつかありますが，以下のような手順で分析を行うことにしました。下のように，私は分析のフローチャートを作り，終わったものからチェックして消していくようにしています。こういうちょっとしたことでパニックが起きにくくなるものです。覚えておいてください。

　　　　　　　　　　　　　分 析 の 指 標

①三つのメッセージ間で違反の抑止にどういった効果差が見られるのか？
　・五つの項目それぞれ三つの場面間で1要因分散分析（対応あり p. 79〜を参照）

②どういった個人特性がインパクトに影響するのか？
　・特性10項目を因子分析にかける（2因子構造を確認 p. 121〜を参照）
　・因子ごとにアルファ係数を算出（逆転項目に注意！ p. 133〜を参照）
　・因子を合成して下位尺度得点を算出（逆転処理に注意！ p. 43〜を参照）
　・三つの場面を合成して下位尺度得点を算出（同上）
　・下位尺度得点間の相関を算出（尺度間の関係 p. 104〜を参照）

　見ていただければわかると思いますが，すべて本書で解説してきたデータ加工手順・分析手法を使っています。

※特に大事なのは②のアルファ係数・下位尺度得点の算出です。

　経験的に，このあたりでつまづく学生が多い印象があります。つまり，メインとなる分析ではなく，データを加工するプロセスで引っかかってしまい，わけがわからなくなるケースが多いということです。次ページからの解説をよく読んで，間違ったデータ加工をして分析をやり直すことがないように注意してください。

11 実践的解説(データ加工上の注意など)

※まず①について分析をしていきましょう。5項目あるので，繰り返しのある1要因分散分析を，5回やることになります。p. 79〜の解説のとおり分析を進めます。

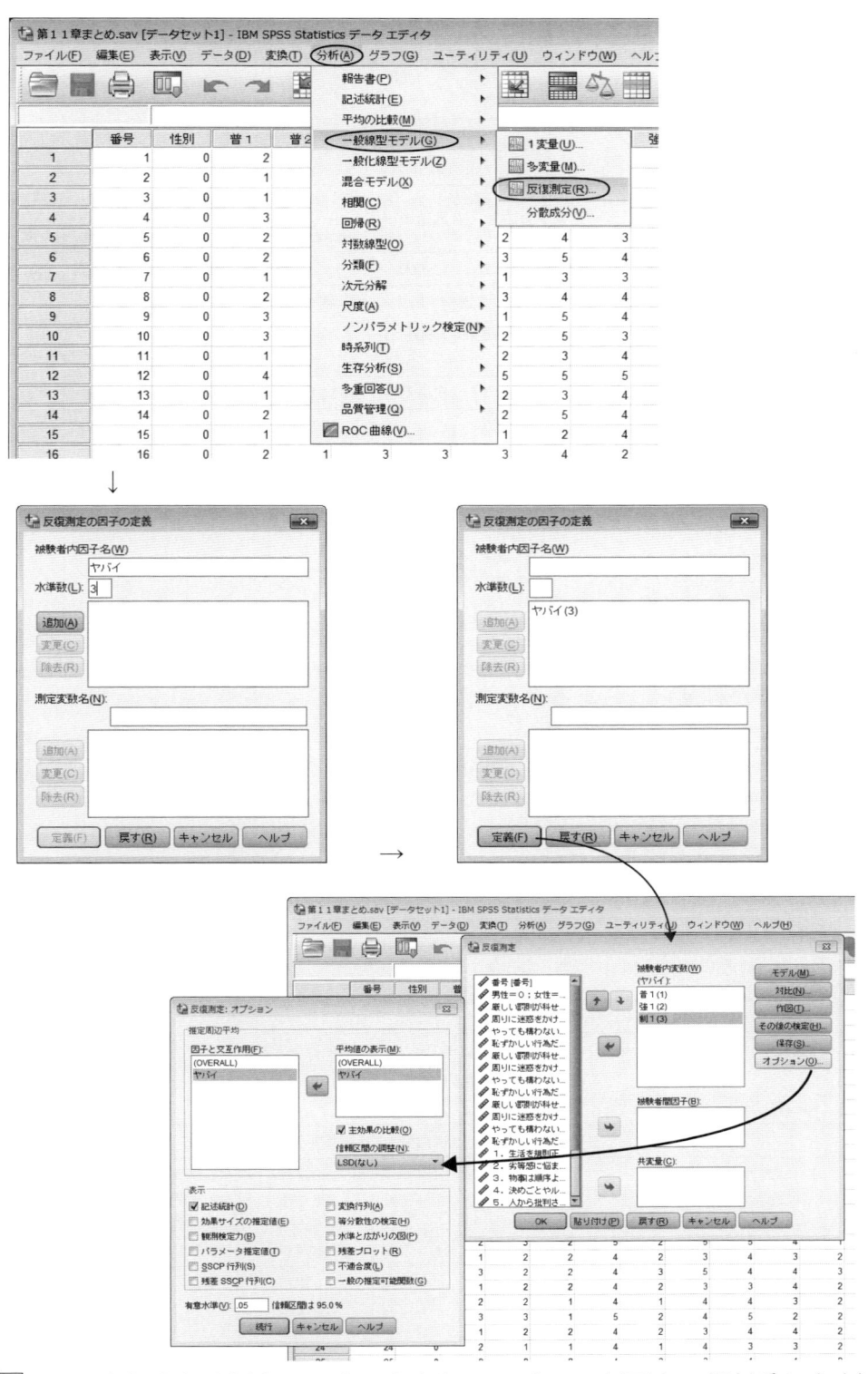

※ ＯＫ ボタンを押すと分析をしてくれます(p. 152まで，紙面上一部割愛します)。

1. 駐輪したらヤバイと思う

記述統計量

	平均値	標準偏差	N
駐輪したらヤバイと思う@普通の禁止	1.88	.825	60
駐輪したらヤバイと思う@強い禁止・命令	3.87	.853	60
駐輪したらヤバイと思う@制裁の付加	4.35	.633	60

Mauchly の球面性検定

測定変数名：MEASURE-1

被験者内効果	Mauchly の W	近似カイ2乗	自由度	有意確率	イプシロン		
					Greenhouse-Geisser	Huynh-Feldt	下限
ヤバイ	.728	18.377	2	.000	.786	.804	.500

正規直交した変換従属変数の誤差共分散行列が単位行列に比例するという帰無仮説を検定します。

被験者内効果の検定

測定変数名：MEASURE-1

ソース		タイプIII平方和	自由度	平均平方	F 値	有意確率
ヤバイ	球面性の仮定	205.033	2	102.517	390.645	.000
	Greenhouse-Geisser	205.033	1.573	130.355	390.645	.000
	Huysh-Feldt	205.033	1.609	127.467	390.645	.000
	下限	205.033	1.000	205.033	390.645	.000
誤差(ヤバイ)	球面性の仮定	30.967	118	.262		
	Greenhouse-Geisser	30.967	92.800	.334		
	Huynh-Feldt	30.967	94.903	.326		
	下限	30.967	59.000	.525		

2. 厳しい罰則が科せられるだろう

記述統計量

	平均値	標準偏差	N
厳しい罰則が科せられるだろう@普通の禁止	1.90	.817	60
厳しい罰則が科せられるだろう@強い禁止・命令	3.78	.865	60
厳しい罰則が科せられるだろう@制裁の付加	4.37	.637	60

Mauchly の球面性検定

測定変数名：MEASURE-1

被験者内効果	Mauchly の W	近似カイ2乗	自由度	有意確率	イプシロン		
					Greenhouse-Geisser	Huynh-Feldt	下限
制裁	.774	14.874	2	.001	.816	.835	.500

正規直交した変換従属変数の誤差共分散行列が単位行列に比例するという帰無仮説を検定します。

被験者内効果の検定

測定変数名：MEASURE-1

ソース		タイプIII平方和	自由度	平均平方	F 値	有意確率
制裁	球面性の仮定	199.433	2	99.717	442.907	.000
	Greenhouse-Geisser	199.433	1.631	122.273	442.907	.000
	Huysh-Feldt	199.433	1.671	119.351	442.907	.000
	下限	199.433	1.000	199.433	442.907	.000
誤差（制裁）	球面性の仮定	26.567	118	.225		
	Greenhouse-Geisser	26.567	96.232	.276		
	Huynh-Feldt	26.567	98.588	.269		
	下限	26.567	59.000	.450		

3. 周りに迷惑をかけると思う

記述統計量

	平均値	標準偏差	N
周りに迷惑をかけると思う＠普通の禁止	2.18	.930	60
周りに迷惑をかけると思う＠強い禁止・命令	4.03	.882	60
周りに迷惑をかけると思う＠制裁の付加	4.52	.651	60

Mauchly の球面性検定

測定変数名：MEASURE-1

被験者内効果	Mauchly の W	近似カイ2乗	自由度	有意確率	イプシロン		
					Greenhouse-Geisser	Huynh-Feldt	下限
迷惑	.673	22.935	2	.000	.754	.769	.500

正規直交した変換従属変数の誤差共分散行列が単位行列に比例するという帰無仮説を検定します。

被験者内効果の検定

測定変数名：MEASURE-1

ソース		タイプIII平方和	自由度	平均平方	F値	有意確率
迷惑	球面性の仮定	182.011	2	91.006	447.658	.000
	Greenhouse-Geisser	182.011	1.508	120.729	447.658	.000
	Huysh-Feldt	182.011	1.539	118.299	447.658	.000
	下限	182.011	1.000	182.011	447.658	.000
誤差（迷惑）	球面性の仮定	23.989	118	.203		
	Greenhouse-Geisser	23.989	88.948	.270		
	Huynh-Feldt	23.989	90.775	.264		
	下限	23.989	59.000	.407		

4. やっても構わないだろう

記述統計量

	平均値	標準偏差	N
やっても構わないだろう＠普通の禁止	3.83	.827	60
やっても構わないだろう＠強い禁止・命令	2.05	.769	60
やっても構わないだろう＠制裁の付加	1.48	.624	60

Mauchly の球面性検定

測定変数名：MEASURE-1

被験者内効果	Mauchly の W	近似カイ2乗	自由度	有意確率	イプシロン		
					Greenhouse-Geisser	Huynh-Feldt	下限
構わない	.608	28.898	2	.000	.718	.731	.500

正規直交した変換従属変数の誤差共分散行列が単位行列に比例するという帰無仮説を検定します。

被験者内効果の検定

測定変数名：MEASURE-1

ソース		タイプIII平方和	自由度	平均平方	F値	有意確率
構わない	球面性の仮定	180.478	2	90.239	143.528	.000
	Greenhouse-Geisser	180.478	1.436	125.649	143.528	.000
	Huysh-Feldt	180.478	1.462	123.411	143.528	.000
	下限	180.478	1.000	180.478	143.528	.000
誤差（構わない）	球面性の仮定	74.189	118	.629		
	Greenhouse-Geisser	74.189	84.746	.875		
	Huynh-Feldt	74.189	96.283	.860		
	下限	74.189	59.000	1.257		

5. 恥ずかしい行為だ

記述統計量

	平均値	標準偏差	N
恥ずかしい行為だ@普通の禁止	2.13	.892	60
恥ずかしい行為だ@強い禁止・命令	2.02	.792	60
恥ずかしい行為だ@制裁の付加	2.20	.755	60

Mauchly の球面性検定

測定変数名：MEASURE-1

被験者内効果	Mauchly の W	近似カイ2乗	自由度	有意確率	イプシロン Greenhouse-Geisser	イプシロン Huynh-Feldt	下限
恥	.958	2.508	2	.285	.959	.991	.500

正規直交した変換従属変数の誤差共分散行列が単位行列に比例するという帰無仮説を検定します。

被験者内効果の検定

測定変数名：MEASURE-1

ソース		タイプIII平方和	自由度	平均平方	F 値	有意確率
恥	球面性の仮定	1.033	2	.517	1.419	.246
	Greenhouse-Geisser	1.033	1.919	.539	1.419	.246
	Huysh-Feldt	1.033	1.982	.521	1.419	.246
	下限	1.033	1.000	1.033	1.419	.246
誤差（恥）	球面性の仮定	42.967	118	.364		
	Greenhouse-Geisser	42.967	113.209	.380		
	Huynh-Feldt	42.967	116.930	.367		
	下限	42.967	59.000	.728		

　ここまでの分析で，以下のようなことがわかります。出力のどこを読み取っていけばいいかは，p. 79～の解説を見てください。

1．制裁が付加＞強い禁止＞普通の禁止といった順に，違反行為に対して"ヤバイ"と思う傾向が強く，罰則が科せられる可能性を高く見積もったうえ，周囲に迷惑をかけているだろうという自覚も強くなる。
2．逆に，やっても構わないだろうと思う程度は，普通の禁止＞強い禁止＞制裁が付加の順であり，単に禁止するよりも強く命令的に言ったり，制裁を提示した方が抑止力が強いと言える。
3．ただし，違反行為に対して"恥ずかしい"と思う程度については群間で差異がなく，効果に違いは見られなかった。

　どうでしょうか。分析結果を参考にしながら，上の1～3程度の内容で構わないので，だいたいのことをメモしておいてください。ここまでで p. 148 の①については分析を一とおり終えたことになります。次は②についてですが，ここからわからなくなることについて書かれている（しかし非常に大切！）ので，混乱しないよう頑張ってついてきてください。

※ここからが大変なのですが，②の分析に入ります。手順は以下のとおりですが，大切なことがいっぱいあるので，しっかり読んで理解するようにしてください。

②どういった個人特性がインパクトに影響するのか？
・特性10項目を因子分析にかける（2因子構造を確認 p. 121〜を参照）……………ステップⅠ
・因子ごとにアルファ係数を算出（逆転項目に注意！ p. 133〜を参照）……………ステップⅡ
・因子を合成して下位尺度得点を算出（逆転処理に注意！ p. 43〜を参照）…………ステップⅢ
・3つの場面を合成して下位尺度得点を算出（同上）………………………………ステップⅣ
・下位尺度得点間の相関を算出（尺度間の関係 p. 104〜を参照）……………………ステップⅤ

まずステップⅠです，特性の10項目について因子分析を行います。今回は，規律性尺度と自尊心尺度の2因子と初めに書いていますが，因子分析をした結果，2因子でなくなることもありますし，まったく別の項目で構成された因子になるといったことも，十分考えられます。この場合，オリジナルの尺度の構造を使っても構いませんし，因子分析の結果を使っても，もちろん構いません（p. 121〜を参照）。ただ，いずれの場合も項目の信頼性（α 係数）が満たされていることが重要になってきます。色々と因子分析を繰り返し，研究を行う上でもっとも都合が良い因子を採用すれば構いません。分析手順の中で恣意性が許されている数少ない部分なので，自分の独自性を十分に打ち出して，分析を行ってください。

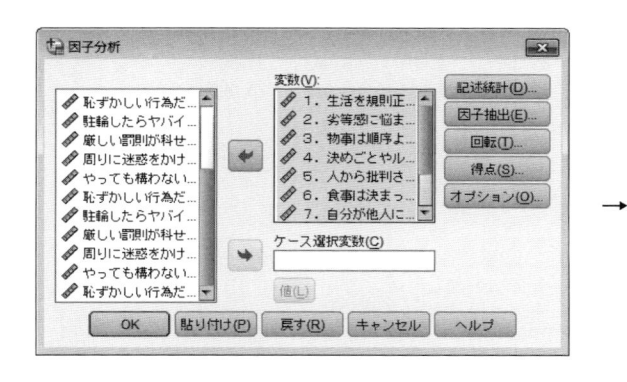

第4部 実践的データ解析例

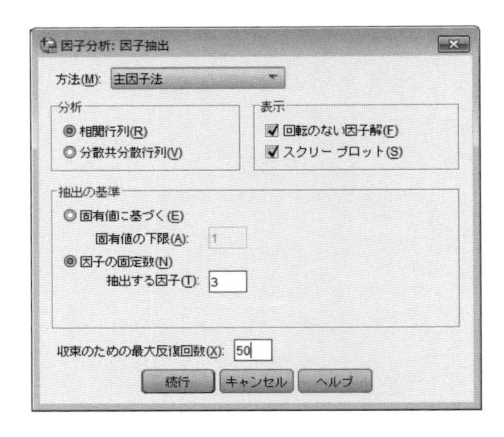

← 今回は因子数(N):を"2"としました。

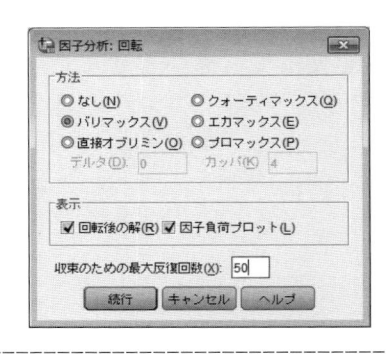

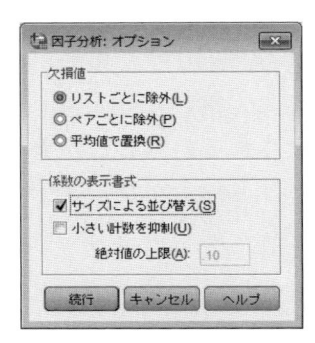

※ 因子分析の結果は以下のようになります(必要最低限のもののみ抜粋)。

共通性

	初期	因子抽出後
1. 生活を規則正しくするよういつも心がけている	.709	.749
2. 劣等感に悩まされる	.785	.810
3. 物事は順序よく行う	.600	.585
4. 決めごとやルールを大事にしている	.675	.692
5. 人から批判されるとひどく不愉快になる	.726	.765
6. 食事は決まった時間にとる	.689	.707
7. 自分が他人にどう思われているのか気になる	.568	.579
8. 何かをするときは必ず計画を立てる	.626	.645
9. ばかにされるとひどく気になる	.729	.754
10. 自分の考えに自信を持っている	.760	.809

因子抽出法:主因子法

説明された分散の合計初期の固有値

因子	初期の固有値			抽出後の負荷量平方和			回転後の負荷量平方和		
	合計	分散の%	累積%	合計	分散の%	累積%	合計	分散の%	累積%
1	4.306	43.065	43.065	4.033	4.033	40.327	3.696	36.963	36.963
2	3.358	33.578	76.643	3.062	3.062	70.952	3.399	33.989	70.952
3	.528	5.282	81.926						
4	.389	3.889	85.814						
5	.379	3.787	89.602						
6	.294	2.938	92.539						
7	.244	2.437	94.976						
8	.189	1.888	96.864						
9	.175	1.747	98.611						
10	.139	1.389	100.000						

因子抽出法:主因子法

回転後の因子行列[a]

	因子 1	因子 2	
10. 自分の考えに自信を持っている	.899	-.020	第一因子
2. 劣等感に悩まされる	-.893	-.106	
5. 人から批判されるとひどく不愉快になる	.873	.055	
9. ばかにされるとひどく気になる	.854	.158	
7. 自分が他人にどう思われているのか気になる	.761	-.009	
1. 生活を規則正しくするよういつも心がけている	.015	.865	第二因子
6. 食事は決まった時間にとる	.016	.841	
4. 決めごとやルールを大事にしている	.081	.828	
8. 何かをするときは必ず計画を立てる	.099	.797	
3. 物事は順序よく行う	.048	.763	

因子抽出法：主因子法
回転法：Kaiser の正規化を伴うバリマックス法
a. 3回の反復で回転が収束しました。

※以下は分析の手順になります。p. 124〜を参照に以下のように分析を進めます。

　因子としてまとまっているかどうかは p. 130 を見ていただくとして，因子負荷量 .35 以上を因子として採用することとします（もう少し高くても構いませんが，一応 .35 以上としておきます）。これを見る限り，はっきり 2 因子が確認されたとみなして良いでしょう。第 1 因子を"自尊心因子"，第 2 因子を"規律性因子"と命名しました。これは元の尺度にほぼ準じた命名であり，事実上尺度の構造を確認した手続きになります。

　次にステップⅡです，p. 133〜を参考に信頼性係数（α係数）を算出するのですが，逆転項目に注意が必要です。上を見ると，"2. 劣等感に悩まされる"の因子負荷量が"-.893"とマイナスになっています。このように，マイナスの項目が因子負荷量にある場合，項目を逆転処理をする必要があります（ちなみに"10.""7."などの項目についても，第 2 因子がマイナスになっています。この場合，これらの項目は第 1 因子になるのですが，第 1 因子はマイナスではないので逆転処理をする必要はありません）。逆転処理をしないでこのまま算出した場合，α係数が極端に低い値になるので注意してください。

　逆転処理の仕方については，p. 43〜の項目の合成を参考に，項目を加工していきます。ここでは項目を合成するわけではありませんが，逆転処理をする場合も下位尺度得点の算出と同様，変換(T) → 変数の計算(C)... を選択します。この調査では 5 件法で調査しているので，1 大きい"6"から項目を引いてやる形で逆転処理をします。基本的に 3 件法なら"4 − 項目"，7 件法なら"8 − 項目"という具合に，1 大きい数値から引いてやることで，逆転処理をすることができます。次ページに具体的な手順を示すので参考にしてください。ちなみに，次ページのように項目名の最後に"R"をつけておくと混乱しません。覚えておいてください。

第4部　実践的データ解析例

※ 変換(T) → 変数の計算(C)... を選択すると下のようなボックスが出ます。

※下のように計算式を入力します，p. 44に触れたとおり電卓ボタンを使ってください。

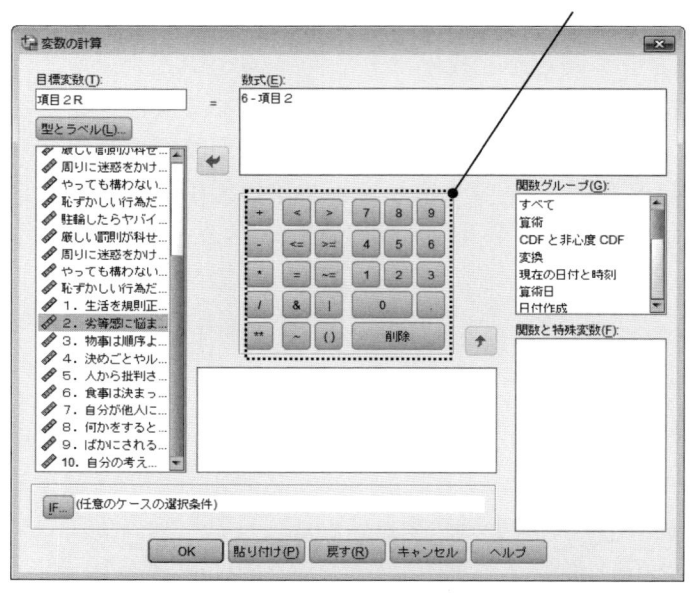

※"項目2"が"項目2R"に変換されて一番最後の列に作成されます。これ以降は，すべて"項目2R"を使います。文中にも一言触れておきましょう（後の文例を参照）。

11 実践的解説（データ加工上の注意など）

　因子ごとにα係数を算出します。p. 133〜を参考にすれば良いのですが，前ページに書いたとおり，算出には逆転処理をした項目を使ってください。p. 155 の因子分析の結果，第1因子は項目 10, 2, 5, 9, 7，第2因子は項目 1, 6, 4, 8, 3 で構成されます。項目 2 は逆転処理をした項目 2 R の方を使います。α係数の算出自体は，大して難しいものではありません，下の手順のとおりです。

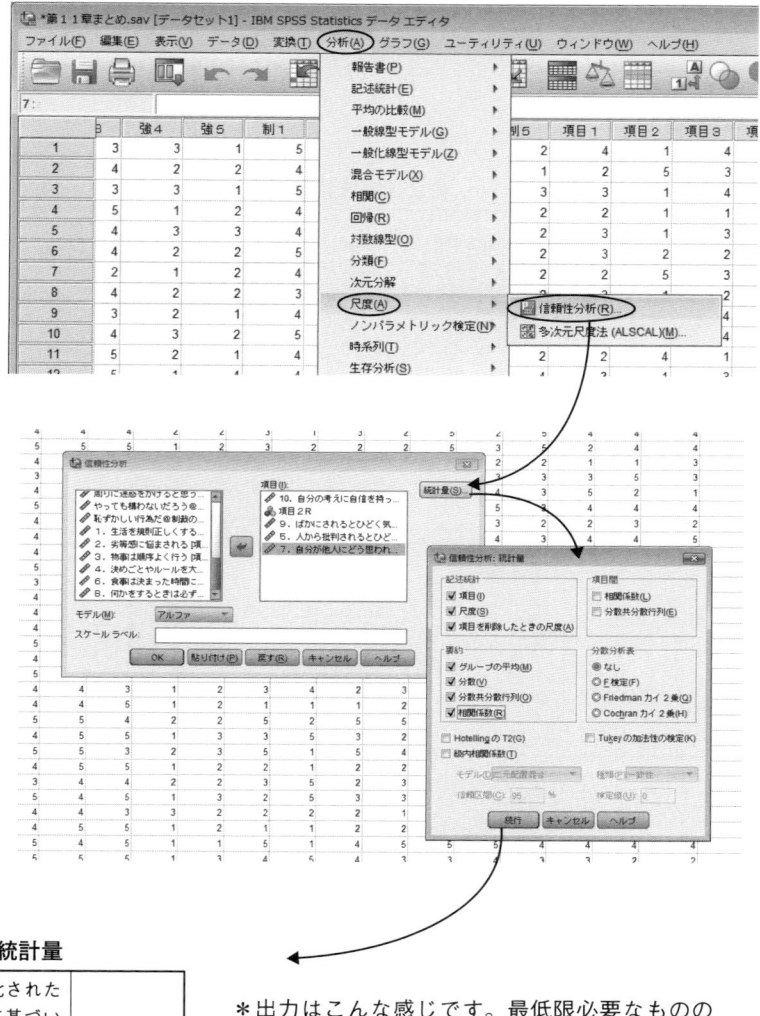

*出力はこんな感じです。最低限必要なもののみを抜粋しますが，おおむね信頼性はあるとみなせますね？（p. 135 を参照）

信頼性統計量

Cronbach のアルファ	標準化された項目に基づいた Cronbach のアルファ	項目の数
.928	.933	5

項目合計統計量

	項目が削除された場合の尺度の平均値	項目が削除された場合の尺度の分散	修正済み項目合計相関	重相関の2乗	項目が削除された場合の Cronbach のアルファ
10. 自分の考えに自信を持っている	13.3667	24.372	.859	.749	.903
項目仔R	13.2000	21.790	.863	.771	.908
5. 人から批判されるとしどく不諭快になる	13.4000	25.397	.840	.708	.907
9. ばかにされるとひどく気になる	13.4000	26.108	.827	.692	.910
7. 自分が他人にどう思われているのか気になる	13.3667	29.253	.730	.558	.930

ちなみに無意味な作業ですが，項目2をそのまま使うと以下のような α 係数になります。こういう値になったときは，逆転項目が混じっている可能性が高いので，"項目が削除された場合の Cronbach のアルファ"をチェックしてください。項目2がボトルネックになっていることがおわかりいただけると思います。

信頼性統計量

Cronbach のアルファ	標準化された項目に基づいた Cronbach のアルファ	項目の数
.084	.419	5

> 項目2がなければ，α 係数が .908 になるという意味です。それ以外のものがなかった場合と比較してください。

項目合計統計量

	項目が削除された場合の尺度の平均値	項目が削除された場合の尺度の分散	修正済み項目合計相関	重相関の2乗	項目が削除された場合の Cronbach のアルファ
10. 自分の考えに自信を持っている	14.40	4.685	.616	.749	− .907.a
2. 劣等感に悩まされる	13.20	21.790	− .863	.771	.908
5. 人から批判されるとひどく不愉快になる	12.43	4.690	.696	.708	− .975a
9. ばかにされるとひどく気になる	12.43	5.199	.636	.692	− .793a
7. 自分が他人にどう思われているのか気になる	12.40	5.905	.699	.558	− .666a

a. 項目間の平均共分散が負なので，値が負になります。これは，信頼性モデルの仮定に反しています。項目のコーディングをチェックしてください。

※同様に第2因子についても α 係数を算出します（同じく最低限のものを抜粋）。

信頼性統計量

Cronbach のアルファ	標準化された項目に基づいた Cronbach のアルファ	項目の数
.911	.911	5

項目合計統計量

	項目が削除された場合の尺度の平均値	項目が削除された場合の尺度の分散	修正済み項目合計相関	重相関の2乗	項目が削除された場合の Cronbach のアルファ
1. 生活を規則正しくするよういつも心がけている	11.50	16.627	.818	.701	.882
6. 食事は決まった時間にとる	11.40	16.820	.790	.666	.888
4. 決めごとやルールを大事にしている	11.72	17.020	.784	.654	.889
8. 何かをするときは必ず計画を立てる	11.57	17.504	.754	.583	.895
3. 物事は順序よく行う	11.42	16.993	.726	.597	.901

　これらを見る限り，第1因子の α 係数は .93，第2因子の α 係数は .91 なので，いずれも十分な信頼性があると判断できます。ここまで確認できたら，次は妥当性の確認をすることになるのですが，これはきりがないので，ほどほどにしておきましょう。今回は妥当性の検証については，基礎レベルの話ではないので割愛します。忘れてしまった人は p. 133〜の解説を見て思い出して，さらに関心がある人は，他の統計解説書を読みながら勉強を進めてください。

p. 151 を見てください，**次はステップⅢ**になります。"因子を合成して下位尺度得点を算出（逆転処理に注意！ p. 43〜を参照）"と書いてあります。第 1 因子・第 2 因子の下位尺度得点は以下の算出式で算出されます。
・第 1 因子＝自尊心因子＝（項目 10 ＋項目 2 R ＋項目 5 ＋項目 9 ＋項目 7）/5
・第 2 因子＝規律性因子＝（項目 1 ＋項目 6 ＋項目 4 ＋項目 8 ＋項目 3）/5
※**重要なのは，ここでも項目 2 R を使うこと**です，以降すべて逆転処理をしたものを使ってください。p. 43〜を参照に，下のように下位尺度得点を算出します。

第 1 因子（自尊心因子）

第 2 因子（規律性因子）

※このように，データの一番右側に二つの因子の下位尺度得点が算出されます。

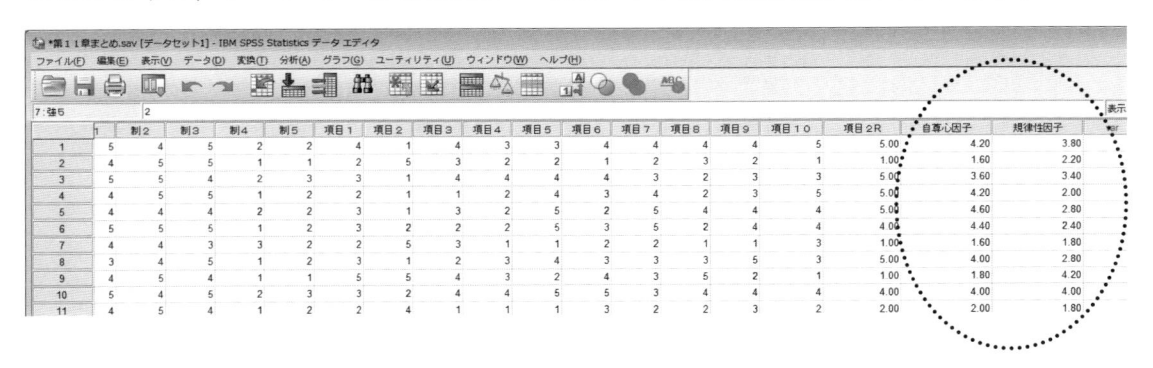

第4部　実践的データ解析例

　ステップⅣに移りましょう。"三つの場面を合成して下位尺度得点を算出（逆転処理に注意！ p. 43〜を参照）"となっています。算出式は"全体＝（普通の禁止＋強い禁止・命令＋制裁の付加）/3"という形になり，p. 43 と p. 149 を参考に以下のように算出します。目標変数（T）は，適当な名前で結構です。

・駐輪したらヤバイと思う＝（駐輪したらヤバイと思う@普通の禁止＋駐輪したらヤバイと思う@強い禁止・命令＋駐輪したらヤバイと思う@制裁の付加）/3

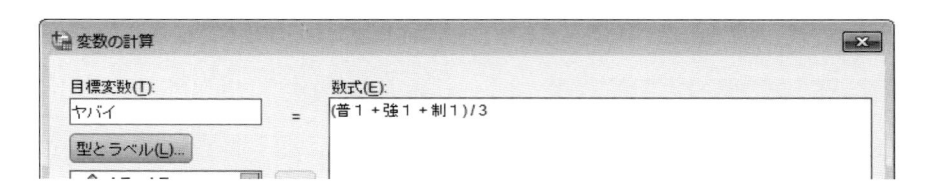

・厳しい罰則が科せられるだろう＝（厳しい罰則が科せられるだろう@普通の禁止＋厳しい罰則が科せられるだろう@強い禁止・命令＋厳しい罰則が科せられるだろう@制裁の付加）/3

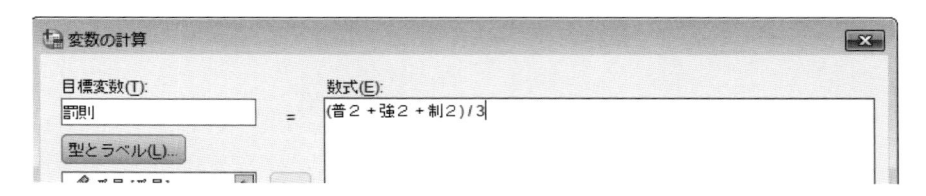

・周りに迷惑をかけると思う＝（周りに迷惑をかけると思う@普通の禁止＋周りに迷惑をかけると思う@強い禁止・命令＋周りに迷惑をかけると思う@制裁の付加）/3

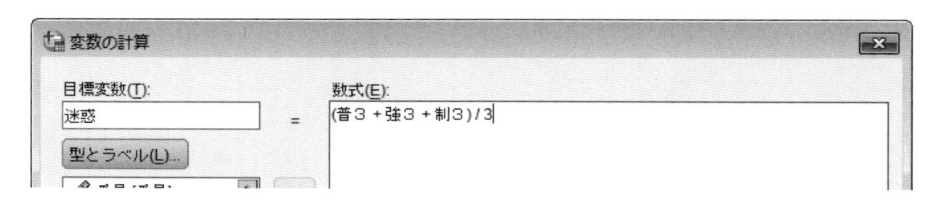

・やっても構わないだろう＝（やっても構わないだろう@普通の禁止＋やっても構わないだろう@強い禁止・命令＋やっても構わないだろう@制裁の付加）/3

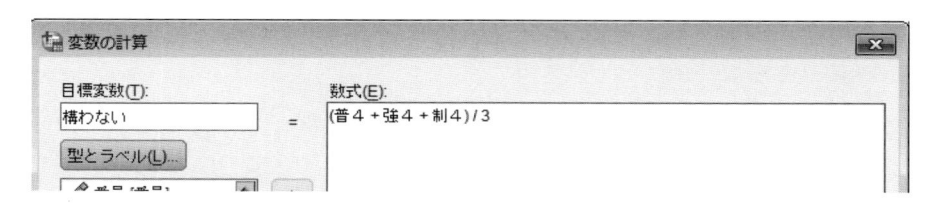

・恥ずかしい行為だ＝（恥ずかしい行為だ@普通の禁止＋恥ずかしい行為だ@強い禁止・命令＋恥ずかしい行為だ@制裁の付加）/3

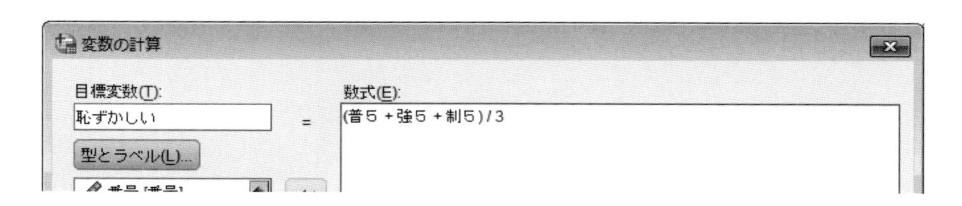

11 実践的解説(データ加工上の注意など)

※これらを合成した結果も，下のようにデータの一番右側に算出されます。

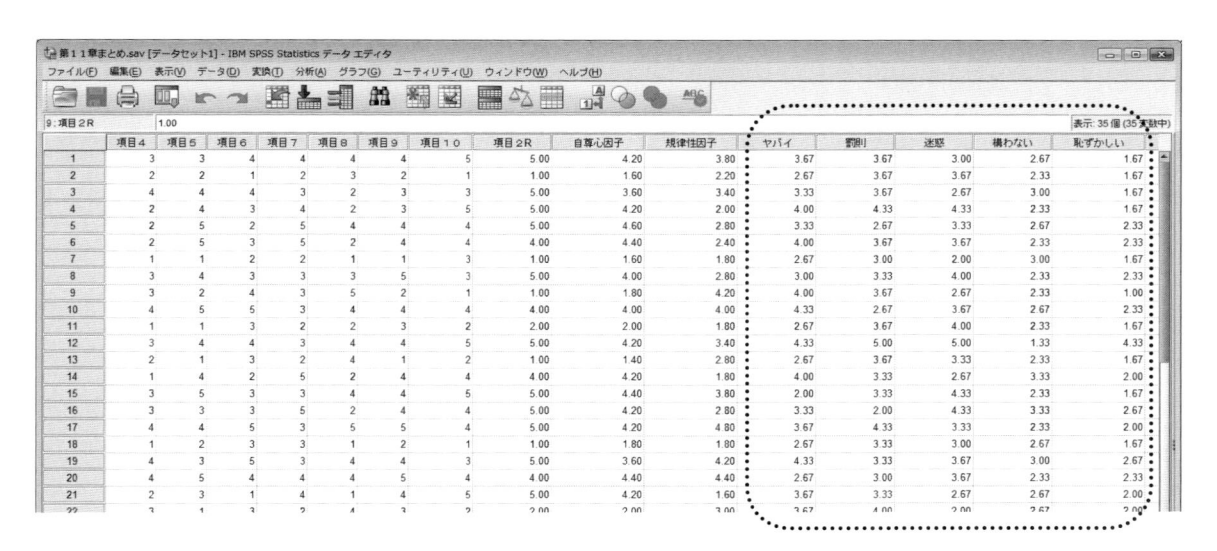

　ここまで来れば，後のステップは一つだけです！　データの加工方法やルールを理解していただくためにこの章を書きました。パニックを起こす前に，ここまでをよく読んでください。混乱を回避できるはずです。

　最後はステップⅤです。"下位尺度得点間の相関を算出（尺度間の関係 p. 104～を参照）"となっています。ここまで合成してきた下位尺度得点について，尺度感の相関係数を算出します。

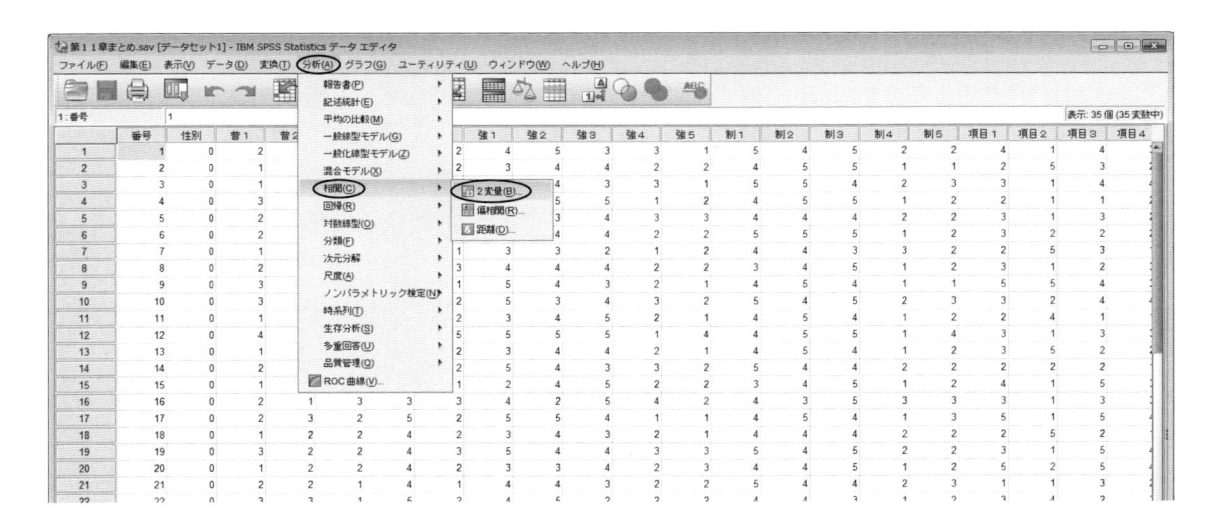

※分析の手順は p. 104～の解説を見ていただくとして割愛しますが，相関係数を算出した結果は次ページのように出力されました。

相関係数

		自尊心因子	規律性因子	ヤバイ	罰則	迷惑	構わない	恥ずかしい
自尊心因子	Pearson の相関係数	1	.123	.119	.067	.255*	-.066	.290*
	有意確率(両側)		.348	.366	.612	.049	.614	.025
	N	60	60	60	60	60	60	60
規律性因子	Pearson の相関係数	.213	1	-.092	-.136	-.151	.067	-.120
	有意確率(両側)	.348		.484	.299	.248	.612	.360
	N	60	60	60	60	60	60	60
ヤバイ	Pearson の相関係数	.119	-.092	1	.305	.173	-.080	.345**
	有意確率(両側)	.366	.484		.018	.187	.545	.007
	N	60	60	60	60	60	60	60
罰則	Pearson の相関係数	.067	-.136	.305*	1	.127	-.447**	.103
	有意確率(両側)	.612	.299	.018		.335	.000	.435
	N	60	60	60	60	60	60	60
迷惑	Pearson の相関係数	.255*	-.151	.173	.127	1	-.496**	.564**
	有意確率(両側)	.049	.248	.187	.335		.000	.000
	N	60	60	60	60	60	60	60
構わない	Pearson の相関係数	-.066	.067	-.080	-.447**	-.496**	1	-.423**
	有意確率(両側)	.614	.612	.545	.000	.000		.001
	N	60	60	60	60	60	60	60
恥ずかしい	Pearson の相関係数	.290*	-.120	.345**	.103	.564**	-.423**	1
	有意確率(両側)	.025	.360	.007	.435	.000	.001	
	N	60	60	60	60	60	60	60

*　相関係数は 5％水準で有意（両側）です。
**　相関係数は 1％水準で有意（両側）です。

※この相関を見る限り，以下のことがわかりました。まとめておきます。

①自尊心は，"周りに迷惑をかける"と"恥ずかしい行為だ"との間に正の相関
②規律性因子は相関なし
③"ヤバイ！"という認知は，"厳しい罰則"と"恥ずかしい行為だ"との間に正の相関が見られた。
④"厳しい罰則"は，"構わないだろう"という認知との間で負の相関があった。
⑤"周りに迷惑をかける"は，"構わないだろう"との間に負の相関，"恥ずかしい行為だ"との間に正の相関が見られた。
⑥"構わないだろう"は，"恥ずかしい行為だ"との間に負の相関が見られた。

　p. 152 でもふれましたが，こんな具合にとりあえず書き出しておくと，混乱が生じません。どんな分析でも，こうして文章化しておくことはわりと大切です。結果を書くときも，これをそのまま文章に直して体裁を整えればいいわけですから。クセにしておけば無用な混乱を回避できます。テクニックとして是非覚えておいてください。

※以上で分析は完了です。最後にレポートや論文のまとめ方について解説しておきたいと思います。

最後に，レポートや論文のまとめ方について解説しておきたいと思います。卒論でもレポートでも，心理学の論文は【問題と目的】〜【方法】〜【結果】〜【考察】〜【引用文献】という流れになっており，この五つは【　】でくくってください。【結果】と【考察】だけは，【結果と考察】などとまとめてしまっても構いません。また，文章に下線やタイトル以外を強調したり，網掛けを行うことは基本的にありません。もちろんフォントサイズを大きくしたり色を変えたりもしません(タイトルだけは少し大きくしても構いません)。強調したいという気持ちはわかるのですが，普通は行うと笑われる（&レポートの評価も下がる）ので気をつけましょう。【問題と目的】〜【引用文献】それぞれを横大見出しと言い，必ず1行とります。それ以外に横小見出しといって，文中の初めに1文字分空けて強調する見出しもあります。次のページに，それぞれのパートに何を書けばいいのかをまとめておきます。【結果】については，ここまでのデータ解析の結果をまとめて記述しておきたいと思います。

ちょっと解説

結果と考察の違いって何ですか？

　　　　　　　　　　　　　　　　という質問を学生からよく受けます。

　レポートや卒論などを書く場合，この二つをきちんと区別しないとメリハリがない，何を主張したいのかわからないものになりがちです。
　【結果】は，文字どおりデータを分析した結果そのもの，およびそこから何が言えるのかについてをまとめたものです。結果には，上記の【方法】でとったデータをどういう手順で分析し，何に有意差が見られたか，それがどういうことかを簡潔にまとめます。調査なら，因子分析　→　相関や分散分析というように，分析を行った手順を記述していきます。ここも横小見出しを使ってください。Table や Figure といった分析の出力は原則的にここにまとめて書きます。したがって，大体の基準ではあるのですが「〜ということが示された」とか「〜が明らかになった」とか「〜の方が大きかった(小さかった)」など断定的な言葉の締めくくりになり，原則過去形になります(すでに行った実験のデータを分析し，それを示しているからです)。
　【考察】とは，研究で得られた結果をふまえ，そこから何が言えるのかについて自分なりに解釈してまとめたものです。よって「〜考えられる」とか「〜思われる」とか「〜推測される」などの言葉で結ばれます。自分が得られた結果を見て思ったことをまとめることに加え，その実験でカバーしきれなかった問題点なども合わせて記述します。したがって現在形，未来形になることが多くなります。
　この二つをきちんと区別して書くだけで，ずいぶんと論文やレポートは読みやすくなります。なお，多少の相互参入(【結果】に「〜と思われる」文が入ることやその逆)は構いませんが，あまりに多くなりすぎると "これは結果を書いているのか考察なのかどっちだ(？__？)" …などということになりかねません。覚えておきましょう。

レポートの書き方
―サブタイトルはメインタイトルの下にこのように書きます―

北折充隆（金城学院大学　人間科学部）

【問題と目的】　←これは横大見出しです

　問題と目的には，この研究で何をやりたいのかをまとめます。多くの場合，周辺的な心理学的知見をまとめる形で書き始め，だんだんと核心に迫っていきます。周辺的な研究知見をまとめることをレビューと言いますが，○○（XXXX）によれば～～という形で，先人たちが明らかにしてきたことを引用します。引用した文献は，必ず最後に引用文献という形でまとめてください。そのうえで，その研究で明らかになっていない，よくわからないことなどを軽く批判する形で，自分の研究の意義を提示していきます。つまり，"○○と□□はわかっている。だけど■■の研究では----ということは明らかになっておらず，◇◇では～～の点で問題点がある。そこで本研究では，これらの問題点を解決する形で，☆☆について検討する。"などという流れにするのが多くのパターンです。大事なことは，わかりやすく書くことであり，読んで難しい文章が立派な文章ではありません。

【方法】

　方法には，どういう形でデータをとったのかをまとめます。卒業論文は科学論文なので，再現性が重視されます。つまり，どういう対象にいつの時期にどういう調査や実験をしたのかをまとめておくことで，後日別の人が見たときに，同じことをやれば同じデータをとれるように簡潔に書いておきます。以下のように，小見出しを付けてまとめます。

　調査対象者　←これが横小見出しです，書き方を覚えておいてください　どういう調査対象のうちの何人にデータをとったのかをまとめます。男女どれくらいの比率でとったのかなども，あわせてここにまとめておきます。調査対象者の平均年齢や所属もここにまとめておきましょう。

　調査時期　特に縦断調査などでは，大事な指標です。例えば，友人形成の調査で10月と11月にデータをとったら，または大学生の行動に関する実験を3月に学内で実施したら，それは意味のある調査とは言えません。授業時間中に実施したのか一人ずつ読んで回答させたのかなど，調査や実験の形態もここに書いておくのが普通です。

　手順　ここには調査ならどういう調査項目を質問紙に投入したか，実験ならどういう装置を使ってどういう状況でどういう風にデータをとったかをまとめます。【方法】の中で一番大事なところで，原則的にここに書かれている方法でデータをとったら，同じものがとれる形（＝再現性があるということです）で，簡潔かつ過不足なく記述します。もちろん，色々と詳細に記述することは重要なのですが，あまりに詳細過ぎて，どうでもいいことまで書くのは問題です。自己判断で適度な量の情報を載せましょう。書き過ぎると「こんなコト書かなくていい！」と怒られるし，書き足りなければ「この辺がどうやったのかわからないじゃないか！」って怒られることになります。

　なお，上の範囲で書ききれない補足事項があった場合，この文章のように，最後に小見出しをつけない形で，"なお，～～～"という具合にまとめておいてください。

11 実践的解説（データ加工上の注意など）

【結果】 ※ここまでのデータを元にまとめてみたいと思います。

メッセージのインパクト メッセージを見たインパクトに関する5項目について，3種類のメッセージ別に平均値を算出した。これについて1要因分散分析を実施した結果をTable 1に示す。

Table 1 メッセージ種類別に見たインパクトの平均値と標準偏差

	普通の禁止	強い禁止	制裁の提示	F
駐輪したらやばいと思う	1.88(.83)	3.87(.85)	4.35(.63)	390.65***
厳しい制裁が科せられるだろう	1.90(.82)	3.78(.87)	4.37(.64)	442.91***
周りに迷惑をかけると思う	2.18(.93)	4.03(.88)	4.52(.65)	447.65***
やっても構わないだろう	3.83(.83)	2.05(.77)	1.48(.62)	143.53***
恥ずかしい行為だ	2.13(.89)	2.02(.79)	2.20(.76)	1.42

（ ）内は標準偏差　　　　　　　　　　　　　　　　　　　　　　***$p < .001$

この結果を見る限り，制裁を提示されると駐輪をヤバイと感じ（$F(1.57, 92.80) = 390.65, p < .001$），厳しい罰則を科せられるうえ（$F(1.63, 96.23) = 442.91, p < .001$），周囲に迷惑をかける行為（$F(1.51, 88.95) = 447.65, p < .001$）と認知されることが明らかになった。また，普通に「駐輪禁止」と提示するだけでは，そうでない場合と比較して，駐輪違反をしても構わないだろうと認知していた（$F(1.44, 84.75) = 143.53, p < .001$）。

なお，行為を恥ずかしいと認識する程度については，三つのメッセージの間で大きな差違は見られず（$F(2, 118) = 1.42, ns.$），メッセージの効果が見出されなかった。

個人特性に関する因子分析 個人特性に関する10項目について，因子分析（主因子法，Varimax回転）を実施した。固有値の減衰（固有値は，4.31 → 3.36 → 0.53と減少した）と解釈の可能性から，2因子を抽出した。因子負荷量.35以上の項目を採用し，2因子にまたがって，高い値を示した項目は除外された。この2因子により，全分散の76.6%を説明できる。第1因子は，「10. 自分の考えに自信を持っている」「2. 劣等感にさいなまれる（逆転）」などの項目に高い因子負荷量を示しており，個人のプライドに関する項目群がまとまったと判断し，"自尊心因子" と命名した。第2因子は，「1. 生活を規則正しくするよういつも心がけている」「6. 食事は決まった時間にとる」などの項目に高い因子負荷量を示しており，規律正しい生活に関する項目群がまとまったと判断し"規律性因子" と命名した。

各因子の信頼性について確認するため，因子ごとにα係数を算出したところ，自尊心因子（$\alpha = .93$）および規律性因子（$\alpha = .91$）ともに高い値を示し，十分な信頼性があると判断した。これらをまとめたものをTable 2に示す。

Table 2 性格特性に関する因子分析結果

	I	II	共通性
<自尊心因子>　α= .93			
10. 自分の考えに自信を持っている	.90	-.02	.81
2. 劣等感に悩まされる	-.89	-.11	.81
5. 人から批判されるとひどく不愉快になる	.87	.06	.77
9. ばかにされるとひどく気になる	.85	.16	.75
7. 自分が他人にどう思われているのか気になる	.76	-.01	.58
<規律性因子>　α= .91			
1. 生活を規則正しくするよういつも心がけている	.02	.87	.75
6. 食事は決まった時間にとる	.02	.84	.71
4. 決めごとやルールを大事にしている	.08	.83	.69
8. 何かをするときは必ず計画を立てる	.10	.80	.65
3. 物事は順序よく行う	.05	.76	.59
自　乗　和	3.70	3.40	7.10
寄　与　率（%）	43.06	33.58	76.64(%)

性格特性と看板認知との関連　メッセージを見た印象に関する5項目について，三つの場面をまとめた下位尺度得点を算出し，因子分析で得られた二つの因子を含めた相関係数を算出した(Table 3)。その結果，自尊心が高いほど駐輪行為を迷惑($r = .26$, $p < .05$)，かつ恥ずかしい行為であると評価する($r = .29$, $p < .05$)傾向が高いことが明らかとなった。規律性因子についてはいずれも相関は見られず，関連は見出されなかった。その他，行為を"ヤバイ"と認知するほど，強い罰則が科せられ($r = .31$, $p < .01$)，行為を恥ずかしいと認知していた($r = .35$, $p < .01$)。また，迷惑な行為と評価するほど恥ずかしいという認知も高くなっており($r = .56$, $p < .01$)，逆に行為を構わないとする認知は，罰則の可能性($r = -.45$, $p < .01$)，迷惑評価($r = -.50$, $p < .01$)および恥ずかしいという認知($r = -.42$, $p < .01$)と負の関係にあった。

Table 3 因子間の相関係数

	自尊心因子	規律性因子	ヤバイ	罰則	迷惑	構わない
規律性因子	.12					
駐輪したらヤバイと思う	.12	-.09				
厳しい罰則が科せられるだろう	.07	-.14	.31*			
周りに迷惑をかけると思う	.26*	-.15	.17	.13		
やっても構わないだろう	-.07	.07	-.08	-.45**	-.50**	
恥ずかしい行為だ	.29*	-.12	.35**	.10	.56**	-.42**

*$p < .05$, **$p < .01$

【考察】

　考察には，ここまで得られた結果とはじめの問題と目的の話を総合して，何が明らかになって，そのことから何が言えるのかをまとめていきます。考察は文字どおり，「考えること」なので十人十色であり，色々な自分の解釈・考え方など思いのタケをぶちまければいいのですが，なかなか難しいです。実際には，なぜかいきなり反省しだしたり，自分の研究のあら探しだけに終始する考察も多いのが実情です。別に有意差が出なくても全然構いません，効果が見られなかったとか差が見られないということも貴重な知見なので，どうして結果のようになったのかを，自分なりに合理的に推察していきましょう。最後に今後の課題として，その研究でカバーしきれなかった問題点などを簡潔に記述します。これは軽く書いておきましょう。たまに，自分の研究を全部否定するような"今後の課題"を見かけますが，そこまで自己卑下する必要はありません。

【引用文献】

　基本的には，日本心理学会が発行している投稿・執筆の手びきという冊子を参照し，引用は第一著者のローマ字読みでＡ－Ｚ順に掲載します。で，同じ人が何本か書いていたら単著を先に，共著であれば第二著者以降でＡ－Ｚに並べます。また，①著者名，②（年号），③資料題名，④雑誌名・書名，⑤巻数，⑥ページの順で記述するというルールになっています。さらに，和論文・洋論文ともに論文の巻数を強調することになっています。洋論文については題名と著書名を区別するため，著書名・雑誌名をイタリックにすることになっています。

　近年は，インターネットのHPから引用することも一応認められるようになってきました。この場合，①著者名，②（年号），③資料題名，④サイト名，⑤アップデート日，⑥〈URL〉，⑦（資料にアクセスした日）の順に記述することがルールとなっています。ややこしいルールで面倒に思われるかもしれません。いくつか例を下に掲載しておくので，参考にしてください。

Allison, P. D.（1992）. The cultural evolution of beneficent norms. *Social Forces,* **71**, 279-301.

朝日新聞（1996）. 天声人語　10月31日朝刊

Cialdini, R. B., Kallgren, C. A., & Reno, R. R.（1991）. A focus theory of normative conduct: A theoretical refinement and reevaluation of the role of norms in human behavior. In M. P. Zanna（Ed.）, *Advances in experimental social psychology.* Vol. 24. New York: Academic Press. 201-234.

Cialdini, R. B., & Trost, M. R.（1998）. Social influence: social norms, conformity, and compliance. In D. T. Gilbert, S. T. Fiske, & G. Lindzey（Eds.）, *The handbook of social psychology.* Vol. 2.（4th ed.）NewYork: McGraw-Hill. pp. 151-192.

Dymond, R. F.（1948）. A preliminary investigation of the relation of insight and empathy. *Journal of Consulting Psychology,* **12**, 127-133.

Humphrey, J. A.（2006）. *Deviant behavior.* Upper Soddle Riser, NJ: Pearson Prentice-Hall.

警察庁（2006）．平成17年中における暴走族の動向及び取り締まり状況について　統計（警察庁）2006年1月26日〈http://www.npa.go.jp/koutsuu/shidou24/20050126.pdf〉（2006年9月3日）

越正毅（1978）．自動車事故の適正な速度とは　*IATSSreview,* **4**, 32-38.

Lefkowitz, M., Blake, R. R., & Mouton, J. S.（1955）. Status factors in pedestrian violation of traffic signals. *Journal of Abnormal and Social Psychology,* **51**, 704-706.

丸山康則（2001）．交通事故—心理学から見た安全対策—　大山正・丸山康則（編）　ヒューマンエラーの心理学—医療・交通・原子力事故はなぜ起きるのか—　麗澤大学出版会　pp. 79-115.

Moriarty, T. D.（1974）. Role of stigma in the experience of deviance. *Journal of Personality and Social Psychology,* **29**, 849-855.

元吉忠寛（2002）．社会考慮が西暦2000年問題の認知・対策行動に及ぼした影響　社会心理学研究，**18**, 1-10.

日本心理学会（2005）．執筆・投稿の手引き　日本心理学会　2005年3月31日〈http://www.psych.or.jp/publication/inst/tebiki2005_fixed.pdf〉（2007年7月24日）

Piliavin, J. A., Dovidio, J. F., Gaertner, S. L., & Clark, R. D.（1981）. *Emergency intervention.* New York: Academic Press.

蓮花一己（2000）．カーコミュニケーション　高木修（監修）　交通行動の社会心理学—運転する人間の心と行動—　北大路書房　pp. 92-99.

矢橋昇（2001）．交通安全の視点と伝え方—安全な行動の条件を考える—　ヨットプランニング

吉田俊和・元吉忠寛・北折充隆（2000）．社会的迷惑に関する研究(3)—社会考慮・信頼感による人の分類と社会認識・迷惑対処方略の関連—　名古屋大学教育発達科学研究科紀要（心理学），**47**, 35-45.

吉澤寛之・吉田俊和（2003）．社会的ルールの知識構造と社会的逸脱行為傾向との関連—知識構造の測定法を中心として—　犯罪心理学研究，**41**, 37-52.

※このセクションのまとめ

【統計の知識に関する部】

1. 分析は，基本的に因子分析を行い，項目をまとめるところから始めることが多い。因子負荷量がマイナスの項目については，逆転処理を行ってから信頼性係数を算出する。
2. 項目を加算して下位尺度得点を算出する場合，必ず逆転処理をした項目を用いる。また，足し合わせた後に項目数で割るという手順を忘れないようにする。
3. 簡単で良いので，どういった変数間の関係を見たいのかをメモしておき，だいたいの分析の手順を，実際に分析に入る前にまとめておくことで混乱が生じなくなる。

…次のページで総まとめをしておきます。

12 まとめ

　最後に本書のまとめをします．このページは完璧に理解しておいて欲しいことをまとめておきます．なにはともあれ，**困ったらこのページを見るようにし，完璧に理解しておいてください．**本書で一番言いたかったことは，このページだと言っても過言ではありません．

・平均の比較をするなら，t検定か分散分析を行う．t検定は，単純に2群間の平均値の差を見るときに使い，それ以外の3群以上か，2×2とか複数の要因があるときは，分散分析を行う．どちらも個人の中での繰り返しである対応の有無により，算出の計算式（& SPSS のやり方）が違う．
・集計のような一覧表の場合は，χ^2検定を行う．これにより，どこが多くなっているかなどの，表中の偏りが検定される．
・二つの変数間の関係を見たいときは，相関を見る．相関係数は，必ず−1〜+1のレンジになるのと，因果関係を見ているわけではないので，その点は注意する．
・一方向の因果関係を見たいとき，どの要因がどれくらい影響しているのかを見るときは，重回帰分析を行う．
・項目群の背後にある要因を明らかにしたいとき，項目をまとめたいときは，因子分析を行う．まとまった因子は必ず個別に a 係数を算出し，信頼性について確認し，妥当性についても検証しておく．

　上の五つは絶対に理解しておいてください．コレを理解しておくだけでずいぶんと分析の見通しが立てやすくなるはずです．分析の段階で忘れてしまって，「あれ？　何やればいいんだっけ？？」という時は，必ずこのページに立ち返って該当箇所を見るようにしてください．

付録　　試験予想問題とその解答
※私はいつもこの中からランダムに問題を出題しています。

・基本的な事項
問 1．単純な 2 群間の平均値に違いがあるかを見る場合用いる分析は何か？
問 2．3 群以上，または要因が二つ以上にわたる群間の平均値を比較する場合用いる分析は何か？
問 3．集計などの一覧表データに用いる分析は何か？
問 4．二つの変数間の関係を見るときに用いる分析は何か？
問 5．一方向の因果関係が仮定されるとして，どの独立変数が従属変数に影響しているかを探る分析は何か？
問 6．項目の背景にある因子を明らかにしたいときに用いる分析は何か？

・各分析の用語に関する質問
問 7．宝くじをラッキーカラーの黄色い布に包んで神棚にそなえ，毎日お祈りを欠かさなかったら 1 等 2 億円が当たった。このとき，黄色い布はラッキーアイテムだと喜んでいる人は（　　　　　）の誤りを犯したと言える。（　）内を埋めよ。
問 8．たばこをやめられないお父さんが，ある日禁煙を勧められたところ，「たばこを吸っても吸わなくても肺ガンになる確率なんか変わらないよ！」と逆ギレした。実際には，たばこが体に悪影響を及ぼすのは医学的にも証明されているのだが，たばこをやめられないお父さんは（　　　　　）の誤りを犯している。（　）内を埋めよ。
問 9．SPSS で分析を行い，有意確率の数値を見たら ".026" であった。何％水準で有意か？
問10．表やレポートに数値をまとめるとき，小数点はどうするか？
問11．男女 30 人ずつについて 10 歳・12 歳・15 歳における平均身長を測定した。従属変数は何か？独立変数は何か？
問12．多重比較を行うときに，最も多く用いられる方法は何か？
問13．3 水準以上の 1 要因分散分析で，水準中のどこに差があるかをさらに見たいときに行う分析は何か？
問14．χ^2 検定の下位検定で，表中のどこがゆがんでいるかを明らかにしたいとき，行う分析は何か？
問15．相関係数の値は，いくつからいくつの幅か？
問16．相関係数は（　　　　　）を示すものではない。（　）内を埋めよ。
問17．重回帰分析を行うときに何に注意を払う必要があるか？
問18．因子分析で用いる最もメジャーな回転は何か？
問19．a 係数がいくつ以上であれば，尺度の信頼性があるとみなせるか？

・分析方法に関する質問
問20．同じ歳の男性と女性が 50 名ずついる。男女で平均身長に差があるかを見たいとき，

第4部　実践的データ解析例

どんな分析を行えばよいか？

問 21．あるダイエット方法の効果があるかを見たい．40 名を 20 名ずつに分けて片方の 20 名だけがダイエットを実施した．この場合，ダイエットの効果を検討するためにどんな分析を行えばよいか？

問 22．視力回復の手術に効果があるのか確認したい．いま，手術を終えた患者さんが 50 名いるが，どんな分析を行えばよいか？

問 23．あるダイエット方法の効果があるかを見たい．20 名の調査対象者がまず体重をはかり，1ヶ月間ダイエットを行った後に再び体重を測定した．この場合，ダイエットの効果を検討するためにどんな分析を行えばよいか？

問 24．高卒・大卒・専門学校卒の人それぞれ 30 名ずつの 30 歳平均賃金を比較したい．どんな分析を行えばよいか？

問 25．30 歳平均賃金に差が見られるのかについて，高卒・大卒・専門学校卒に加えて男女差も見たい．どんな分析を行えばよいか？

問 26．身長の伸びを検討するため，男女 30 人ずつについて，10 歳・12 歳・15 歳における平均身長を縦断で測定したデータがある．身長の伸びを検討するためにはどんな分析を行えばよいか？

問 27．ある飲料企業は，お茶を春に 250 万本，夏に 800 万本，秋に 330 万本，冬に 120 万本出荷した．どの季節の出荷量が多いかを統計的に明らかにしたい時にどんな分析を行えばよいか？

問 28．高卒・大卒・専門学校卒の男女それぞれ 200 名ずつ計 1200 名のうち，30 歳の時点で年収が 500 万円以上の人が何人いるかを表にまとめた．学歴と性別で違いがあるかを見たいとき，どんな分析を行えばよいか？

問 29．胃ガンと肺ガン患者 100 名ずつの，6ヶ月後・1 年後・3 年後の生存率を％でまとめた一覧表がある．どちらのガンの生存率が高いかを明らかにしたいときにどんな分析を行えばよいか？

問 30．30 人の人について，1 日に食べる食事の量と体重についてまとめた一覧表がある．二つの変数の間に関係があるかを見たい．どんな分析を行えばよいか？

問 31．暑くなるほどビールがよく売れ，おでんの売り上げは逆に落ちるという関係を明らかにしたい．どんな分析を使えばよいか？

問 32．スーパーの売り上げをあげるには，どんな方法が一番効率的かを知りたい．100 の店舗についての売上高と，売り場面積，駐車場の広さ，品揃え品数，従業員数をまとめたデータがある．どんな分析を行えばよいか？

問 33．大学生活に対する満足度に，何が影響しているかを明らかにしたい．施設の充実，授業の内容，教員のサポート，就職率，ネームバリューの五つがどの程度影響しているかを見たい場合，どんな分析を行えばよいか？

問 34．性格に関する項目を 30 項目作成した．これらを内向的性格と外向的性格を測定する項目群の二つにまとめたい．どんな分析を行えばよいか？

・**論述問題**

問35. 仮説と帰無仮説の違いについて説明しなさい。

問36. 対応のあるt検定と対応のないt検定の違いについて説明せよ。具体例を挙げて説明してもよい。

問37. 独立変数と従属変数とは何か説明せよ。具体例を挙げて説明してもよい。

問38. 対応のある分散分析と対応のない分散分析の違いについて，具体的な例をふまえて説明せよ。

問39. 多重比較とは何か説明せよ。具体例を挙げて説明してもよい。

問40. 要因と水準の違いについて説明せよ。具体例を挙げて説明してもよい。

問41. 主効果および交互作用とは何か説明せよ。具体例を挙げて説明してもよい。

問42. 多重比較を行ってはいけないケースについて説明せよ。具体例を挙げて説明してもよい。

問43. 残差分析とは何か説明せよ。具体例を挙げて説明してもよい。

問44. 重回帰分析における，多重共線性とは何か説明せよ。

問45. 因子分析における因子数の抽出基準について述べよ。

問46. 因子分析において，項目を残余項目と判断する二つの基準について述べよ。

問47. 尺度の信頼性と妥当性について説明せよ。$α$係数とは何か？

問48. 男女30名ずつ60名の平均賃金について，男女別にt検定を行った結果をTable 48にまとめた。結果を文章にして論述せよ。

Table 48　性別に見た賃金の平均と標準偏差（仮想データ）

	男性	女性	t値
平均賃金（万円）	481.36(160.96)	260.70(109.42)	6.21***

***$p < .001$

問49. 平均身長を男子中学生42名ずつ3学年分測定し，分散分析と多重比較を行った結果を下のようにTable 49にまとめた。結果を文章にして論述せよ。自由度は（2, 123）を用いること。

Table 49　学年別に見た身長の平均値と標準偏差（仮想データ）

	中学一年	中学二年	中学三年	F
平均身長	152.38(9.47)a	167.71(5.73)b	174.14(5.41)c	103.79***

※表中a, b, cは多重比較（Tukey法, $p < .05$）の結果を示す　　　***$p < .001$

問50. AさんとBさんが魚釣りに出かけ，釣った魚の数を下のようにTable 50にまとめどちらがどの魚を多く釣ったのかを分析した。結果を文章にして論述せよ。

Table 50　Aさん・Bさんの釣果に関する集計表（仮想データ）

	タイ	ブリ	シマアジ	$χ^2$
Aさん	23 +	7 −	12	17.35
Bさん	5 −	19 +	15	

※数値は（匹）で表中の＋－は残差分析の結果を示す　$χ^2(2) = 17.35$,　$p < .01$

定期試験問題集解答

※**典型的な解答例を挙げておきます，問7以降はこれ以外の解答もあり得ます。**

・**基本的な事項**

問 1. t 検定 …間違えたら p. 52〜を参照
問 2. 分散分析（F 検定） …間違えたら p. 66〜を参照
問 3. χ^2 検定 …間違えたら p. 93〜を参照
問 4. 相関係数 …間違えたら p. 104〜を参照
問 5. 重回帰分析 …間違えたら p. 109〜を参照
問 6. 因子分析 …間違えたら p. 121〜を参照

・**各分析の用語に関する質問**

問 7. 第一種 …間違えたら p. 12〜を参照
問 8. 第二種 …間違えたら p. 12〜を参照
問 9. 5%水準で有意 …間違えたら p. 13〜を参照
問10. 第三位以下を四捨五入し，小数第二位まで記述する …間違えたら p. 41〜を参照
問11. 従属変数：平均身長＆独立変数：性差および三つの年齢 …間違えたら p. 55〜を参照
問12. Tukey 法 …間違えたら p. 67〜を参照
問13. Tukey 法による多重比較 …間違えたら p. 67〜を参照
問14. 残差分析 …間違えたら p. 99〜を参照
問15. －1〜＋1 …間違えたら p. 104〜を参照
問16. 因果関係 …間違えたら p. 107〜を参照
問17. 多重共線性 …間違えたら p. 113〜を参照
問18. バリマックス回転 …間違えたら p. 125〜を参照
問19. .70 以上 …間違えたら p. 133〜を参照

・**分析方法に関する質問**

問20. 性別（男性と女性）を独立変数とし，平均身長を従属変数とした対応のない t 検定を実施する。 …間違えたら p. 52〜を参照
問21. ダイエット実施・非実施の 2 群を独立変数，平均体重を従属変数として対応のない t 検定を実施する。 …間違えたら p. 52〜を参照
問22. 手術を終えた患者さんに手術前の視力と今の視力を聞き取りし，手術前－手術後を独立変数，視力を従属変数とした対応のある t 検定を実施する。 …間違えたら p. 61〜を参照
問23. ダイエット前－ダイエット後を独立変数，20 人の平均体重を従属変数とした対応のある t 検定を実施する。 …間違えたら p. 61〜を参照
問24. 高卒・大卒・専門学校卒を独立変数とし，それぞれ 3 群間の平均賃金について 1

要因分散分析を実施する。 …間違えたら p. 66～を参照

問25. 男女(2水準)×学歴(3水準)を独立変数(どちらの要因も対応はなし)，30歳平均賃金を従属変数とした2要因分散分析を実施する。 …間違えたら p. 73～を参照

問26. 性差(2水準で対応なし)と測定年齢(3水準で対応あり)を独立変数，平均身長を従属変数とした2要因分散分析を実施する。 …間違えたら p. 85～を参照

問27. 季節ごとに出荷本数を 1×4 のクロス集計表にまとめ，χ^2 検定を実施する。 …間違えたら p. 93～を参照

問28. 学歴×性別という形で，年収500万円以上の人の人数について 2×3 のクロス集計表を作成し，χ^2 検定を実施する。 …間違えたら p. 100～を参照

問29. 生存率の％で 2×3 のクロス集計表を作成し，χ^2 検定を実施する。 …間違えたら p. 100～を参照

問30. 食事の量と体重の間の相関係数を算出する。 …間違えたら p. 104～を参照

問31. 1年365日の平均気温・ビールの売り上げ・おでんの売り上げデータ間で相関係数を算出する。 …間違えたら p. 104～を参照

問32. 売り場面積・駐車場の広さ・品揃え品数・従業員数を独立変数，売上高を従属変数とした重回帰分析を実施する。 …間違えたら p. 109～を参照

問33. 施設の充実・授業の内容・教員のサポート・就職率・ネームバリューの五つを独立変数，大学生活に対する満足度を従属変数とした重回帰分析を実施する。 …間違えたら p. 109～を参照

問34. 30項目を因子分析にかける，因子数は"2"に設定する。 …間違えたら p. 121～を参照

・論述問題

問35. 仮説は理論を検証するため，合理的に説明できるようにたてた予測であり，実験は原則的にこれを支持する方向で計画される。これに対して帰無仮説は統計用語にすぎず，原則的に「～は関係ない」「○○と××は同じものである」という具合に，仮説とは真逆のものであり，これを否定することで仮説を支持するよう設定された仮説である。 …間違えたら p. 8～を参照

問36. 対応のあるかないかは，繰り返しのデータかそうでないかによる。例えばダイエットの効果を見たいとき，40名の学生を2群に分けて半分の20名を1ヶ月ダイエットさせ，その後何もしていない20名との平均体重を比較するのであれば，対応のない t 検定を行う。20名の学生の体重をはじめに測定し，1ヶ月ダイエットを行った後に再度体重を測定してダイエット前後の差を比較するのであれば，対応のある t 検定を行う。 …間違えたら p. 52～と p. 61～を参照

問37. 独立変数は操作する側の，従属変数は結果となる側の変数である。$y = ax + b$ という式で表される場合，"y"が従属変数であり，"x"が独立変数に該当する。例えば男女で身長差が見られるかを検定する場合，身長差が従属変数，男女の性別が独立変数になる。 …間違えたら p. 55～を参照

問38. 対応のある分散分析とは個人の中で繰り返しのデータを用いる。例えば30人の生

徒が，中学1年生から3年生まで各学年の5月に3回の語彙テストを受け，3回のテスト間でどういった語彙数の伸びが見られるかを明らかにしたい場合に用いる。対応のない分散分析は，繰り返しがないケースで用いる。上のように語彙数の比較をしたいのであれば，ある年の5月の時点で中学1年生・2年生・3年生の生徒をそれぞれ30名ずつ抽出し，語彙テストを実施して学年間の比較を行うようなケースでは，対応のない分散分析を用いることになる。　…間違えたらp. 66〜とp. 79〜を参照

問39．特に3群間以上の平均値を比較する分散分析は，全体に差があるかを検定するにすぎない。どの群間に差異が見られるのかを細かく見るためには多重比較を行う必要がある。例えば問44においては，分散分析は三つの学年のどこかに差があるということまでは判るが，具体的に1年生と2年生，2年生と3年生の間に差があるかを見たい場合は多重比較を行う必要がある。多重比較は主にTukey法を用いる。　…間違えたらp. 66〜を参照

問40．要因も水準も分散分析の用語である。要因は実験で操作をする変数（＝独立変数）をさし，水準はそれぞれの要因に含まれる条件のことをさす。例えば自家用車に対する満足度（＝従属変数）が，三つの自動車メーカーA社・B社・C社（＝独立変数）で異なるのかを見たいとき，要因は自動車メーカーで水準は3となる。　…間違えたらp. 73〜を参照

問41．分散分析において，それぞれの要因のみによる差異が見られるのが主効果，いくつかの要因によって複合的な効果が見られることを交互作用という。例えば従属変数を理科の成績とし，独立変数を好奇心（高低）と教え方（授業と実験）の2要因（共に2水準）というモデルを考えた場合，「好奇心が強い方がそうでないよりも教え方に関係なく成績が高い」という結果が得られれば，"好奇心の主効果"が見られたと言える。また，「好奇心が強い生徒は実験で実践的に学んだ方が成績の伸びが良く，あまり好奇心を示さない生徒は理論的な説明を授業形式で話した方が理解が進む」といった結果が見られれば，"好奇心と授業形態の交互作用"が見られたことになる。　…間違えたらp. 73〜を参照

問42．一般に，2要因以上の分散分析を行った結果，交互作用が有意であれば多重比較は意味がない。例えば中学生の平均身長について，性差（男・女）と学年（1・2・3年）の2要因分散分析を実施したとする。このとき「男子は1年生→2年生の時に顕著に身長が伸びるが，女子は2年生→3年生の時に顕著に伸びる傾向がある」といった交互作用が見られた場合，性差をまとめて学年間で多重比較をしたら，何を測定したいのかわからなくなってしまう。交互作用が見られた場合は，男子だけ（女子だけ）に分け，それぞれの性別ごとに学年間で多重比較を行う必要がある。　…間違えたらp. 73〜を参照

問43．χ^2検定はクロス集計表全体のゆがみを検出する分析であり，表中のどこに実際にゆがみがあるのか細かく見るためには，下位検定として残差分析を行う必要がある。例えば問49について，表全体にゆがみがあるのはχ^2検定で明らかにできるものの，実際にどちらがどんな魚を多く釣ったかなどの細かい差異を見るには残差分析を行う必要がある。　…間違えたらp. 93〜を参照

問44. 重回帰分析において独立変数間の相関が高い場合，モデルが不安定になることを多重共線性という。例えば従属変数を気温とし，独立変数を灯油の消費量と石油ストーブの燃焼時間とした場合，「気温が1℃下がると灯油の消費量が x リットル増え，石油ストーブの燃焼時間が y 時間伸びる」というモデルが考えられる。しかし，ストーブの燃焼時間が長くなるほど消費量も増えるので，どちらかの変数を使えば事足りる（＝両方の変数を使って説明すると，どちらの影響なのかわけがわからなくなる）。多重共線性が疑われるときは変数を削除するなどして，相関がないような独立変数でモデルを再構築する必要がある。　…間違えたら p. 113～を参照

問45. 二つあり，一つ目は初期の固有値が1を切る，または急激に下降する直前までの数値を因子数とするが，絶対的な基準ではない。二つ目は初期の固有値中の"分散の%"について，5%を切るような因子数まで設定しないというルールである。ただ，因子分析自体が恣意的な分析なので，基本的には何度も因子分析を繰り返して適切な因子数を決めればよい。　…間違えたら p. 127～を参照

問46. いずれの因子に対しても高い因子負荷量を示さなかった項目，および2因子以上にまたがって高い因子負荷量を示した項目は残余項目とする。このほか，1項目で1因子とはみなさない点も注意する。　…間違えたら p. 130～を参照

問47. 信頼性は一貫した測度かどうかを見る指標であり，同じ人が何度やっても安定した結果を得ることができるかに関する基準である。$α$ 係数は信頼性を見るための指標であり，.70以上あれば一応の信頼性があるとみなすことができる。妥当性は測定したいものをきちんと測定しているかに関する指標であり，例えば英語能力を測定する場合に英単語や文法，長文読解に関する試験を行うことでこれを測定する（この場合は構成概念妥当性になるが本書では解説していない）。　…間違えたら p. 133～を参照

問48. 男女30名ずつ60名の平均賃金について，男女別に対応のない t 検定を行ったところ有意差が見られた（$t(58) = 6.21, p < .001$）。結果を見る限り，男性の方が平均賃金が高い傾向にあった。…間違えたら p. 52～を参照

問49. 身長の伸び率について42名ずつ3学年生徒を抽出し，平均身長について2要因分散分析を実施した。0.1%水準で学年の主効果が見られ（$F(2,123) = 103.79, p < .001$），多重比較の結果，中学1年＜2年＜3年という風に，すべての学年間で学年が上がるほど有意に平均身長は伸びていた。標準偏差を見ると中学1年生群が高いので，この時期の平均身長はばらつきが大きいと言える。…間違えたら p. 66～を参照

問50. AさんとBさんの釣果について，魚種別にクロス集計表を作成して $χ^2$ 検定を実施したところ，1%水準で有意差が見られた（$χ^2(2) = 17.35, p < .01$）。残差分析を行った結果を見ると，Aさんは有意にタイを多く釣り，Bさんはブリを多く釣っていた。シマアジについては，AさんとBさんの間で特に差違は見られなかった。…間違えたら p. 100～を参照

※定期試験を実施する場合は，持ち込み不可です。**問 1〜問 6 はサドンデスで必ず出題します。この内の 1 問でも間違えたら即不合格です（すべて正解で 1 点，間違えたら−99 点です）。**それ以外に，問 7〜問 19 までは全問題出題し（2 × 13 = 26 点），問 21〜問 34 までからランダムに 8 問（6 × 8 = 48 点），問 35〜問 50 問までの中から 5 問（5 × 5 = 25 点）で出題します。なお，問題はすべて出題順を並び替えています。

あとがき

　学生時代，私は典型的な不良学生でした。趣味がバイクであることも手伝い，晴れた日は授業に出ずにツーリングに出かけ，雨の日はバイクに乗れないので学校に行かない…などといった調子で，授業もさぼってばかりでした。それを思うと，現在勤務している大学の学生は真面目だなぁと思います。授業の内容や出席することの意味や意義をきちんと理解して，授業に出ないでさぼって留年という学生は皆無に近いのです。当然，授業をやる側も手を抜けず，日々わかりやすい授業を目指して奮闘しています。学生たちは数学的な話が苦手なようで，授業の合間に卒業論文の分析や統計の授業の質問などでよく研究室を訪ねてきます。12月にもなると研究室には連日質問の学生がわんさかやってきて，季節の風物詩（？）になっています。しかし，「わからない」と質問して来るものの，その多くは統計の教科書に出てくる数式を見てうんざりしてしまい，理解するのを放棄してしまっている印象が強いのです。つまり，細かい数式を見てやる気をなくしてしまい，それが心理学を学びたくて入学してきた学生の意欲をそぐことになっている気がします。

　筆者は面倒くさがりなので，こうした学生にできるだけ付き合わずに済ませられるよう，本書を執筆いたしました。トラウマになる前に，自分で書き込みながら大枠を理解して，後で困った時に「あの授業で書かされた本を見れば，見よう見まねでどうにかなるかもしれない！」と，とりあえず思わせることを第一の目標としています。いくら重要なことを書いても，本人にそれを読む意志がなければどうしようもないのです。また，授業が終わったら本棚の肥やしになるのではなく，質問に来た学生に「授業で使った教科書のp. XX ～をもう一度読んでから，わからないところを聞いてください」と言えるよう，調査手順の解説やレポート・卒業論文の書き方などに重点を置き，卒業まできちんと使うことができるマニュアルを目指しました。卒業まではせめて手元に置いてほしいと考えています。本書の内容はあえて理論的に不足している部分，わざと間違った表現を残してあります（円周率を"3.14"ではなく"3"と教えるようなレベルの間違いですけどね）。何度もふれたとおり，特に大学院を目指す学生には，本書の内容は決定的に不足していると断言します。100m走でたとえるなら，初めの3mくらいの内容を書いたと個人的には思っています（しかし！スタートダッシュは大切です！！）。本書をこのあとがきまで読まれたら，ぜひとも他の統計や解説書を手に取り，さらなる勉強を進めていただきたいと思います。以下に，私がお薦めしたい書籍を並べておきます，本書の内容はこれらをベースに書かれており，いずれも取捨選択できない好著だと思います。

・統計知識の勉強には以下の教科書がおすすめです。大村先生の本は心理学系ではありませんが，大変わかりやすく勉強になりました。
［1］服部環・海保博之　1996　『Q＆A心理データ解析』　福村出版
［2］岩淵千明（編著）　1997　『あなたもできるデータの処理と解析』　福村出版
［3］松尾太加志・中村知靖　2002　『誰も教えてくれなかった因子分析』　北大路書房

[4] 大村平　2003　『改訂版統計のはなし』　日科技連
[5] 大村平　2004　『多変量解析のはなし』　日科技連
[6] 大村平　2004　『統計解析のはなし』　日科技連
[7] 大村平　2005　『改訂版確率のはなし』　日科技連

・質問紙の作り方などは以下の書籍は必携だと思います。
[8] 鎌原雅彦・宮下一博・大野木裕明　2003　『心理学マニュアル 質問紙法』　北大路書房

・心理学系のSPSSの使い方について，さらに詳細な解説がされているのが以下の3冊です。小塩先生の著書は大変わかりやすく，特に[10]は下位尺度得点の算出や図表の書き方まで詳細に解説されているので，本書での学習を終えた次のステップとして強くおすすめします。石村先生の著書は非常にユニークで楽しく学習ができます。特に，分散分析に関する[13]は，やり方を詳細に解説されているのでおすすめです。
[9] 小塩真司　2004　『SPSSとAMOSによる心理・調査データ解析』　東京図書
[10] 小塩真司　2005　『研究事例で学ぶSPSSとAMOSによる心理・調査データ解析』　東京図書
[11] 小塩真司　2007　『実践形式で学ぶSPSSとAMOSによる心理・調査データ解析』　東京図書
[12] 石村貞夫　2010　『SPSSによる統計処理の手順(第6版)』　東京図書
[13] 石村貞夫　2011　『SPSSによる分散分析と多重比較の手順(第4版)』　東京図書

・論文を書くときや読み解くうえでわからない点があればこの本を参考にされると良いでしょう。
[14] 浦上昌則・脇田貴文　2008　『心理学・社会科学研究のための調査系論文の読み方』　東京図書

・χ^2検定で用いたスクリプトは，下記ＨＰで利用できます。便利なスクリプトであり，開発者に敬意を示してください。そして，利用して便利だと感じたら，積極的にユーザー登録を行って，情報を提供していただきたいと思います。
http://www.kisnet.or.jp/nappa/software/star/

　個人的に，[9]～[11]を使って勉強した後，[4]～[7]を読んで統計の理論を理解していくのが効果的な学習になると思います。だいたい把握できたら，さらに[1]～[3]などを読み，統計の概要を把握していけば無理なく理解を深めていけるはずです。分散分析をやっている時に困ったら[13]を見ればよいと思います。[14]は非常に面白い本で，本書の次のステップとしてぜひ購入し，勉強されることをお勧めします。

　本書は統計があまり得意でない，これまで散々苦労してきた人間が書いた統計書なので，自分がどこで苦労したのか，どういうところでつまづいたのかを思い出しながらまとめま

あとがき

した。初めて書き終えた原稿は読むに耐えるものではありませんでしたが，こうして公刊できるに至ったのは，ひとえに，素晴らしい多くの有益なアドバイスを与えて下さった三重大学高等教育創造センター中島誠氏の尽力に負うところが大きいです（もちろん，本書に瑕疵があったとしても，中島先生の責任ではありません）。また，こうした形の教科書を出版する機会を与えていただいた，ナカニシヤ出版宍倉由高氏のサポートのおかげで，こうして日の目を見る機会に恵まれました。両名に記して感謝したいと思います。

2011年夏　著者記す

索　引

Bonferroni　69
COO_1　118
Cook　114
COV_1　118
Ctrl + Y　35
Ctrl + Z　35
Duncan　69
Greenhouse-Geisser　82
Huynh-Feldt　82
LEV_1　118
N　2
Pearson　108
Spearman　108
Tukey（T）　72
VIF　118
X_i　2
$\bar{x}$　2

あ行
a 係数　121, 133
アスタリスク　11
値　42
アルファ　135
1％水準で有意　13
1 変量　74
1 要因の分散分析　66
一元配置分散分析　68
一般線型モデル　74
因果関係　112
因子分析　121, 124
引用文献　163
MSP ゴシック　18
MSP 明朝　18
MS ゴシック　18
MS 明朝　18

か行
χ^2 検定　93
回帰　110
回帰分析　109
下位検定　67
下位尺度得点　43
回転後の因子行列　128
回転後の成分行列　128
下線　33
型　41
記述統計量　113, 129
基準連関　136
期待値　100

帰無仮説　11
逆転項目　134
逆転処理　155, 157
球面性の仮定　82
行間調整　24
強制投入法　112
共線性の診断　113
強調　33
共通因子　122
共通性　129
共分散比　114
切り取り　21
繰り返しデータ　61
グループ統計量　59
クロンバックの a 係数　135
群分け　46
結果　163
欠損値　42
検定　9
検定変数　54
5％水準で有意　13
交互作用　75
考察　163
構成概念　136
コピー　21
固有値　127

さ行
最小自乗法　127
サイズによる並び替え　126
最尤法　127
残差分析　99
算術平均　5
残余項目　130
Σ　2
次元分解　124
自乗和　132
実測値　97
質問紙の作り方　18
尺度　42, 134
斜体　33
主因子法　127
重回帰　109
重回帰分析　113
集計データ　94, 98
従属変数　55
自由度　58, 59
主効果　70
条件分け　46

小数桁数　41
信頼性　133
信頼性係数　133
信頼性と妥当性　136
信頼性分析　134
水準　73
水準数（L）　83
数式（E）　45
スクリープロット　128
スコアの合成　43
ステップワイズ法　112
Z 得点　9
正の相関　106
説明された分散の合計　129
線型　110
線なし（N）　23
前面（F）　24
相関　104
相関係数　104
その後の検定　69

た行
第一種の誤り　15
対応のある 1 要因分散分析　79
対応のある t 検定　61
対応のあるサンプルの t 検定　61
対応のあるデータ　63
対応のある分散分析　81
対応のない t 検定　52
対応のないデータ　63
第二種の誤り　15
代表値　2
ダガー　11
多重共線性　117
多重比較　70
縦書き　22
妥当性　133
単回帰　109
単回帰分析　113
置換　20
中央値　2
t 検定　52
データの入力　34
てこ比の値　114
独立サンプルの検定　59
独立したサンプルの t 検定　53
独立変数　55

183

な行

内容　136
名前　41
2群間の平均の差　52
2群間の平均の比較は t 検定　57
2変量　105
2要因以上の対応がある分散分析　85
2要因分散分析　73, 75
日常的思考　9
人数　5
塗りつぶしなし（N）　23

は行

配置　42
外れ値　114
パターン行列　131
幅　41
ばらつきの大きさ　5
貼り付け　21
バリマックス　125
反復測定（R）　79
1人1行　55
被験者間因子　87
被験者内因子名　80

非標準化係数　117
標準化　6
標準化係数　117
標準偏回帰係数　117
標準偏差　3
＋，－の違い　7
二つの変数の連関　106
フォント　18
フォントのサイズ変更　33
フォントの変更　33
負の相関　106
部分／偏相関　113
ブロック選択　19
プロポーショナル処理　18
プロマックス　125
分散　2, 3
分散の％　127
分散分析　66
平均　2
平均値　4
平均の比較　81
変数の計算（C）　156
変数ビュー　41
方法　163
母集団　9

ま行

-1〜＋1　106
マイナスの項目　155
Mauchly の球面性検定　82
無相関　107
目標変数（T）　45
問題と目的　163

や行

役割　42
有意確率（両側）　59
有意傾向　11
有意差　8
有意水準　13
要因　73
横大見出し　164
横小見出し　164

ら行

ラベル　42
0.1％水準で有意　13
列　42

わ行

和　5

著者紹介

北折充隆（きたおり・みつたか）
金城学院大学人間科学部教授，博士（教育心理学）

自分で作る調査マニュアル
書き込み式卒論質問紙調査解説

2012 年 4 月 30 日	初版第 1 刷発行	定価はカヴァーに
2025 年 3 月 30 日	初版第 4 刷発行	表示してあります

著　者　　北折充隆
発行者　　中西　良
発行所　　株式会社ナカニシヤ出版
〒606-8161　京都市左京区一乗寺木ノ本町 15 番地
　　　　　　　　　Telephone　075-723-0111
　　　　　　　　　Facsimile　075-723-0095
　　　　Website　http://www.nakanishiya.co.jp/
　　　　E-mail　iihon-ippai@nakanishiya.co.jp
　　　　　　　　　郵便振替　01030-0-13128

装幀＝白沢　正／印刷・製本＝創栄図書印刷株式会社
Copyright © 2012 by M. Kitaori
Printed in Japan
ISBN 978-4-7795-0661-1

本書のコピー，スキャン，デジタル化等の無断複製は著作権法上での例外を除き禁じられています。本書を代行業者等の第三者に依頼してスキャンやデジタル化することはたとえ個人や家庭内の利用であっても著作権法上認められておりません。